丛棘岛映像

越轨行为在监禁社会的
表现与规制

叶春弟 ／ 著

上海社会科学院出版社
SHANGHAI ACADEMY OF SOCIAL SCIENCES PRESS

谨以此书献给致力于正义事业的人们!

楔　子

　　我们生活在规则纵横的社会,试图以规则划清善恶的界限;

　　我们希望规则能被自觉遵守,以期获得内心与外界的平和;

　　但我们发现,规则时时被违反,烦恼处处在缠绕。

　　——学生逃课,乘客逃票,罪犯逃跑。

　　——米店短称,布行短尺,酒庄短量。

　　——嚣者霸村,狂汉霸市,恶人霸道。

　　……

　　这样的行为不胜枚举,或主动出击,或默守放任,它们在不同的时间、不同的空间违反道德、违反操守、违反法律。这些行为表现在社会学中被称为越轨。杰克·D·道格拉斯、弗兰西斯·C·瓦克斯勒在《越轨社会学概论》中对越轨作了如下定义:"我们从这个表面上的定义,把越轨规定为某一社会群体的成员判定是违反其准则或价值观念的任何思想、感受或行动。"①《辞海》则将越轨解释为:"对人们共同遵守行为规范的违反。视具体文化而定,在一种文化看来是越轨,在另一种文化看来可能是正常。依程度轻重,分为:违反风

---

① ［美］杰克·D·道格拉斯、弗兰西斯·C·瓦克斯勒:《越轨社会学概论》,张宁、朱欣民译,河北人民出版社1987年版,第11—12页。

俗的行为;违反纪律的行为;违反道德的行为;违法行为;犯罪行为
五个层次。"①因此,越轨行为是对共同遵守的社会规则的违反,具有
从轻到重的层次性。

生活在社会中的人们总会遇到或轻或重的越轨行为,但他不可能
遇上所有的越轨行为。因此,每个人都只在有限的认知里揣度越轨,
在繁多的越轨行为面前感到茫然无助。

有一个地方汇聚了不同种类的越轨主体,他们因为违反法律而被
限制人身自由。

在这个地方,他们并没有停止越轨行为的表达,而是在狭小的空
间里继续着突破规则的行为。

在这个地方,他们的越轨行为如釜底游鱼,一览无余。

在这个地方,人们能看到越轨行为的朴素形态,找到越轨的模型。

这个地方是监禁社会,名叫"丛棘岛"。

---

① 夏征农、陈至立主编:《辞海》(第六版彩图本),上海辞书出版社 2009 年版,第
   2832 页。

目录

绪言：监禁是越轨行为的"分析仪"

一

如果以人身自由为界线，那么人类社会可以分为自由社会和监禁社会。[①] 在自由社会中，人们体会不到监禁的痛苦；在监禁社会里，个体才能感受到自由的价值。

这是个体因行为表达所需空间的变化而产生的反应。自由社会与监禁社会都有行为表现所需要的空间，所不同的是空间的广阔与狭

[①] 世上本没有纯粹的自由，纯粹的自由便无法构成有序的人类社会。对自由的约束是自由本身应有的内涵，因此，自由是相对的，也是附条件的。杰拉尔德·麦卡勒姆认为自由是一种三位一体的关系："'X 在摆脱 Y 去做（或不做、成为或不成为）Z 上是（或不是）自由的。'这里，X 代表行动者，Y 代表诸如强迫、限制、干涉和妨碍这些'约束性条件'（preventing conditions），而 Z 则代表人或环境的行动或条件。"（[美] 杰拉尔德·麦卡勒姆：《消极自由与积极自由》，载应奇、刘训练编《第三种自由》，东方出版社 2006 年版，第 41—42 页）罗尔斯依据麦卡勒姆的观点在《正义论》中明确地指出："自由总是可以参照三个方面的因素来解释的：自由的行动者；自由行动者所摆脱的种种限制和束缚；自由行动者自由决定去做或不做的事情。一个对自由的完整解释提供了上述三个方面的有关知识。"（[美] 约翰·罗尔斯：《正义论》（修订版），何怀宏等译，中国社会科学出版社 2009 年版，第 158 页）在自由的三位一体中，约束性条件的程度（宽或严、多或寡）在不同的时代、不同的国度、不同的文化中具有差异。本书正是从约束性条件入手来区分自由社会和监禁社会，即以人身自由是否受到限制作为评判自由社会和监禁社会的标准。在自由社会中，人们的行为仍然受到诸多限制，但是行为主体的人身自由完全由自己支配，并未受到限制。关押在监禁场所的人员，其人身自由受限必然影响到其他权利的行使，其行为不能完全由自己支配。在实际中，监禁场所有不同的种类，如监狱、拘留所、戒毒所等。因此，监禁社会在外延上包括不同种类的监禁场所，但本书的监禁社会主要以监狱为原型。

小。在自由社会,行为空间轻易地满足了行为表达的需求。因此,人们无法轻易地感受到自由空间的存在,也因此疏忽了对越轨行为的观察。

法律制裁是个体从自由社会进入监禁社会的中介。① 在监禁社会,个体的行为受到严格而细密的约束,行为空间逼仄,行为表达锐减。尽管如此,越轨行为并未消失。认为监禁中的个体必定会洗心革面、悔过自新,这是一厢情愿的观点,是基于"惩罚—威慑—畏惧—悔过"前提所做的逻辑推演。其实,他们在监禁社会的生活状况远比这样的线性思维复杂得多。

监禁中的个体并没有兑现他在法庭上所作的悔过自新的承诺,也没有遵从他在忏悔书中的旦旦誓言。欺压、欺诈、暴力、挤兑、巴结、算计……这些在自由社会中不断重演的行为,在监禁社会里也从未停止或绝迹。

虽然行为空间发生了变化,但越轨行为在自由与监禁的两个社会中却都同样存在。从规制与研究的视角看,监禁社会具备捕捉越轨行为的条件。因此,本书将从这里开启一个有关探视越轨行为的叙说。

这个叙说旨在探讨越轨行为的表现及其根源,完全没有否定监禁的功能与现实成效,相反,这个叙说正是建立在监禁功能有效的基础之上。

这个叙说中的越轨行为发生在神秘而遥远的监禁社会,但它却不停地在近在咫尺的自由国度里上演。

这个叙说试图让社会大众知晓监禁社会的状况,希望人们能重新审视那个遥远的社会。

---

① 对公民人身自由的限制应经国家有关机关审判或决定,这是违法或犯罪的公民从自由社会进入监禁社会的必经程序。因此,非法拘禁不在本书讨论的范围之内。

这个叙说努力描述越轨行为的表达方式,期望能给监禁社会的治理带来新的视角。

这个叙说试图揭示越轨行为的内在规律,但愿能给自由社会的人们戴上辨别越轨行为的眼镜。

二

这个叙说有关一个场所和两个群体。

一个场所是指监禁场所,两个群体分别指监禁状态中的人和肩负监管①职责的人。

从古至今,监禁场所的种类、名称和功能在不停地演化和变迁。两个群体的称谓、法律属性以及各自的权利与义务,也在不停地变化。即使在同一个政权期间,有关于它们的变化与发展也从未消停。

这些不停演化留下的差异实在不便于本书宏观且抽象地叙说。因此,这个叙说将监禁场所和两个群体寓于"一个岛屿和两个群体"之中,以此网兜叙说中可能遇到的逻辑疏漏。

在监禁的早期,荆棘是监禁隔离的一种方式。这在《易经》中有如下记载:

上六,系用徽纆,置于丛棘,三岁不得,凶。②

---

① 监管,意为监视管理和监督管理。参见汉语大字典编纂处编著:《6000 词现代汉语词典》,四川辞书出版社 2016 年版,第 405 页。本书中的监管在内容上包含执法与管理双层含义。

② 周振甫:《周易译注》,中华书局 2019 年版,第 119 页。

徽和纆指绳索,三股为徽,两股为纆。① "丛棘岛"是指荆棘丛生或用荆棘围起的地方,即彼时的监禁场所。所以,这个叙说以"丛棘岛"指代监禁场所或监禁社会。虽然现代的监禁场所不再以荆棘隔离,但从蛇腹形刀刺网的密布中仍然可以看到荆棘的身影。

这个叙说中的两个群体,分别以"獬冠人"和"南冠人"指代。獬豸是传说中的神兽,"一角,性忠,见人斗,则触不直才;闻人论,则咋不正者"②。因为獬豸能辨别曲直是非,"故古代执法者所戴的帽子往往制成獬豸形状,故名'獬冠'或'獬豸冠'"③。后来人们以"獬冠"或"獬豸冠"借指执法者。④ 所以这个叙说将以"獬冠人"指代丛棘岛上肩负监管职责的人。

"南冠"成为囚犯的别称可追溯到春秋时期。《左传·成公九年》:"晋侯观于军府,见钟仪,问之曰:'南冠而絷者,谁也?'有司对曰:'郑人所献楚囚也。'"⑤"杜预注:'南冠,楚冠。'后因以'南冠'为囚犯的代称。"⑥骆宾王《在狱咏蝉》即以"南冠"比喻自己沦为囚徒的处境:"西陆蝉声唱,南冠客思侵。"⑦所以,这个叙说将以"南冠人"指代处于监禁状态中的人。

在这个叙说中,獬冠人是法律与正义的代表,肩负监管职责,维护

---

① 金景芳、吕绍纲:《周易全解》,华东师范大学出版社2019年版,第195页。
② 〔东汉〕杨孚:《异物志》,广东科技大学出版社2018年版,第9—10页。
③ 〔汉〕杨孚:《异物志辑佚校注》,吴永章辑佚校注,广东人民出版社2010年版,第38页。《后汉书》有关于獬冠为执法者所戴的记载:"法冠……执法者服之……或谓之獬豸冠。"引自〔宋〕范晔:《后汉书》,〔唐〕李贤等注,中华书局2018年版,第2506页。
④ 参见夏征农、陈至立主编:《辞海》(第六版彩图本),上海辞书出版社2009年版,第2533页。
⑤ 〔春秋〕左丘明:《左传》,蒋冀骋点校,岳麓书社2006年版,第137页。
⑥ 夏征农、陈至立主编:《辞海》(第六版彩图本),上海辞书出版社2009年版,第1632页。
⑦ 〔唐〕骆宾王:《骆宾王集》,〔清〕陈熙晋笺注,浙江古籍出版社2018年版,第231页。

丛棘岛的秩序;南冠人是法律规则的违反者,代表社会秩序的黑暗面,在丛棘岛上接受监禁的惩罚。

丛棘岛、獬冠人和南冠人是监禁社会最基本的三个要素。在任何时代,缺乏其中任何一个要素,便无法构成监禁社会。

三

这个叙说谈及南冠人越轨行为的内在驱动力。

虽然监禁剥离了南冠人的社会性差异,让他们回归朴素形态,但内在驱动力蕴藏于体内,并不因监禁而剥离。

在行为与心理、动机的研究上,已经有很多成熟的理论。本书采用马斯洛需求层次理论解释越轨行为内在驱动力的来源。

马斯洛把人的基本需要按从低到高分为五个层次,即生理需要,安全需要,归属、爱的需要,自尊需要以及自我实现的需要。他认为人的基本需要有层次性,当最为基础的需要得到满足时,下一层次的需要就会出现。[①]

虽然,丛棘岛官方[②]必须保证南冠人生活的最低标准,但这与严格的管控并不矛盾。针对南冠人的生活起居,丛棘岛官方制定了细密的规则,这使他们在吃、穿、住、用、性等方面受到严格的约束。所以,在五个需求层次中,生理需要在南冠人身上体现得尤其明显,因此张力也更强。

---

① 参见[美]亚伯拉罕·马斯洛:《动机与人格》,许金声等译,中国人民大学出版社2012年版,第19—30页。
② 官方,指政府方面。参见夏征农、陈至立主编:《辞海》(第六版彩图本),上海辞书出版社2009年版,第764页。"丛棘岛官方"是对丛棘岛监管组织整体的称呼。

当然,五个层次的需求都有可能成为南冠人越轨行为的内在驱动力,但在最低层次的生理需求还未得到满足时,高层次的需求暂时还不会浮现。换言之,南冠人的不同需求也遵循从低到高、逐级而上的规律。

　　当南冠人的基本需求得不到满足时,种种不满足的欲望最终转化为获得满足的行为。这时获得满足的行为与欲望一样杂乱无章,它们开始冲击丛棘岛官方的规则。

　　南冠人不同层次的需要在冲击规则时会有不同的表现方式,丛棘岛官方对此采取了不同的应对策略。尽管如此,越轨行为仍然层出不穷,并表现出博弈的拉锯状态。南冠人基本需要的绵延不绝,构成了越轨行为源源不断的内在驱动力,这使丛棘岛官方规则经常遭受挑战。这是个体的生物性对规则的挑战,是欲望与规则的对决。但这并不意味着规则的失败,相反,这恰恰证明了规则的存在与效力。在自由社会,挑战规则的个体绝大多数都受到规则的制裁,轻者道歉,重者入刑。即使漏网之鱼逃脱了规则的制裁,也难逃自我内心的谴责。

　　南冠人是挑战法律规则的失败者。在丛棘岛上,他们继续着违反规则的挑战,不过结局并没有太大的不同——他们注定以失败告终。

　　基本需要宛若洪流,它的多样性和多层次性掀起了汹涌的波涛,如果没有河道,便吞咽四野。社会规则犹如河道,虽然偶尔被洪流冲破,但大体维护了大地的秩序,并驾驭着洪流造福人类。

四

　　丛棘岛是分析越轨行为的天然模型,具备实验所无法模拟的条件。

　　丛棘岛官方公布的行为规则精密无比。它对南冠人可能出现的行为做了最细密和精确的规定,所有的行为被网格在计分考核体系之中。行为规则与激励挂钩,正向激励与负向激励并存,形成一个完整的规则体系。

南冠人对规则的知晓度最高,这是与自由社会相比所做的评价。新收期间,所有的南冠人都必须参加入岛训练,其中包括对官方规则的习得与掌握。他们对规则的知晓度将在新收考核中得到检测。不知晓规则,这个行为本身就要受到计分考核体系的评价。

从棘岛官方和獬冠人对违反规则行为的反应最及时。这体现在对违规行为的制止、处理以及跟踪上。这既归功于从棘岛官方的监管策略,也得益于从棘岛这个特定的有限时空。

獬冠人对南冠人越轨行为的反应最终都以记录的形式得到了保存。獬冠人对南冠人越轨行为所做的观察和记录,既是制度设计使然,也得到了技术的支持。18世纪之后,獬冠人的观察与记录开始借助专业的监视技术。这使獬冠人对南冠人行为的观察一览无余,记录游刃有余。监视技术的发展,为獬冠人观察和记录提供了便利,也激活了静态的行为规则。在自由社会,越轨行为零星分布于任意的广阔时空,很难得到连续或完整的跟踪。在监禁社会,越轨行为只能在特定的有限时空表达,并得到连续而全面的观察。

獬冠人对越轨行为的观察与记录,保留和还原了一个真实的监禁社会。虽然有些观察真实地记录了人性中丑陋和肮脏的黑暗面,但正如津巴多所言:

> 唯有通过检视和了解罪恶的原因,我们才能经由正确的决定,创造共同的行动来改变、包容、转化罪恶。[1]

---

[1] [美]菲利普·津巴多:《路西法效应:好人是如何变成恶魔的》,孙佩妏、陈雅馨译,生活·读书·新知三联书店2015年版,第19页。

南冠人在岛上的行为表现是自然的流露，没有刻意而为的动机。他们从未被告知，也不可能被告知这只是实验，因此也就没有了实验的前提假设和结果局限。

他们无法选择自己的行为是被记录，还是不被记录，但他们可以表演，以表演来表达。这是越轨行为在监禁社会中呈现出的特有方式。

在丛棘岛官方的规则体系下，南冠人不敢轻易地、明目张胆地违反规则，因为他们深知这立即要付出沉重的代价。因此，他们在违反规则时更加注重方式。他们发现丛棘岛官方规则即是最好的掩体。他们将真实的意图隐藏于可以公开的行为之中，在遵守官方规则的同时，实现自己的意愿。一个行为从表面上看符合官方规则的要求，因此它在丛棘岛上可以畅通无阻。这体现了南冠人对规则的顺从，但隐藏于其中的意图却明显背离官方规则，这表明他们的顺从并非绝对。

尽管如此，南冠人的行为表达是真实的场景，表演也是现实的存在。

南冠人的越轨行为发生在朴素形态之下，褪去了令人眼花缭乱的保护色。入岛之后，南冠人失去了名望和标志等级的头衔，也难以驾驭仍然处于自由社会的财富。监禁剥离了社会性差异，让他们回归到体格和心智的不同，行为主体回归到初始的起点。这种朴素形态的行为表达，与自由社会中行为表达的纷繁复杂形成鲜明的对比，也给探究越轨行为带来了便利。在朴素形态中寻觅越轨行为的原型，这是监禁社会对自由社会的反哺。

监禁社会精密的规则、及时的反应和完整的记录铸成了一台实验无法模拟的"分析仪"①，让这个叙说从时空的转换中揭开越轨行为的生

---

① "分析仪"是福柯所作的比喻，此处借用该提法。1972—1973 年，福柯在法兰西学院的授课中将刑罚分为四大类型，即排斥类型、赎罪类型、标记类型和监禁类型。他认为在刑罚的各种不同作用之间，"刑罚策略"是非常值得探索的层面。他试图从（转下页）

　　　　　　　　丛棘岛映像——越轨行为在监禁社会的表现与规制

存方式。正是在此意义上,本书认为——监禁是越轨行为的"分析仪"。

五

词语是开启这个叙说的钥匙,也因此成为这个叙说的独特表现方式。

词语是语言的精华,是树脂中的琥珀,所以赢得了青睐,在文学作品的表现形式中独树一帜。塞尔维亚作家米洛拉德·帕维奇的《哈扎尔辞典》,以词条形式展开哈扎尔民族在中世纪突然从世界上消失之谜的描述,开创辞典小说的先河。中国作家韩少功的《马桥词典》,以"马桥人"的日常用词为切入点,展开故事的叙述。必须承认,这个叙说的表现方式受到他们的启发。

在千年的演变中,监禁社会产生了独成一体的语言。尽管这些语言也发生着变迁与更替,但这丝毫不影响语言与其对应时期监禁社会的关联。因此,这个叙说选择词语为切入点展开监禁社会的有关叙述。

这个叙说选择的词语既有术语,也有俚语。监禁社会的语言是其内部社会结构的自然流露,有如从松科植物节眼中渗出的天然树脂。

树脂溢于节,诊病始于窍。监禁社会的词语是揭开它神秘面纱的"喜秤"①。

六

这个叙说以词语的形式展开,在结构上没有了传统的章节,但它

(接上页)"刑罚策略"出发,研究权力的运作及其关系。因此,福柯在《惩罚的社会》里这样说道:刑罚就像权力的分析仪,这就是本课程的主题。参见米歇尔·福柯:《惩罚的社会》,陈雪杰译,上海人民出版社2016年版,第12页。
① 中国古代,新郎挑去新娘红盖头常用玉如意或喜秤,取意"称心如意"。

并非一盘散沙。这些词语在这个叙说中都有属于它们自己的位置。

从谋篇布局上看,这个叙说分为四个部分:第一部分叙述监禁社会的基本要素,如丛棘岛、獭冠人、南冠人和全景敞视主义等;第二部分叙述越轨行为的动力源泉,如牢饭、囚服和亲情屋等;第三部分叙述监禁社会的规则,如计分考核、分级处遇等;第四部分叙述越轨行为的表达与规制,如番号、后阳台、诈病、保外就医、违禁品等。这个叙说的结构可以用图陈列如下:

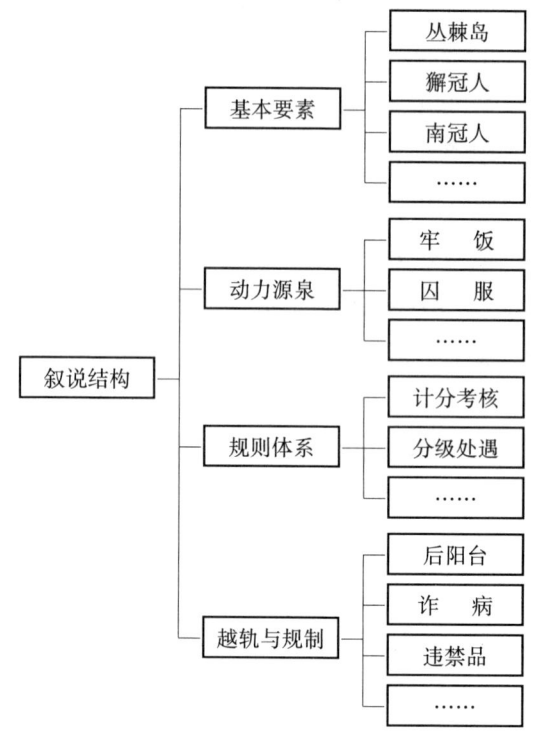

图 1　叙说结构

监禁社会中的越轨行为远不止该叙说中述及的这些表现,因此,这是一个刚刚开始而尚未讲完的叙说。

基本要素篇

南冠人：越轨行为的表达者

一

在地球上，生活着一个古老的群体——南冠人。他们从人类诞生之初延续至今，并且还将继续。曾经改变过社会进程的战争、地震、水灾、瘟疫等并没有毁灭南冠人，让他们在地球上永远消失。

这个古老的群体一直生活在与世隔绝的丛棘岛。只有当限制人身自由期满时，南冠人才能重返自由社会。

在不同的时代，丛棘岛官方对南冠人的称谓不尽相同。在古代，南冠人被称为"囚犯""囚徒"；在现代，南冠人又有"罪犯""犯人""服刑人员"等不同称谓。南冠人称谓的演变是刑罚从单一惩罚到惩罚与矫正兼具的渐进之路。

尽管南冠人的称谓在社会与时代的变迁中发生过各种各样的变化，但纵越世纪时光，南冠人从未因此而发生过命运的改变，他们的法律属性始终如一，不因时光流逝而蜕变——南冠人是刑事法律的触犯者，被判处有罪而科以监禁惩罚的人。

触犯刑事法律的行为，是否导致监禁刑的必然结果，这与所处社会的刑法体系相关。正因为如此，在不同时代，丛棘岛上生活着被科以不同刑种的南冠人。

一个触犯刑事法律的人,并不一定被判处有罪。一个被判处有罪的人,并不一定都要接受监禁刑的惩罚。因此,罪人和罪犯的区别不仅仅是表面称谓的不同,还有内在法律价值的差异。

　　在某世纪的某个年代,丛棘岛上的南冠人涉及的刑种包括死刑缓期二年执行、无期徒刑、有期徒刑。在当时的刑事法律体系中,还有"两个半"主刑刑种不在丛棘岛执行:一个是死刑立即执行,一个是管制,另外半个是有期徒刑缓刑。

　　一个被判处死刑的人,经过特定的法律程序将被立即执行,即被剥夺生命。因此,他不必进入丛棘岛。死刑立即执行前的羁押是等待审判的监禁,不同于丛棘岛上刑罚执行的监禁。

　　管制在岛外执行,被执行人仍然身处自由社会,但他的行为受考察机构的管束。

　　在当时的刑事法律体系中,缓刑是一个特殊的刑罚执行制度。缓刑的前提是宣告有罪,被判处有期徒刑,但是暂缓执行刑罚,并由考察机构对其行为表现进行考察,然后再决定其是否适用监禁刑。所以,缓刑的结果存在两个可能:如果被执行缓刑的人在考验期内的表现达到标准,那么他的原判刑罚将不再执行;如果在考验期内他未经受住考验,那时缓刑将被撤销,他被送进丛棘岛已成不可避免之势。所以,缓刑只能算半个不在丛棘岛执行的刑种。

　　一个人触犯刑事法律也许是蓄意的行为,也许是嬉笑中的举动,但是判定行为人是否入岛却是那么谨慎而又严肃。

二

　　南冠人是丛棘岛上的土著居民,但是南冠人的产生和延续与其他地区土著居民迥然不同。南冠人的延续不靠血脉繁衍,法律规则是他们入籍的源头。

一个人的行为违背了集体情感,触犯了刑事法律,被判处有罪而又被科以监禁刑惩罚时,他才会被送入丛棘岛,正式成为南冠人中的一员。一个试图摆脱法律"枷锁"的人,终将回到失去自由的"枷锁"之中:

人是生而自由的,但却无往不在枷锁之中。①

丛棘岛是单一性别社会,因此,没有联姻。正因为没有婚配,自然就没有生物性的繁衍。

刑满释放是活着的南冠人离开丛棘岛唯一合法的途径。因此,脱逃、暂予监外执行、假释,只意味着他在地理上的离岛,不能说明他从南冠人群体中真正脱离。

丛棘岛的码头每天都有进出的船只。拂晓时分,刑满释放的南冠人即将脱离南冠人群体,急切地等待着离岛。正午前后,新入岛的南冠人拖着蹒跚的步伐,正为岛上的陌生和未知的命途而焦虑不安。茫然与焦虑的状态使他们又被称为"新收犯"。

越轨行为对法律规则的违反永不枯竭,法律规则对越轨行为的制裁永不停息,这产生和即将产生着源源不断的南冠人。丛棘岛的码头每天上演着悲欢不绝的画面。

三

南冠人在岛上的生活由法律保障,也受规则约束。

---

① [法]卢梭:《社会契约论》,何兆武译,商务印书馆1963年版,第4页。

在受害人面前,南冠人凶悍和狡诈,这表明他的力量大于受害人。

在丛棘岛上,南冠人无法无天的嚣张气焰被扑灭,此时个人力量已远小于丛棘岛官方。在正义面前,丛棘岛官方不再按社会阶层区分地位,南冠人的年龄长幼、性别差异、信仰不同、文化高低等都不再是划分自由与监禁的标准,监禁刑是他们当前不可改变的个人状态。丛棘岛官方规则卸去了暴力的嚣张、狂人的气焰、宵小的狐形、利者的伪装……肉身是南冠人可以自由支配的最后"资产"。

入岛前后,南冠人的力量发生了巨大的变化,地位逆转。监禁即是惩罚,南冠人入岛是人身自由受限的开始,也是丛棘岛官方执行刑罚的开始。在丛棘岛官方的公权力面前,南冠人显得渺小。尽管如此,人们绝不能视其甚微。南冠人未被依法剥夺或者限制的权利不受侵犯,他们在岛内的生活也应得到最低限度的保障。因此,在20世纪中叶,《囚犯待遇最低限度标准规则》面世,南冠人在岛上的生活有了最低限度标准的保障。

在对南冠人行为的指引和约束上,仅仅要求他们遵守法律显然宽泛有余、细密不足。丛棘岛官方制定的规则是刑罚执行法律规则的"神经末梢",是对南冠人行为进行指引和规制行之有效的措施。

在自由受限制时,规则赋予的保障是南冠人手中的权利;在行为受规制时,规则议定的约束是南冠人身上的义务。

四

南冠人是人身自由受限的群体,在自由社会,他们违反了法律规则,最终以冲出人生正轨的方式收场。

在自由社会,越轨者与守规者按一定比例共同存在。在监禁社会,从丛棘岛上的每一位居民都曾经是法律规则的越轨者,正可谓从自由社会"千里挑一"而来。丛棘岛是越轨者们密集的栖息地,不论是维护秩序的监管需要,还是行为矫正的职责所在,丛棘岛官方都必须制定细密的行为规则。

从自由社会到监禁社会,这是违反法律规则的代价。当然,法律规则的初衷并不仅仅是监禁,人们还希冀南冠人能在岛上醒悟和悔改。然而,监禁的痛楚并不意味着他们在自由社会违反法律规则之后,必然能在岛上安分守己。人们很不愿意看到的是,越轨者在监禁社会并不必然因为受到惩罚而内敛,也并不必然因为畏惧而收缩。弗朗西斯·福山在《大断裂:人类本性与社会秩序的重建》中讨论规则的价值时写下这样意味深长的话:

> 人们很快发现,不受约束的个人主义文化存在严重的问题,因为从某种意义上,在这一文化里,破坏规则成为唯一可以存在的游戏规则。[1]

丛棘岛官方规则是法律规则的细密化,但没有超出法律体系的框架。因此,南冠人在岛上违反的规则,既有法律规则,也有丛棘岛官方制定的规则。因为它的细密,南冠人的行为受到丛棘岛官方最严密的审视,也在丛棘岛官方规则中得到最充分的展示。

从自由社会到监禁社会,越轨者经历了自由受限到行为约束的逼仄历程,这是一个有力的管束历程,却也是一个越轨行为在不停升级的历程。

---

[1] [美]弗朗西斯·福山:《大断裂:人类本性与社会秩序的重建》,唐磊译,广西师范大学出版社2015年版,第18页。

如果世上只有正义和邪恶,那么世上只存在代表正义的守护者和代表邪恶的越轨者这两类人。如果有一天,世上只剩下最后一个人,那么这个人的体内也必定充满着正义与邪恶这两股相向而行的激流。

　　虽然邪恶缠绕,但也不必悲观失望,正视邪恶是约束邪恶的开始:

　　　　人是自然界里唯一的一种能够为自己制造绳索,又敢于挣断绳索,能在绳索的约束中获得自由的社会生物。①

---

① 皮艺军:《越轨》,北京大学出版社 2013 年版,第 3 页。

獬冠人：伸张正义的执行者

一

獬冠人是对应南冠人而存在的群体，恰如正义为克制邪恶而降临人间。

在自由社会里，人们渴望以正义来维护群居的生活。古希腊哲学家亚里士多德在论述城邦的原则时指出：

> 正义恰是树立社会秩序的基础。①

正义在历史与现今的社会里闪耀，也在真实与精神的世界里活跃。獬冠人是正义与法律在丛棘岛上的化身，是正义伸张、法律执行的最后实施者。

如果没有獬冠人，刑罚的一般预防和特殊预防功能将无从谈起。

如果没有獬冠人，丛棘岛将陷入一种无序的交织状态。

獬冠人是丛棘岛上的执法者与管理者，维护丛棘岛的正义与秩序。

---

① ［古希腊］亚里士多德：《政治学》，吴寿彭译，商务印书馆 1965 年版，第 9—10 页。

二

维护丛棘岛的隔离状态是獬冠人最基本的职责。

南冠人的入岛表明监禁刑的开始,他将开始监禁社会的隔离生活。监禁刑的惩罚与矫正以隔离为基础。倘若没有了隔离,也就无所谓监禁,监禁刑的实施也就没有了依托,剥夺和限制再犯的特殊预防便失去屏障,刑法的威慑力将如云缥缈。这是獬冠人日夜不停地值守丛棘岛的源起。

在獬冠人的职责中,值守的风险系数最高。南冠人试图逃离丛棘岛时,若遭遇值守的獬冠人,必然起而攻击,搏生死以求自由。既然他是以生死相搏,危险也就直逼生死。

当然,在大部分时间里,獬冠人都能正常地履行职责,并实现丛棘岛隔离防范的功能。这得益于法律赋予獬冠人的权力。

不过,这时另一种风险也在慢慢增长。权力是一柄双刃剑,如果拿捏不准将伤及獬冠人自己。獬冠人监守自盗的行为,背离了丛棘岛官方对獬冠人的告诫与警示,他将有可能从獬冠人变为南冠人,让正义的荣耀滑入邪恶的黑谷。

三

獬冠人是南冠人行为的评价者。

南冠人的行为是否违反了丛棘岛官方规则,这需要獬冠人来评价。

獬冠人援引丛棘岛官方规则来评价南冠人的行为,使规则从静态走向动态。獬冠人每一次对规则的援引与适用,就是增加了一次对秩序的修复与维持。

当南冠人的行为与规则相一致时,獬冠人便隐退到规则之后。因为这是丛棘岛官方希望出现的趋势,獬冠人没有干预的必要。

当南冠人行为与规则一致并且达到奖励标准时,獬冠人也会对南冠人的行为进行肯定评价。

但在更多的时候,獬冠人的评价启动于南冠人违反规则时,这是对越轨行为的否定评价,也是对越轨行为的及时制止。

獬冠人的评价包括调查(检查)、规则适用、结论(肯定或否定评价)。对于正在发生的越轨行为,獬冠人负有及时制止的义务。

獬冠人对违规行为的干预最能体现权力的制恶与纠偏,最易于把丛棘岛拉回社会公众的视野。獬冠人评价南冠人行为时,一手持着公正的天平,一手持着厚盾与利剑。正如耶林所说:

> 正义女神一手提着衡量权利的天平,另一手握有为主张权利而准备的宝剑。无天平的宝剑,是赤裸裸的暴力;无宝剑的天平,则意味着法律的软弱无力。天平与宝剑相互依存,正义女神挥舞宝剑的力量,同执掌天平的技巧得以均衡之处,便是完美的法律状态之所在。①

四

后来,獬冠人成了南冠人的教化者。

---

① [德]鲁道夫·冯·耶林:《为权利而斗争》,刘权译,法律出版社 2019 年版,第1—2页。

在报应刑时期,丛棘岛是报应刑的执行场所,限制自由、酷刑、劳动成了刑罚执行的表达方式。虽然在个别时期也出现了教化的萌芽,但在漫长的刑罚史上教化尚未见端倪。

在目的刑时代,行刑理念有了新的发展,教育矫正登上刑罚的舞台。丛棘岛的功能定位也因此发生了重要转变。

教育矫正的功能在丛棘岛上得到实现是在启蒙运动的大风吹进了与世隔绝的丛棘岛之后:

> 自由与平等的新哲学强调人的尊严和个人权利。这激发了对身体酷刑的不断觉醒。[①]

此时,丛棘岛的野蛮与残酷在文明的曙光里受到了质疑与挑战。18世纪后期,关于矫正的改革在丛棘岛上徐徐开启。[②]

在教育矫正理念风行之初,獬冠人扮演着教化的角色,这给獬冠人的职责增加了新的内容。

后来,教育矫正的内容日益丰富,獬冠人在一身多职中难以把教化的角色发挥到极致,教化角色开始了从獬冠人身上分离的探索之路。

五

獬冠人是南冠人越轨行为的记录者。

---

① [英]西莉亚·布朗奇菲尔德:《刑罚的故事》,郭建安译,法律出版社2006年版,第24页。
② 1777年,英国监狱改革家霍华德在对监狱进行广泛调查的基础上发表了《英格兰和威尔士监狱状况》一书,监狱改革拉开帷幕。

南冠人的行为表现处于獬冠人的监视之下,自古以来的监视依靠的是肉眼的目力。然而,当科技革命的浪潮拍打丛棘岛的礁岩时,科技监视便在丛棘岛上铺展开了。

獬冠人监视南冠人的行为,但只记录下值得肯定和必须否定的行为,而日常生活中平淡无奇的行为则在监视的筛网中流走。

在值得肯定的行为(加分行为)和必须否定的行为(扣分行为)中,后者的数量远远超过前者,这是"好事难成,坏事易干"的真实写照。因此,在獬冠人记录的行为表现中,否定行为远多于肯定行为。

丛棘岛官方将记录以工作的形式交给獬冠人,把记录越轨行为提升到了专门的高度。记录南冠人的行为表现,成了獬冠人的职责所在。如果南冠人的行为未被记录或记录不完整,那么獬冠人将面临被问责的风险。南冠人的行为表现由丛棘岛官方配备专门的人和安排专门的时间来记录,相比于岛外社会,这是无法超越的优势。

獬冠人的记录总是在尽可能早的时间内完成。南冠人良好的表现要及时得到赞扬,越轨行为也要及时予以制止。因此,南冠人行为表现的发展轨迹,推动着獬冠人从实践中的肯定或否定走向书面上的记录与分析。

獬冠人的记录是一个复合行为,既是在描述事实,也是在执行规则。丛棘岛官方把记录的"客观性"要求写进了獬冠人岗位职责。因此,獬冠人的记录必须认真而又严肃。

獬冠人的记录不仅仅是对南冠人某个行为的片段截取,它必须完整而又环环相扣。对于丛棘岛官方而言,在对未被记录或记录不完整的行为进行评价时,便难以形成完整的证据链。不仅如此,獬冠人的记录还要向两端延伸,既向前调查,又向后跟踪(给予肯定或否定评价,跟踪评价反应)。

丛棘岛上的记录是观察式的记录,而不是实验式的记录。獬冠人对南冠人行为表现的记录是纯粹自然的观察和记录,有异于某些实验的观察记录。某些实验观察的对象事前经过一定的筛选,而丛棘岛上的观察对象是纯粹自然的群体。南冠人的行为表现是自然的流露,而非刻意的安排,没有经过人为的修饰。如果南冠人事前知道自己的行为将是试验的素材,那将无法排除行为表现的刻意性。如果南冠人事后知道自己进入丛棘岛只是一个试验,那绝对能令他喜极而泣。

　　獬冠人是正义的化身,是公权力在刑罚执行上的代表,他们在维护丛棘岛的秩序,也在捍卫社会制度的首要价值,獬冠人的价值可见一斑:

　　　　正义是社会制度的首要价值,正像真理是思想体系的首要价值一样。①

―――――――――

① 〔美〕约翰·罗尔斯:《正义论》,何怀宏等译,中国社会科学出版社1988年版,第3页。

丛棘岛：考察越轨行为的实证地

一

丛棘岛是一类古老的岛，从古至今，它一直存在。封闭给丛棘岛笼上了神秘的底色，丛棘岛的神秘助长了世人的猜测和揣度。

丛棘岛是一类具有特定功能的岛，从东到西，它遍布全球。丛棘岛不因地理位置的差异而功能突变——在不同的国度，对丛棘岛的创建可谓风格迥异，但横跨全球板块，丛棘岛始终在发挥着预防与特殊预防的功能。

丛棘岛在很多时候并不是真实的岛屿。很多功能和丛棘岛一样的监禁场所并不建在岛上，而是落根陆地。它们高墙环绕，以示与世隔绝。物理上的隔绝产生了与地理上隔绝相似的效果，它就像真实的岛屿一样存在。

在地壳某个板块的远海，有一个平凡无名的岛屿。不知从何时起，一个监禁场所在这个孤悬海外的岛上悄然诞生。它的与世隔绝符合人们心里对孤立禁地的定位。日久年深，人们逐渐以"丛棘岛"的名称来改变它无名的平凡。

二

丛棘岛是一个结构简单的两极社会。

丛棘岛上只有两个群体,即南冠人和獬冠人。倘若没有南冠人,就不会有獬冠人,更不会有丛棘岛。

南冠人在人数上占绝对优势,但从诞生那一天起,他们就处于被监管地位,接受獬冠人的监管。南冠人是人身自由受限的群体,他们从自由社会而来,为违反法律规则的行为付出自由的代价。

虽然獬冠人在数量上不占优势,但从诞生的那一天起,他们就是丛棘岛上的监管者,维护丛棘岛上的正义与秩序。

三

丛棘岛是一个戒备森严的监禁社会。

在古代,丛棘岛上存在着被限制人身自由的未决嫌犯,但这不是丛棘岛的主角,真正的南冠人都曾经历严厉的刑事审判,都曾跪在衙门的堂下或是站在刑事法庭的被告席上,听过醒木或法槌的惊响。

在所有依法限制人身自由的场所,丛棘岛官方制定的规则最严厉、最细密,规则的运转最高效,对越轨行为的反应最及时。这是丛棘岛官方监管权力的体现:

> 监狱的迷人之处,就在于权力在这里从不隐藏或掩饰自己。它以一种被推行得淋漓尽致的暴政形式呈现在人们面前。它玩世不恭,同时又很清廉,并且完全"正当"——因为它的实施完全

合乎道义。结果,它那凶残的暴政表现为善良对邪恶、秩序对混乱的沉静统治。[1]

丛棘岛官方对南冠人监管的严厉和高效,让它在各类监禁场所中独占鳌头,成为最具典型意义的监禁社会。丛棘岛的戒备森严传递出了刑罚的威慑,也成了自由社会的一个禁忌。人们对监禁社会的禁忌表现出两个截然相反的倾向——自己绝不愿提及或靠近,却在威吓顽皮孩童时呵斥着要把他们扔进去。

四

丛棘岛是一个近似被遗忘的岛。

丛棘岛的被遗忘与淡出公众视野,诚然与它在物理上的隔绝和地理上的遥远所产生的封闭和距离有关,但更为重要的是,受伤的情感只关注制裁的兑现,雪恨的到来,忽视了制裁执行的漫漫长路。

如果把一个刑事案件的办理分为审前、审判和审后(执行)三个阶段,那么,最容易被忽视和遗忘的是审后(执行)阶段。审前阶段的案发、侦查和抓捕报道有十足的刺激度来调动公众观战的神经;庭审时的激辩与尘埃落定的判决不仅使案件重回公众视野,还使人们悬而未决的期待得到了官方的回应,受伤的情感得以慰藉。此刻,被破坏的社会关系得到平复,正义得以伸张,各方在判决书下终于可以放松屏住的气息,案件仿佛可以画上句号。自此之后,案件在公众的视野里消失得无影无踪。当然,被告人还有重返公众视野的可能,那就是

---

① 参见[美]詹姆斯·米勒:《福柯的生死爱欲》,高毅译,上海人民出版社2005年版,第255页。

他成功地越狱、慌不择路地逃窜，而在他的身后正是赶来围捕的大军。媒体的报道和镜头让社会大众在紧张中隐约地回想起当年的旧案。

丛棘岛是审后执行阶段主战场。从案件在程序上的时间分布来看，绝大部分刑事案件审后阶段的执行时间远远长于审前和审判阶段。从法官、检察官、律师、獬冠人与南冠人相处的时间分布来看，法官、检察官、律师与南冠人相处的时间无法和獬冠人相提并论。一个獬冠人和一个被判处无期徒刑的南冠人相处的时间可能长达一二十年，甚至更长。毫不夸张地说，这超出了他们与家人共处的有效时间。时间让受伤的情感慢慢淡却，让公众忘记了曾经轰动一时的大案主角。

监禁的漫长抹平了人们的记忆，南冠人被时间遗忘在丛棘岛。监禁的生活让南冠人刻骨铭心，虽然这是无法忘却的经历，但离岛之后，他们再也不愿提起与它有关的过往。

社会大众不再关注丛棘岛上的执行，不再关注强制制裁的过程，其实他们也没有办法持续关注。

丛棘岛的近似被遗忘与监禁功能的夸大有关。一直存在着一种线性思维，即把南冠人送进丛棘岛，因他引起的所有问题就完美收官了：南冠人受到惩罚，被伤害的情感得以慰藉，刑罚的威慑得到传播。于是，人们的线性思维不必再延续下去了。这是低估南冠人在岛上的生活状况，高估丛棘岛功能的表现。监禁社会的状况，超出了社会大众的想象——庭审的结束，恰恰是监禁刑艰难的开始。

五

丛棘岛是一个夹杂着矛盾的岛。

南冠人违背集体情感，伤害了国家和个人的利益。国家作为社会大众的代表,对南冠人施以惩罚,这是符合常理的逻辑,但是南冠人入岛之后,地位发生了微妙的变化。在丛棘岛外,被伤害感情的一方,希望南冠人在岛上遭受应有的报应。南冠人及其亲属们则希望他们在岛上的生活安然无恙,希望他们尽快离岛,劫后重生。双方立场不同,观点正好针锋相对。丛棘岛官方的中立与理性,产生了"惩罚"与"教化"的策略。冷热不同的两股激流交汇,使南冠人逃出了在法庭上被单边压倒的重重危机。

"惩罚"与"教化"是丛棘岛官方监管南冠人的二维策略,也是一对气质不同的策略。丛棘岛官方处在矛盾的交汇处,虽然使出浑身解数,但似乎仍然难以收到令各方满意的效果:被伤害感情的一方认为丛棘岛官方对南冠人"教化"过度,而南冠人及其亲属们则认为"惩罚"过严。

獬冠人是惩罚与教化策略的执行者,让惩罚与教化策略中的矛盾从静态的制度,转化为在獬冠人与南冠人之间的动态演绎。獬冠人既是惩罚的执行者,又是教化的执教人,在"白脸"与"红脸"的角色冲突中面对焦灼的矛盾。

六

丛棘岛是一个不可或缺而又无可奈何的岛。

丛棘岛从诞生开始,就被它的副作用所困扰。它的"无可奈何"与"不可或缺"令丛棘岛毁誉参半。

福柯清醒地认识到了监禁的副作用,标签效应产生的破罐子破摔行为、交叉感染等问题在他的笔下不断流出:

> 监禁使罪犯们相信他们就是被制度认定的那种人,反常者、

懒惰者、邪恶的人、无用的人、人渣。罪犯们被关押在一起,他们可以交流思想、经历、技术、联络方式和策略。换句话说,他们在监狱里学习成为有能力有效率的罪犯。由于监狱把他们当作罪犯对待,这种情况更是变本加厉。①

离开丛棘岛之后,南冠人当中还会有人不停地被送回丛棘岛,这是一个难以克服的循环。社会不断出现的犯罪者(包括刑满释放后的再犯罪者)成为监狱消除不了的"对象",监狱似乎并没有完全实现刑法所构想的目标(捍卫社会、改造犯人、惩罚分化与个体化)。② 监禁刑在惩罚罪犯的同时,也产生了难以厘清的副作用。

美国芝加哥大学摩里斯(Norval Morris)教授对监禁刑的无奈作过精辟的论述:

> 自由刑无疑是由人类集团之驱逐,将犯罪人驱逐于较任何普通社会之条件更坏的地方,而他却须由此地重新回到社会上来,故得谓为奇妙而无益的驱逐,受刑人在被驱逐之地,不但不可能渡有意义的生活,而且被切断文化的联系,损害其心理及社会性,使其社会复归更困难化。③

监禁是一种驱逐之策,因而大多数南冠人最终还将回归正常社

---

① 参见[美]布莱恩·雷诺:《福柯十讲》,韩泰伦编译,大众文艺出版社 2004 年版,第 141 页;[澳]丹纳赫、斯奇拉托、韦伯:《理解福柯》,刘瑾译,百花文艺出版社 2002 年版,第 91 页。
② 参见[法]吉尔·德勒兹:《德勒兹论福柯》,杨凯麟译,江苏教育出版社 2006 年版,第 34 页。
③ 转引自张甘妹:《刑事政策》,三民书局 1979 年版,第 282 页。

丛棘岛映像——越轨行为在监禁社会的表现与规制

会。因此,丛棘岛的无奈是刑罚策略的无奈。

人们意识到了监禁刑的各种弊病,也试图寻找替代的办法,然而正如福柯在《规训与惩罚》中所说,替代的办法无法想象:

> 人们无法"想象"如何来取代它。它是一种令人厌恶的解决办法,但是人们似乎又不能没有它。①

丛棘岛上夹杂着的矛盾注定了这是一个艰难而又无奈的开始。丛棘岛的艰难与无奈只有开始,没有终结,它将毫无疑问地延续到未来。邪行不断重现,正义终究得以伸张;邪行产生的伤害最终危及邪行者本人,伸张正义的代价涵盖监禁的无奈。

七

丛棘岛是一个让人性尽显的岛。

丛棘岛虽然与世隔绝,但并不是世外桃源,暴力、欺诈、伪装、算计等充斥岛内,人性之恶在限定的空间里集中呈现,却也在獬冠人的视域里暴露无遗。

在自由社会,一个越轨行为往往稀释在无数的行为中。丛棘岛上,越轨行为的呈现密集而又繁多。南冠人违反法律规则的经历,对于遵守规则而言不是良好的过往。因此,在越轨者密集居住的有限空间,越容易让人感受到违反规则行为的此起彼伏。

在自由社会,维持秩序的社会规则总让人感到滞后而又疲软;丛

---

① [法]米歇尔·福柯:《规训与惩罚》,刘北成、杨远婴译,生活·读书·新知三联书店2003年版,第260页。

棘岛上,规则的运行及时而又高效。在自由社会,违反规则的行为只有在足够严重时才会被记录;在监禁社会,违反规则的行为只有极少数会被遗漏。这为分析南冠人越轨行为提供了详细而完整的记录。

丛棘岛规则运行的及时高效,记录了南冠人种类繁多的越轨行为。南冠人的越轨行为在最短的时间里受到獬冠人的规制。被成功规制的越轨行为,獬冠人详细地记录在案;极少数规制失败的越轨行为,也得到同样的待遇。在自由社会里偶尔才遇见的越轨行为,在丛棘岛上都能找寻到它的朴素形态。

南冠人对规则有正确的认识,在认知上没有偏差,对于违反规则的后果有清晰的预判。南冠人能独立完成一个行为或者系列行为中的部分,具备正常的行为能力。因此,南冠人越轨是对规则正常认知前提下的违反。这排除了完全无行为能力(如婴幼儿)和限制行为能力(未成年、间歇性精神病患者)两类获得责任豁免的主体。

在丛棘岛高效运行的规则下,南冠人的越轨行为要么赤裸地对抗,要么虚假地表演,抑或是对抗与表演的交织。丛棘岛是观察越轨行为的实证场所。欧文·戈夫曼以戏剧和舞台为分析模型,透视人在日常生活中的行为,这不失为透视监禁社会行为表现的标杆:

> 虽然从戏剧技巧和舞台控制的角度来讨论的这些问题似乎有些微不足道,但它们却是相当普遍的;这些问题在社会生活中几乎比比皆是,并且为正式的社会学分析提供了一个明确的向面。[①]

---

① [美]欧文·戈夫曼:《日常生活中的自我呈现》,冯钢译,北京大学出版社 2008 年版,第 12 页。

全景敞视主义：
监控从依托建筑到融入科技的演变

一

全景敞视主义（Panopticism）是法国人米歇尔·福柯创造的新词①，是无所不在的监视理念。

福柯提出"全景敞视主义"的概念已是在 20 世纪后半叶，监禁社会的监视与监听当然不是从那时开始，而可以追溯到原始的年代。在"全景敞视建筑（Panopticon）"这个概念被提出来之前，监禁社会的监视和监听一直沿用最原始的目力与耳力监测。那时的监视和监听没有新式的建筑可以依托，更没有后来行刑的理念指引。

1787 年，"全景敞视建筑"的精巧设计在英国法理学家、功利主义哲学家、经济学家和社会改革家杰里米·边沁（Jeremy Bentham）的构思中跃然纸上。② 单从技术上看，"全景敞视建筑"通过对光线亮与暗的分离，达到监视者对被监视者无所不在的监督：

---

① 20 世纪后半叶，米歇尔·福柯考察了边沁圆形监狱的模型，在此基础上创造了"全景敞视主义"一词。

② 边沁关于圆形监狱的叙述最早出现于 1787 年的手稿。参见陈迪佳：《圆形监狱——非建筑师的"原型"建筑》，https://www.douban.com/note/586654463，访问日期：2018 年 5 月 16 日。

囚禁室在绝对的光亮之中,而瞭望塔在绝对的黑暗之中,可见与不可见的双向机制被分解了。监狱长是不可见的,但却可以看见所有人;囚犯是完全暴露的,但是却看不见任何人。空间与光线本身造成了一种主体—客体的分化。①

"全景敞视建筑"是伴随启蒙运动而来的新事物,在监禁社会的监控发展与变迁中具有里程碑意义。

二

边沁不是建筑师,但他设计的"全景敞视建筑"成了权力有效运行的原始模型;虽然他的设计只停留在文字上,但却是权力运行与行为越轨的理想模具。这个模型承载了太多关于"时空—权力""规制—越轨"的内涵。

边沁"全景敞视建筑"吸收了教养院、疯人院、修道院、医院和学校等多种具有矫正性质机构的特点,吸纳了它们关于监视的实践经验,是对 18 世纪习艺所、教养院建筑设计所作的革命性改良的结果。它不仅仅是一个建筑模型,也不仅仅是为监禁社会量身打造的建筑,更是一种大胆而先进的理念。虽然这种理念并未在全球的丛棘岛上得以普及与推广,但它却成了监禁社会新型建筑的蓝本,折射出推动监禁社会建筑与监控发展的光芒。

福柯在《规训与惩罚》里描述了边沁"全景敞视建筑"的构造:

---

① 陈迪佳:《圆形监狱——非建筑师的"原型"建筑》,https://www.douban.com/note/586654463,访问日期:2018 年 5 月 16 日。

丛棘岛映像——越轨行为在监禁社会的表现与规制

它的四周是一个环形建筑,监狱中心是一座瞭望塔。瞭望塔有一圈大窗户,对着环形建筑。环形建筑被分成许多小囚室,每个囚室都贯穿建筑物的横切面。每个囚室都有两个窗户,一个对着里面,能使光亮从囚室的一端照到另一端。然后,所需要做的就是在中心瞭望塔安排一名监督者,在每个囚室里关进一个疯人或一个病人、一个罪犯、一个工人、一个学生。通过逆光效果,人们可以从瞭望塔的与光源恰好相反的角度,观察四周囚室里被囚禁者的小人影。这些囚室就像是许多小笼子、小舞台。在里面,每个演员都是茕茕孑立,各具特色并历历在目。敞视建筑机制在安排空间单位时,使之可以被随时观看和一眼辨认。总之,它推翻了牢狱的原则,或者更准确地说,推翻了它的三个功能——封闭、剥夺光线和隐藏。它只保留下第一个功能,消除了另外两个功能。[①]

当边沁设计的全景敞视建筑应用于监禁社会时,则被称为"全景式监狱"或"敞视式监狱"。监禁社会全景敞视建筑在启蒙思想曙光的照耀下诞生,它体现的不仅是传统的严厉惩罚,还有新兴的人文矫正。

三

边沁"全景敞视建筑"理念漂洋过海,在丛棘岛上开花结果。虽然从棘岛上的建筑是"全景敞视监狱"的雏形,但在这新型建筑的支

---

① [法]米歇尔·福柯:《规训与惩罚》,刘北成、杨远婴译,生活·读书·新知三联书店2003年版,第224—225页。

撑下,监控的有效范围得到扩大。丛棘岛上既有圆形的建筑,也有长方形的建筑。后来,长方形的建筑更受推崇,逐渐成为南冠人居住的主要建筑。

丛棘岛上的长方形建筑,中间是两排背靠背的居室,居室门口是一条长长的通道。通道的中间被镂空成若干个长方形的"天井"。居室门口与"天井"的内边缘留有一定的空间,形成内走道;"天井"的外边缘与建筑体的墙面之间也留有一定的空间,形成外走道。"天井"在内走道和外走道中间,新型建筑的秘密也在这中间。每一层都设计了相同的"天井",尺寸相同,整齐划一,因此,镶嵌在各层通道里的"天井"上下相通。

在农业文明时期,丛棘岛官方对南冠人的监控主要依靠的是眼睛和耳朵。人体的视听距离虽然因人而异,有或长或短的区别,但都无法突破生理的极限。在那时,若要延长人体视听距离、增大监测幅度,改变建筑结构是理想的选择,"天井"正是为此而生的设计。獬冠人站在三楼的外走道,除了能观察本层居室内的南冠人,目力与耳力透过"天井"上可达四楼居室,下可至二楼居室。除此之外,采光和通风也是"天井"带来的福利。自然光线提高了獬冠人的眼力:

> 充分的光线和监督者的注视比黑暗更能有效地捕捉囚禁者,因为黑暗说到底是保证被囚禁者的。可见性就是一个捕捉器。①

"天井"的中间是钢丝网或绳索网,防止南冠人不慎跌落,也防止某些南冠人有意跳跃。因此,从一楼向上看,"天井"中的网有如从天

---

① [法]米歇尔·福柯:《规训与惩罚》,刘北成、杨远婴译,生活·读书·新知三联书店2003年版,第225页。

　　　　　　　丛棘岛映像——越轨行为在监禁社会的表现与规制

而降,因此,"天井"中的网也被戏称为"天网"。

建筑上的突破使丛棘岛告别了漫长而低效的监控年代,提高了惩罚的效率,减少了经济和政治的代价:

> 除了建筑学和几何学外,它不使用任何物质手段却能直接对个人发生作用。①

与"全景敞视"相伴而行的是行刑理念的转变,纪律规训便是这一理念转变中所探寻的新方法。它是惩罚在技术层面的体现,它以规范和精巧替代原有的对南冠人肉体残酷的折磨与消灭。"全景敞视建筑"使纪律规训以惩罚技术的姿态出现在监禁社会,使它从惩罚的笼统中分离,以独立的身份发挥作用。

四

若干年以后,现代科技走进丛棘岛,"全景敞视建筑"得到了前所未有的突破与升级。这是农业社会的思想家未曾预料到的情景,他的理念原来还可以如此地被时代所翻新。

自从丛棘岛官方引入了监控系统,獬冠人对它的依赖便有增无减。监控系统表现出了任劳任怨和不知疲倦的性能,它也确实没有辜负人们对它的期待。

监控系统的终端设备,俗称探头。探头安装在丛棘岛官方认为应当安装的方位,厕所当然幸免,但厕所的门口也难逃法眼。在丛棘岛

---

① [法]米歇尔·福柯:《规训与惩罚》,刘北成、杨远婴译,生活·读书·新知三联书店2003年版,第231页。

上,管区是一个独立的单元,监控系统也以管区为单位进行设置。管区内所有的探头通过线路汇总于监控平台。监控平台屏幕上的小窗是各个探头记录下的实时画面。小窗也可切换为满屏,不同的小窗之间可以自由切换。画面可以放大到技术允许的最大倍数。监控系统是视频与音频的结合,因此,平台的屏幕除了展示画面,与之同步的还有语音。探头在高空收摄现场的声音与画面,犹如獬冠人在地面值勤。

每个管区的监控平台最终汇总于丛棘岛官方的大平台,以此类推,丛棘岛官方,通过监控系统也能直达丛棘岛的任意一个角落。

虽然"全景敞视建筑"提高了惩罚的效率,但是人体的生理状况似乎出奇稳定,并未改变。科技化弥补了人体生理极限的短板,拓展了"全景敞视主义"在技术上的空间,改变了监控的模式。

与人体监视听相比,科技化的监控系统具有很大的优势,这里可以很轻易地罗列它的一些优势:

(一)人体监视听是分散的,不易集中;监控系统是统一的,易于融合。

(二)人体监视听只有在特定时间或发生特定事件时,獬冠人才会记录现场情况;监控系统不区分事件大小,全天候记录现场轨迹,只有在设备损坏或断电时,它才停止工作。

(三)人体监视听更多的是片段式的文字记录,监控系统是连续的画面和声音记录。

(四)人体监视听的记录通常很抽象,监控系统的记录是对现场的精确还原。

(五)人体监视听视角单一,监控系统可以在同一个区域安装不同角度的探头,以获取相互印证的证据。

（六）人体监视听有人类无法突破的生理极限短板,监控系统可以数倍地突破人体的极限。

（七）人体监视听有效传达的范围有限,通常只是从监组至管区,监控系统的有效传达可以实现多层级跨越,从最底层直达最高层。

……

监控系统以科技为支撑突破人体的极限,让监控的触须延及无限的可能。监控系统延长了监控的时间,拓宽了监控的空间,架起了从最底层到最高层的直达网络,使"全景敞视主义"在实践的运用中提升到了前所未有的高度。

五

监控的距离关系着监控的纵向度和平面感。

监控距离越近,平面细腻感越强,纵向立体感越弱;监控距离越远,平面细腻感越弱,纵向立体感越强。可见,平面感和纵向度呈反比例关系。这个关系可以用数学等式表达如下:

$$监控距离 = \frac{纵向度}{平面感}$$

这个等式可以这样解读:监控距离与纵向度成正比,与平面感成反比。

监控的平面感是对南冠人行为轨迹、生活状况的感知度。在人体视听的监控阶段,獬冠人与南冠人的监控距离不会超过视力和听力的有效范围。与南冠人的近距离接触,给獬冠人带来了具体的感知,也建立了基本的情感。獬冠人在日积月累中收集的点滴感知,构筑起南冠人在丛棘岛上一条条清晰的生活轨迹。在这个阶段,监控的纵向度没有得到伸展,但平面感却很强。

纵向度是监控的立体感,是监控在层级上的体现。在科技化监控阶段,獭冠人可以超越物理距离对南冠人进行监控。物理距离的超越,促使獭冠人与南冠人分离,獭冠人对南冠人的感知呈弱化趋势,已经建立的情感逐步淡化,尚未建立的情感难以启动。在监控系统中,獭冠人的层级越高,对南冠人的感知越弱;反之,獭冠人的层级越低,对南冠人的感知越强。

在管区的监控平台,监控系统记录的是不带情感的现场流水,没有针对个人的特写,也没有针对特定区域的专拍,它是与时间一同前进的实时画面。因此,对于某个特定的南冠人而言,探头记录的只是他在某个特定空间下的一个侧面,而不是对他生活的整体描绘,但是从监控平台看某个区域,每个南冠人的侧面宛如一个个小点。监控平台的屏幕汇聚诸多浮于表面的小点,表现出了画面的沸腾与嘈杂。

监控记录突破了人体的极限,架构起立体的层级,使层级的顶端对前沿阵地的实时画面一览无余,纵向立体感得到最大程度的发挥,但对某个特定的南冠人而言,遥远的监控距离阻隔了对他的全面交流与认知,压缩了他个人生活的平面感。

六

全景敞视主义在监控时代获得了脱胎换骨式的发展,但也因为对它的认知不一而受到掣肘。

丛棘岛的监控系统最擅长在维持秩序中驰骋,若奢望它能带来其他增益,那是个危险的念头。监控系统可以全面覆盖丛棘岛,但无法

丛棘岛映像——越轨行为在监禁社会的表现与规制

涵盖丛棘岛的全部。相对于行为的起因和内心活动,秩序是浮现于外的行为汇总。探头记录的是众人浮现于外的行为,因此,对于现场行为和秩序的干预,正是它大显身手的时机。然而,它无法触及南冠人行为的源头和深不可测的内心。

监控系统给丛棘岛官方带来了便利,反之,丛棘岛官方把它推上了贵宾的尊位。监控系统改变了丛棘岛官方的监管模式,因此,丛棘岛官方试图在更多的业务中推广和应用它。而就在此时,丛棘岛官方面临着对监控系统认知的第一个误区:"监控系统成为统领一切的手段,在诸多监管手段中上升到前所未有的高度,但忽视了其他基础手段的作用。"

人的多面性在同一时间里只能呈现其中的一面,这是时间的唯一性对万物表现出的苛刻戒律。监控使南冠人单独的生活侧面从整体的原态生活中被分离而出。这有如桶水与井水的关系,在桶水没有被打出之前,它是井水;取出来之后,它是桶水。分离之前,它与其他水具有容纳上的共性;分离之后,它呈现的独立性体现了它的与众不同。

在同一时间里,监控系统只记录下南冠人诸多表现中的一个侧面,这是时间对于监控系统的吝啬,并没让南冠人在监控探头下面面俱到。这也许是时间对于人的宽宏,让多面性在不同的时间里皆以唯一的形式展示。

南冠人在探头下呈现的始终是表现于外的行为,然而,内心活动和探头外的行为仍然存在。监控系统的便利弱化了獬冠人的勤快,屏幕画面的感性抑制了幕后的理性思考。这使丛棘岛官方面临着对监探系统认知的第二个误区:"监控探头在物理空间的全覆盖,容易与对南冠人行为和内心活动的全覆盖画等号,忽视了监控系统所不及的区域。"

对新事物抱着冲动般的喜好,而对已存在的事物任其在思维的场域里飘荡,这是普遍存在的思维缺陷。这种思维的缺陷往往延及人的外在表现。

在监控系统以崭新的面貌在丛棘岛上立足时,它受到了掌上明珠般的待遇,但那时,旧的监控系统并没有得到有效的梳理。在此之后,监控系统的升级与演绎,面临着同样的困境——新版替代了旧版,但对旧版的梳理与归位却不停地被放任。这样的困境正以有别于传统的惊人速度增多。

在新旧叠加的时代,獬冠人叠加了包袱,也叠加了抱怨。精力的有限使獬冠人不得不在庞杂的叠加中进行选择。这把他推入了对监控系统认知的第三个误区:"在难以应对新旧叠加的监控规则时,迎合的表演是最好的交差。"

丛棘岛官方以及獬冠人对监控系统在认知上面临的误区,与监控的纵向度和平面感的拿捏有关。监控系统使丛棘岛的监控从以平面感为主过渡到以纵向度为纲。轻视平面感或过于注重纵向度,这是监控系统事先未曾言明的陷阱。

七

"全景敞视主义"既是一个概念,也是一个机制。"全景敞视主义"机制是"全景敞视主义"在实务中的依托,也丰富了"全景敞视主义"的内涵。"全景敞视主义"机制是权力与监控职能的枢纽,它促进权力的发挥,也增加监控的效果:

总之,它是以这样一种方式来安排一切,即权力的施展不是像一种僵硬沉重的压制因素从外面加之于它所介入的职能上,而是巧妙地体现在它们之中,通过增加自己的接触点来增加它们的效能。全景敞视机制不仅仅是一种权力机制与一种职能的结合枢纽与交流点,它还是一种使权力关系在一种职能中发挥功能,使一种职能通过这些权力关系发挥功能的方式。①

然而,当权力介入监控职能时,它在丛棘岛上所遭遇的困境是它始料不及的缺憾。

丛棘岛官方以及獬冠人在监控系统上陷入的误区,不是偶然的陷阱。这是在认知上对纵向度的过度倾斜以及在实践中的过分依赖产生的必然偏差。监控系统可能存在的陷阱警醒人们:

第一,监控平台仅仅是一个信息汇聚的平台,不能替代其他监管手段。现场突发的秩序是个体浮现的异常行为表现,它的轨迹是从内心的源头一直表现到行为的末端。面对突发状况,监控平台在应急处突上具备优势,但应急处突仅是对行为的干预,问题的根源在监控系统之外。监控系统只是丛棘岛官方诸多监管手段中的一种,它不能替代监管南冠人的基础手段。

第二,南冠人的多面性并没有在监控下得到全部展示。监控系统之外的行为表现或心理活动,不能因为没有进入监控视野而被冷落,否则,这些被冷落的行为或心理活动,将以破坏力的形式惊现于探头之下。

第三,在监控系统下,表演是不可避免的结果。南冠人的表演是为了掩盖真实的意图,迷惑獬冠人;獬冠人的表演则是为了应对繁复

---

① [法] 米歇尔・福柯:《规训与惩罚》,刘北成、杨远婴译,生活・读书・新知三联书店2003 年版,第 232 页。

的规则,在有限精力中保持自己的主动性。对于丛棘岛官方而言,獬冠人和南冠人的自主性与个性都有可能淹没在监控系统的画面之下。后来,丛棘岛官方认识到了这个风险,为獬冠人作了分工。最基本的分类是监控平台线上与线下的区分,这种分工缓解了那个时期里獬冠人面面俱到所承载的压力。

福柯认为,权力机制在全景敞视建筑中的成功归因于监视、裁决和检查三类手段:

> 层级监视,规范化裁决以及它们在该权力特有的程序——检查——中的组合。①

丛棘岛官方在层级监视和检查上已经发挥得淋漓尽致,但似乎因为太专注而忽视了规范化裁决等其他手段的应用。

虽然监控系统在追寻行为轨迹、固定证据上具有无可替代的优越性,但是对于行为的根源而言,它却显得力不从心。因此,獬冠人必须在监控系统之外的场域同步作业。这是在监控系统面前保持清醒的基本态度,只有这样才能扩大探头的视野,收摄更深远的声音与画面。

---

① [法]米歇尔·福柯:《规训与惩罚》,刘北成、杨远婴译,生活·读书·新知三联书店2003年版,第193—194页。

动力源泉篇

牢饭：绵密的食欲预留了物质的欲望空间

一

牢饭是南冠人的伙食，但不能轻率地把丛棘岛上的伙食统称为牢饭，獬冠人在岛上的伙食就是例证。因此，牢饭专指丛棘岛上南冠人的伙食。

"牢饭"是一个能反映刑罚执行理念变化的词语，因此，它在丛棘岛上的使用，有着明确的时间界线。时间进入近现代之后，"牢饭"逐渐被"伙食"等中性词语所替代。

南冠人的伙食由丛棘岛官方统一配制，南冠人没有选择和挑剔的余地，也不必为牢饭买单，但是他们吃牢饭却是在为自己曾经触犯刑事法律的行为买单。

按照丛棘岛官方的规定，南冠人的伙食有特定的标准，伙食的食材种类也有大致的约定，这包括：

（一）粮食：大米和面粉。

（二）蔬菜：种类繁多的绿叶菜。

（三）肉和蛋：陆地上和水里的动物以及它们产下的蛋。

（四）植物果实：水果、豆子及其制品等。

南冠人伙食标准的核定以月为单位，然而在实务中，丛棘岛官方通常根据当天在岛的南冠人数采购食材。以月为单位的核算说明,各类食材总量当月不超标准都是可行的采购。因此,在某一个月内,南冠人某一餐的伙食可以包括所有的食材种类,也可以是其中的几种。

伙食标准可以维持身体基本所需,但是满足不了南冠人的奢华想象。这个与绵密的食欲有关的规则,预留了不竭的欲望空间。

二

丛棘岛官方尊重南冠人的饮食习俗与文化。

南冠人入岛前的饮食习俗在丛棘岛上同样得到认可。丛棘岛官方认可的不仅仅是舌尖上的口味,还有饮食文化中的传统。丛棘岛官方清醒地认识到饮食文化在维持岛内秩序中的作用。因此,南冠人入岛前有关饮食的禁忌与崇拜在岛上并未中断过。

丛棘岛也流行生日吃面条的祝福方式。面条的形状长而瘦,"长瘦"与"长寿"谐音。久而久之,面条在岛外社会成为生日祝福的表达方式,也成为生日饮食文化的主题之一。经历丧失自由的苦楚,生命的维持对于南冠人而言,更加迫切,也更显珍贵。因此,丛棘岛官方在南冠人生日的当天提供面食,意味深长——既改善他的伙食,也表达了祝福。祝福是令人鼓舞的精神慰藉,南冠人乐于接受,因而,在岛上也就易于流行。丛棘岛官方的祝福与南冠人对生命维持的希冀,成就了生日饮食文化在岛上的传播与延续。

三

丛棘岛官方尊重饮食文化的差异,但却面对众口难调的永恒难题。

南冠人的伙食由南冠人烹制。丛棘岛官方从南冠人中挑选出了能够胜任的厨师。这是丛棘岛官方"以他制他"监管策略的展开。

南冠人比獬冠人更加了解他们自己的口味。在众口难调之下，让南冠人烹制饮食，降低了南冠人与獬冠人之间出现对立情绪的可能性。

南冠人中存在具备烹制饮食特长的人，这为丛棘岛官方"以他制他"监管策略的实施提供了可能性。他们烹制饮食的特长在入岛之前就已具备。如果丛棘岛官方要从零开始培训厨师，显然难以应对现实的紧张。入岛之前具备烹制饮食特长的南冠人，必定曾经在厨师行业里摸爬滚打过。丛棘岛官方量才用人，得心应手的劳动让他们找到了职业的成就感。

南冠人数众多，口味不一，这让岛上的厨师们费尽心思。精明的厨师们通过不偏不倚的中性口味把众口难调的难题抛回给了众人挑剔的味蕾。

调味品和辅食在岛上从未出现过销量下滑的迹象，这既归功于伙食标准的额定，也归功于众口难调的难题。

四

在丛棘岛的正式场合，"牢饭"一词已完全被"伙食"替代。在非正式场合，"牢饭"还会被人提及，不过这大都是在诅咒人或恐吓人的语境下使用。

表达南冠人饮食的词语发生了变化，但因饮食而起的问题并没有发生实质的转变。

"牢饭难吃"在丛棘岛内外的坊间交流中仍然具有一定的市场。此时的"牢饭"不仅仅指具体的伙食,也成了"监禁"的指代;这里的"难吃"不仅仅是指口味的不合适,还暗指监禁的苦楚。

在自由社会,人们可以自由地追求饮食的美味。然而,踏上丛棘岛,南冠人开始经历自由与监禁的两重天地,口味也经历着"由奢入简难"的考验。

虽然丛棘岛官方从南冠人中精心挑选了厨师,但是面对人数众多的现实,他们没有时间去打造精致美味的菜肴。大锅菜是唯一能快速满足人数众多的饮食烹制方式,但是它解决不了个人的口味差异和对美味翻新的追求。

伙食标准的额定,限制了南冠人对于食物的想象。丛棘岛官方将南冠人的伙食标准及烹制、供给纳入统一的管理体系,这让南冠人感到味觉难以舒展。于是,他们转而在非官方供给的食品中寻找替代。

丛棘岛官方制定的饮食规则与南冠人的需求之间存在一定的矛盾,这让人想起了人本主义心理学之父亚伯拉罕·马斯洛。

马斯洛将人类动机理论建立在人的基本需要[①]之上,在需要的五个层次中,生理需要处于最底层,但却是"最基本、最强烈、最明显"[②]的需要。他以饥饿为例,说明当饥饿出现时,其他的需要不会被掩盖:

> 对于一个长期极度饥饿的人来说,乌托邦就是一个食物充足

---

① 亚伯拉罕·马斯洛将人的基本需要分为五个层次,从低到高分别是:生理需要、安全需要、归属和爱的需要、自尊需要、自我实现的需要。参见[美]亚伯拉罕·马斯洛:《动机与人格》,许金声等译,中国人民大学出版社2012年版,第19—30页。

② [美]马斯洛:《马斯洛人本哲学》,成明编译,九州出版社2003年版,第52页。

的地方。他往往会这样想,假如确保他余生的食物来源,他就会感到绝对幸福并且不再有任何其他奢望。对他来说,生活本身的意义就是吃,其他任何东西都不重要。自由、爱、公众感情、尊重、哲学,都被当做无用的奢侈品放在一旁,因为它们不能填饱肚子。可以说,这种人此时仅仅是为了面包而活着。①

在和平的年代,人们处于危急状态中的极度饥饿是罕见的,现在的丛棘岛也不可能让南冠人处于饥饿的状态,但这仍然无关马斯洛所说的人在饥饿状态下的普遍感受。相反,他进一步阐述道,当一个人说"我饿了"之时,他是在感受食欲而不是饥饿。②

丛棘岛官方与南冠人在饮食上的矛盾具体表现为南冠人时不时地在"感受食欲"。南冠人对食欲的感受隐藏着突破规则的动力,成为"地下航线""违禁品"等越轨行为的力量源头。

---

① ［美］亚伯拉罕·马斯洛:《动机与人格》,许金声等译,中国人民大学出版社2012年版,第21页。
② 参见［美］亚伯拉罕·马斯洛:《动机与人格》,许金声等译,中国人民大学出版社2012年版,第21页。

囚服：
否定性评价的服装暗藏寻求肯定的动机

一

丛棘岛官方为南冠人统一配发服装，由来已久。囚服就是南冠人在"统一配发"下不得拒绝而必须穿着的服装。这是对南冠人入岛后在着装上的明示，也是对其身份的暗示。与此相似的情景也存在于军队、医院、学校等领域。社会分工发展到了一定时候，团体成员的服装统一成了体现专业化的外在标志之一。在一些临时性的场合，人们也能常常看到，团体成员简单地套上统一的"马夹"式服装来表示其独特性，这恐怕是专业化进化不完全的表现。囚服的统一显示出的独特也许不能用"专业化"来形容，但它也符合埃米尔·涂尔干①在《社会分工论》中对违背集体情感行为进行制裁的类别划分。

根据丛棘岛官方规定，南冠人的被服配发有特定的标准。这个标准最少包括种类和数量两项指标，以下是丛棘岛官方统一配发给南冠人的被服种类：

（一）单衣、单裤、单鞋、内衣、内裤。

---

① 埃米尔·涂尔干(Emile Durkheim，1858—1917)，又译为迪尔凯姆或杜尔凯姆，是法国著名的社会学家，与卡尔·马克思和马克斯·韦伯被称为社会学的三大奠基人。

（二）棉衣、绒裤、棉鞋、棉帽。

（三）棉被、棉褥、蚊帐、枕头。

（四）被罩、褥单、枕巾、草席。

（五）罩衣、袜子。

南冠人的被服配发标准不包括工作服等劳动保护用品，这是从棘岛官方对南冠人的服装在生活和劳动上所作的区分，这意味着对劳动安全的保护，拓展了囚服可出现的物理空间。

二

从种类和数量来看，从棘岛官方统一配发的服装无论如何也无法与"奢华""时兴"沾边，反倒是蔽体御寒和物尽其用占据了主导地位。这是囚服至纯的功能。南冠人绝不是为了"时兴"而穿囚服，但在岛外社会，囚服的式样却在漫长历史中有过意外走红的时刻。

保暖并非服装的全部功能，否则就无法说明"天气越冷，穿得越少"的现象。凡勃伦在《有闲阶级论——关于制度的经济研究》中说：

> 一切阶级在服装上的消费，大部分总是为了外表的体面，而不是为了御寒保暖，这种极其平凡的情况是没有人会否认的。[①]

凡勃伦道出了服装另一个重要的功能——荣誉性。"在现代社会，有关服装的各种用品的商业价值所含的绝大部分成分是它的时新性和荣誉性，而不是它对穿衣服的人的身体上的机械效用。服装的需

---

① ［美］凡勃伦：《有闲阶级论——关于制度的经济研究》，蔡受百译，商务印书馆 2013 年版，第 131 页。

要主要是'高一层的'或精神上的需要。"①马斯洛在《动机与人格》中论述"剥夺和威胁"时，也说到了物体在精神上的价值：

> 一个目标物对于个体来说可以有两种意义。首先，它有着内在的意义；其次，它也可以有一种间接的、象征性的价值。②

服装的时新性应该是为了它的荣誉性，否则穿着过时的服装，在当时的社会评价中必然得不到褒奖。

然而，南冠人的服装，似乎无视时新性，只有在政权更替的时候，才会迎来新的款式，不过这也只是为了呼应新政权的需要，表明与旧政权的决断，而不是顺应服装界的时尚与潮流。在同一个政权的统治下，一成不变的式样似乎也在告诉人们政权的稳固与持续。因此，为适应美感而作的式样变化，只是一种可有可无的附属。

三

囚服的式样，融合了服装设计与监禁理念，在普通服装设计上增加了监禁文化，因此，显示出了它的厚重。丛棘岛的囚服只有灰白两种色调，而以灰色为底色。在囚服外套上衣的胸围线位置，丛棘岛官方设计了一圈灰白相间的竖条。灰白相间的竖条寓意居室或窗户的栏杆，象征着对自由的约束，也意味着对心魔的束缚。

---

① ［美］凡勃伦：《有闲阶级论——关于制度的经济研究》，蔡受百译，商务印书馆2013年版，第132页。
② ［美］亚伯拉罕·马斯洛：《动机与人格》，许金声等译，中国人民大学出版社2012年版，第95—96页。

南冠人服装的主要功效是蔽体御寒,无法体现时新性,不能满足人们对服装在精神上的需求,但它仍然具备在"更高一层"上的精神功能:囚服虽然不能让南冠人感受到服装带来的荣誉性,它所具有的否定性评价所产生的精神压力同样让人感到凌厉无比。

南冠人的身份表明他正在承担刑事追究的责任,他的服装原本也只是普通的布料,但此时,穿在南冠人身上却被赋予了刑事惩罚的色彩。这种色彩在人们的观念中被固化后,即使它只是挂在墙上,也一样不受人喜欢。它成了象征刑事责任的一种简单明了的符号,这是囚服与刑事责任相互映衬的结果。这时,囚服、刑事责任可以互相换位。南冠人离岛时,脱下的不仅是囚服,更是卸去刑事责任。南冠人逃跑时,那么引人注目,不仅是因为他们的服装特异,更是因为人们对身负刑事责任者的恐惧。

四

统一的囚服,淹没了南冠人入岛前持有的身份、权力、财富、名望等区分等级和阶层的要素。这是打击嚣张的利器,让膨胀的欲望、莫名的冲动回到理性的基点。这是囚服一统策略的初衷。

南冠人入岛之初的外在表现与内心反省,或许可以在囚服一统的策略中实现设计者的初衷。但是,时间让这一切逐渐发生变化。囚服一统虽然淹没了区分等级和阶层的外在要素,但它无法淹没内在的个性。这些无法释放的个性相互交织,形成潜藏在整齐划一背后的洪流。这是南冠人精神受到挫折后的直接反应,也是马斯洛动机理论中的动力之一:

动力理论所必然得出的最后一个观点就是,我们必须永远把威胁感看做其本身就是一种对于其他反应的动力性刺激。如果我们不同时知道这种威胁感会导致什么,会使个体做什么,机体会如何对威胁做出反应,那么对于任何机体内的威胁,也不可能进行完整的描述。①

倘若疏浚的方式和方向可控,这股洪流可以创造财富;若疏浚的方式和方向不可控,那爆发出的将是汹涌的破坏力。全民崇拜同色同款服装的社会,它存在的风险不正是丛棘岛囚服一统策略正反两种走势的倒影?

<h2 style="text-align:center">五</h2>

囚服本不卑微,卑微的是它所承载的否定性评价,但卑微并不代表逆流的销声匿迹,而獬冠人却容易在南冠人的卑微与顺从中变得放松与懈怠。

马斯洛的动机与人格理论认为,基本需要得不到满足的挫折是心理病理的起源。"威胁性的剥夺"②产生了挫折的后果:

---

① [美]亚伯拉罕·马斯洛:《动机与人格》,许金声等译,中国人民大学出版社2012年版,第100页。

② 马斯洛认为,"威胁"与"剥夺"的含义不同,"威胁"能产生挫折,而"剥夺"则要逊色很多。"这将我们引向了我们的最终假设:也许挫折作为一个单独的概念不如将它剖析开的那两个概念有用:(1)对于非基本需要的剥夺,和(2)对于人格,即对于基本需要或同这些需要有关的各种应对系统的威胁。剥夺的含义比挫折这一概念的通常含义要少得多,威胁的意味则多得多。剥夺并不是精神病病因,威胁则是。"参见[美]亚伯拉罕·马斯洛:《动机与人格》,许金声等译,中国人民大学出版社2012年版,第97页。

只有当目标物代表着爱、名望、尊重或其他基本需要时，对它的剥夺通常才会产生一般称为挫折的不好的效果。①

囚服代表的否定性评价让南冠人感到了前所未有的局促不安，在难以伸展之时，他们产生了非同寻常的敏锐，而这种敏锐正在孕育着反省或触发反抗的力量。对此，凡勃伦似乎也深感不安：

　　如果我们在服装上没有能达到社会习惯所决定的标准，就会感到局促不安，这种感觉的敏锐程度，大概是没有别的方面的感觉可以比得上的。②

---

① ［美］亚伯拉罕·马斯洛：《动机与人格》，许金声等译，中国人民大学出版社2012年版，第96页。
② ［美］凡勃伦：《有闲阶级论——关于制度的经济研究》，蔡受百译，商务印书馆2013年版，第131页。

亲情屋：让越轨动力消隐的中间站

一

亲情屋是南冠人与配偶相会的处所。

在丛棘岛上，"亲情"的含义决定了南冠人相会的对象仅限定于配偶。这是丛棘岛官方对相会对象所作的严格而又明确的表达。这说明非配偶不可以进入亲情屋；无配偶的南冠人提交的申请，当然因为对象不存在而得不到批准。

亲情屋建造在离南冠人居室不远的小溪边。不能远离南冠人居室是为了不超出獬冠人的可控范围，建造在小溪边是为了营造一种轻松而愉悦的气氛，淙淙的水声让这个特殊的夜晚显得更加静谧，流淌的溪流将缓缓地带走南冠人的紧张。

亲情屋所要发挥的功能不同于南冠人的居室，因此，它的结构也不同于南冠人居住的建筑。它的生活功能告诉设计者，情调替代了规训。现实的亲情屋建在淙淙流水的溪边，抽象的亲情屋建在生活与刑罚的交界处。

曾经有一段时期，亲情屋位列丛棘岛官方的分级处遇体系，是南冠人处遇的一种。走进亲情屋是南冠人在岛上综合表现优良的结果，这表明他在岛上的行为表现得到了丛棘岛官方的高度肯定。亲情屋

丛棘岛映像——越轨行为在监禁社会的表现与规制

处遇对于南冠人而言是岛上压抑生活的港湾,它的实质是性紧张的释放。

二

亲情屋的存在与否,引起了至今未止的争论。

赞成方认为,限制人身自由并不必然限制性权利,这当然是最受南冠人欢迎的观点。反对方认为,限制人身自由必然包括限制性权利等其他与人身相关的权利。南冠人并不一定明白反对观点中所蕴含的法理,但性生活的匮乏是他们急不可待的现实。

亲情屋存废之争的核心是人身自由受限是否必然使性权利的主张受限。监禁刑在法庭上的庄严宣告,不仅追溯和确认了审判之前对人身自由的限制,也表明限制人身自由在丛棘岛即将正式开始。严厉的刑事判决书连同南冠人进入丛棘岛,它载明的事项只有主刑和附加刑。法官并没有逐一罗列他还将失去的其他权利。在刑事执行领域,对于权利的剥夺,奉行"法无禁止即自由"的原则,但在技术层面,人身自由的受限阻却了基于"人身"的权利的实现,即人身自由受限必然使以人身自由为基础的其他权利受限。

关于自由的定义,从不同的角度去理解,有各自不同的见地,但似乎很难有公认的标准。如果从拥有自由的正面难以给出令各方满意的答案,那么从失去自由的反面去触摸,也许更容易感受到它的内涵。

在人身的周边,存在着若干抽象或具体的要素,它们随处可见,但它们的存在是那么平淡,以致人们往往视而不见。只有当这些要素消失或受限时,它们的重要性才能被真切地感知。这些要素虽然不是人的本身,但它让人的本身得以延续,犹如本身的组成部分。人们容易无视肉眼看不见的空气：在它受到污染时，它的灰蒙蒙才把它自己带进人们的视野；在人们呼吸困难、怒目圆睁的时候，心肺缺氧带来的体验才让人明白空气的意义。

自由对于人犹如空气，所不同的是，空气由心肺告知它的重要性，而自由是通过行为的受限让个体明白"拥有时不在乎，失去时才痛哭"的苦楚。1972 年，福柯在法兰西学院的演讲中是这样论述自由的重要性的：

> 倘若失去了自由，便失去了一切对自然的拥有，变为了切实的、持续的惩罚，这种惩罚非但不能使人们的道德变坏，而且还会让市民对自身行为不符合法律的代价更为敏感。[1]

在人们对自由没有深切体会的时候，往往感觉不到人身自由对附着其上的权利的基石作用，并轻易地认为权利是不分层次的并列关系。其实，在自由的社会里，权利有基础和从属之分，人身自由权利是基础性权利，是附着其上的其他权利的基础。通信权利、性权利等附着于人身自由之上的权利则具有从属性，是从属性权利。所谓的从属性，就是当基础性权利受限时，从属性权利的行使将受到必然的阻却。

刑法并未剥夺附着于人身自由之上的其他权利，但在人身自由受限时，它们在行使的方式、时间和空间上将受到减损，甚至减损为零。人身自由受限的南冠人，他并不必然丧失参加直系亲属葬礼的权利，但他也并不必然能完满地行使该项权利。丛棘岛的遥远在物理距离上让至亲的病危告急变得迟缓，加急的出岛审批程序和南冠人离岛返

---

① ［法］米歇尔・福柯：《惩罚的社会》，陈雪杰译，上海人民出版社 2016 年版，第 58 页。

家的匆忙步伐,并不一定能让他实现"最后看一眼"的愿望——也许葬礼早已结束。丛棘岛官方在南冠人权利实现的技术层面尽了最大的努力,但南冠人未必能在伦理的体系里尽到减少内心谴责的微力。

亲情屋的存在是刑事判决书未明确禁止的性权利在丛棘岛上的延伸,然而南冠人人身自由受限使性权利的行使在方式、时间和空间上受到了限制。亲情屋为南冠人性权利的行使提供了短暂的、临时的空间,而当亲情屋被拆毁时,所有的浪漫也将无处安放。

三

当异性光临丛棘岛的时候,与此有关的讯息引起了南冠人的骚动。

丛棘岛是一个"两极—同性"社会,这使异性只存在于南冠人的脑海和幻想之中。南冠人隔着窗户远距离观望入岛的异性,已经成了监禁社会一种潜在的福利。然而,窗户有限,这在无形中拓展和提升了窗户本没有的"价值"。

南冠人对异性的观望,除了浅层的新鲜感之外,与性的关联是深层的原因。弗洛伊德认为,性器官不仅仅限于生殖器,眼睛也是快感区之一:

> 眼睛可能是距离性对象最远的快感区了,但是在追求对象时,它应该是最频繁使用到的,当刺激来源在性对象身上时,我们将施加在眼睛上的这种刺激的特殊性质描述为美。(同样,性对象身上的优点被描述为"吸引力"。)①

---

① [奥]西格蒙德·弗洛伊德:《性学三论与爱情心理学》,彭倩、张露译,台海出版社2016年版,第89页。

对于长期隔绝的南冠人而言,性生活也因人身自由受限而无处伸展。然而,汹涌的性力量并不因为无处伸展而减弱或消亡,它表现出的顽强驱使着南冠人四处出击,去寻找性对象,试图达成性目的。"性倒错(inversion)"就在这样的狂乱与不安中产生。

性倒错是弗洛伊德的语言,它包括三种类型,即完全的性倒错、两栖的性倒错和偶然的性倒错。① 完全的性倒错和两栖的性倒错是在自然的条件下形成的状态。入岛之前已经是完全性倒错或两栖性倒错的人,在他身上存在的这种性倒错倾向也将自然地延续进丛棘岛。

偶然的性倒错是由于某些外界条件介入而产生的,这些外界条件包括:

> 对同性别者关系的排斥、战争中的同志友谊、监狱里的拘留、与异性性交的威胁、独自生活以及性功能衰弱,等等。②

外界条件这个变量的改变,有可能增加或减少偶然的性倒错者的比例。外界条件中的"监狱里的拘留"所代表的环境,恰恰与丛棘岛的监禁社会相匹配。这使偶然的性倒错在丛棘岛上比其他两种类型

---

① 弗洛伊德认为,性倒错者可以分为以下三种类型:(a)他们也许是完全的性倒错者。这种情况下,他们的性对象只能是与自己同性的人,异性从来都勾不起他们的性欲,只能令他们冷淡,甚至引起性厌恶。这种厌恶的后果就是,如果他们是男人,在实施性行为的时候将无法雄起,即使可以也不能从中获得任何快感。(b)他们也许是两栖的性倒错者,也就是说在性心理上是双性的。他们的性对象可以是同性,也可以是异性。这类倒错没有专一的性别取向。(c)他们也许是偶然的性倒错者。在某些外界条件下,他们没有办法接触到正常的性对象,于是经由模仿,正好能够将同性作为性交对象,并从中获得极大的性满足。引自[奥]西格蒙德·弗洛伊德:《性学三论与爱情心理学》,彭倩、张露译,台海出版社2016年版,第4—5页。
② [奥]西格蒙德·弗洛伊德:《性学三论与爱情心理学》,彭倩、张露译,台海出版社2016年版,第9页。

的性倒错更加显眼。丛棘岛单一的性别结构使南冠人无法在岛上获得接近异性的机会,这个由国家强制力形成的外界因素,阻断了他们难以抑制的性渴求,于是他们将注意力转移到可能实现的同性身上:

> 性倒错者并不是对女性的魅力不为所动,而是将女性唤起的兴奋感转移到了男性身上。①

四

性的原始冲动的动力,在原始社会或者更早之前就已经存在,但直到弗洛伊德"力比多(libido)"理论的提出,它才有了正式而实用的名分,并为精神分析的应用奠定了基础。弗洛伊德在《性学三论与爱情心理学》中给"力比多"下了一个抽象而不太易懂的定义:

> 我们将力比多的概念定义为一种在量上可变的动力,它可以对产生性刺激的过程和转变进行测定。我们可以通过力比多的特殊起源来进行辨认,总之它肯定是来源于心理过程基础之上的能量,因此我们还赋予了它定性的特征。②

"力比多"是一种性动力,是一种可变的性动力,也是有别于其他形式的心理能量。

如果"力比多"也可以用数值来显示它的分布,丛棘岛"力比多"

---

① [奥]西格蒙德·弗洛伊德:《性学三论与爱情心理学》,彭倩、张露译,台海出版社2016年版,第15页。
② 同上书,第97页。

的分布值一定高于岛外社会的普通群体。南冠人从未消失的"力比多"在积聚中等待散发。

南冠人"力比多"分布值的走高,让丛棘岛官方慎重而艰难地考虑过降低的对策,亲情屋正是在此背景和思考下的尝试:

> 生殖器的结合也就是通常所说的性交被看作正常的性目的,它可以带来性紧张的释放以及性本能的暂时消隐,类似于饥饿感被满足以后的状态。①

性活动和满足感带来的性本能的暂时消隐,就是"力比多"的暂时消失或消散:

> 它(最后的快感)完全是靠释放引起的:这是一种完全得到满足的愉悦感,随后力比多的紧张感也会暂时消散。②

在丛棘岛上,亲情屋是消除南冠人"力比多"唯一正常的渠道。这个"唯一正常"所指的内容除了生理层面的满足,还有规则层面的匹配。

与南冠人相会于亲情屋的异性只能是配偶,这是一条不可逾越的铁律。这既满足了生理的需求,也符合"社会建立起来的道德和权威结构"③的社会规则。其他消除"力比多"的形式,都将被划入不正常

---

① [奥]西格蒙德·弗洛伊德:《性学三论与爱情心理学》,彭倩、张露译,台海出版社2016年版,第20页。

② 同上书,第90页。

③ 在限制性本能方向的力量当中,我们重点强调了羞耻、厌恶、怜悯以及社会建立起来的道德和权威结构。引自[奥]西格蒙德·弗洛伊德:《性学三论与爱情心理学》,彭倩、张露译,台海出版社2016年版,第114页。

的范围:

（一）在狂乱与不安中产生的偶然的性倒错行为（同性性行为）。

（二）南冠人跨越身份界线的异性性行为,如男南冠人与女獬冠人、女南冠人与男獬冠人等。

（三）不可思议的违法和反道德权威的异性性行为。

在释放性紧张和消除"力比多"上,不正常的性行为和亲情屋的性行为,也许没有本质上的区别,但此时丛棘岛官方还要追求亲情屋产生的社会效果,而不仅仅注重这个过程给南冠人带来的愉悦。所以,不正常的性行为一经曝光,必然引起舆论哗然,在道德和权威的结构墙上重添一则性丑闻。丛棘岛上如此,自由社会又何尝不是呢?

性行为本不丑,也许性对象或美丽或帅气。然而不正常的性行为使为限制"力比多"流向而构筑起来的羞耻、厌恶、怜悯以及道德和规则的堤坝受到了严重的冲击。这种性行为的每一次满足,就是对道德与规则的多一次冲撞。因此,性丑闻丑的不仅是性行为本身,更是让道德与规则陷入窘境的二次出丑。

五

南冠人疏导"力比多"的渠道大致有符合社会规则的异性性行为（亲情屋）、偶然的性倒错行为、不符合社会规则的异性性行为以及虽然不能彻底释放性紧张但又无其他更好选择的自慰（手淫）。

亲情屋的使用受到丛棘岛官方严格的控制,偶然的性倒错行为和不符合社会规范的正常性行为毕竟占据不了主流,自慰无法获得足够的满足感,"力比多"消除的不彻底在丛棘岛上留下了不安定的力量。

人类文明史表明,残暴和性本能之间存在着十分清晰的密切关系;但是从来没有谁解释过这种关系,除了对力比多富有攻击性的成分进行强调外。[①]

弗洛伊德认为,虽然没有人解释性本能和攻击之间的关系,但是"力比多"具有攻击性的成分显然受到研究者的青睐。

南冠人"力比多"的积聚,不是以天计算,也不按月衡量,往往是以年为单位。几年或几十年性生活的缺乏,导致"力比多"的流向发生了改变,这种改变出现的内部紊乱,引起了外在行为的失调。弗洛伊德在分析精神神经症中性变态原因时,对"力比多"流向的改道带来的影响作过生动的描述:

在所有这些例子里,力比多表现得就像一条主河床被阻塞了的溪流,它继续填满可能至今仍干涸着的旁系支流。因此,精神神经症患者性变态的强烈倾向(虽然确实是消极的)的出现可能同样也是由旁系决定的,而且在任何例子里都肯定是由旁系加强的。事实上伴随着诸如对自由的限制、正常性对象的难以获得以及正常性行为的危险性等这样的外部因素,我们还必须将性压抑这一内部因素考虑进引发性变态的原因里去,不然,没有这一因素那些人可能还会保持着正常。[②]

或许人们见到"性变态"这样的词语,就感到紧张或是受到了侮

---

① [奥]西格蒙德·弗洛伊德:《性学三论与爱情心理学》,彭倩、张露译,台海出版社2016年版,第30页。
② 同上书,第42—43页。

辱,这是在感情色彩上的本能反应。若是把它当作专业领域的术语来使用,感情色彩上的褒贬就会自惭形秽。"力比多"的改道并不一定造成南冠人性变态的结果,但是人身自由的限制带来了以年为单位的力量的积聚,让南冠人的浑身迷漫着紊乱与暴戾的气息。

库利在论述愤怒的根源时以色欲为例,说明愤怒的根源是难以控制的本能力量,从中可以反观色欲根源可能给个人带来的危害与风险:

> 像色欲一样,由于本能力量过分旺盛以致很难控制并限制这种力量发挥的正常范围;如果不实行正确的管制,本能力量肯定会给个人生活带来混乱和痛苦。①

六

"力比多"若冲撞了社会规则,社会规则将让不能驾驭它的主人坠入不可复返的深渊。

在"力比多"的世界里,原本无人为建立的社会规则,漫无边际的横流"反对"社会规则的引导与阻拦。丛棘岛官方后来发现南冠人隔窗观望入岛的异性,存在着对入岛者不敬的嫌疑,于是不允许隔窗观望,并作出在有异性入岛时南冠人必须回避(包括目光回避)的规定。这让南冠人感到不快,这其实是不安分的"力比多"引起的波浪。

在"力比多"与社会规则的冲撞中,冲击力最大的是不符合社会规则的异性性行为。在丛棘岛,曾出现过女獬冠人与男南冠人发生性

---

① [美]查尔斯·霍顿·库利:《人类本性与社会秩序》,包凡一、王湲译,华夏出版社2015年版,第198页。

行为的丑闻①，丛棘岛官方规则没能完全阻拦"力比多"的流动。这个丑闻的惊人之处在于男南冠人与女獬冠人跨越了不可逾越的身份界线。后来的某年某月，又发生了一个不可思议的不符合社会规则的异性性行为：性工作者乔装成南冠人的配偶，获得了负有失职之责的獬冠人的批准，与南冠人一起住进了亲情屋。这是他们使用"公开的隐秘"手法的"杰作"，这冲撞了丛棘岛官方的规则，冲撞了国家对性交易行为的干预，冲撞了人为构筑起来的"道德典范要求"②。

以精密规则与高效执行力著称的丛棘岛，仍然对"力比多"的流向与改道无法全面控制。尽管丛棘岛官方已经降低了"力比多"冲撞规则的比例，但是，在高压态势下发生的不符合社会规则的性行为，足以证明"力比多"的顽强与韧劲。

尽管"力比多"所代表的生物性时时冲撞着社会规则构建的藩篱，但是藩篱两边的天地却不容混合。对这个不容混合，德瓦尔在《猿形毕露：从猩猩看人类的权力、暴力、爱与性》中这样阐述道：

> 一到工作日，性和性欲就应该遁入地下。把社会生活和性生活明确划分开来，是人类独有的行为，但这样的划分也不是一直都能维系的。在过去，富人家中的女佣常常必须提供煮饭与清洁以外的服务；在现代社会，充满性暗示与性骚扰的办公室也经常

---

① 参见《澳大利亚 6 名女狱警竟与囚犯发生不正当关系》，http：//k.sina.com.cn/article_6388043297_17cc1ce2100100cusp. html? cre = tianyi&mod = pcpager _ news&doc = 3&r = 9&doct = 0&rfunc = 100&tj = none&tr = 9，访问日期：2018 年 9 月 20 日。
② "在整个或者部分潜伏期里积起的精神力量，以后会成为性本能发展的阻碍，就像堤坝一样，限制力比多的流动，这些力量包括厌恶、羞耻以及来自审美和道德典范的要求。"引自[奥]西格蒙德·弗洛伊德：《性学三论与爱情心理学》，彭倩、张露译，台海出版社 2016 年版，第 52 页。

发展出同事之间的恋情。据说,华尔街的股票经纪人会在生日宴会上请来脱衣舞娘表演。不过,不论有多少例外情形,一般规范仍然是把社会生活与性生活的领域区分开来。①

自由社会对社会规则的执行与监督,远不如丛棘岛及时有效,这给了"力比多"太多穿梭的机会。"力比多"的存在就好似一个莽撞的野汉,不分时间、不分地点四处出击,在社会规则堤坝足以与之对抗的时候,它是笼中猛兽;在社会规则堤坝不足以与之对抗的时候,它是出笼猛兽。

一个能接受外在社会规则约束的人,同时也能控制内在"力比多"的流向。社会规则建立起的藩篱是临界线,临界线的内外是两个不同的世界:社会规则的世界以文明为主导,"力比多"的世界以无序为主流。

符合社会规则的性行为,需要生理、心理、道德、伦理和权利的统一,这些因素的分裂或分离而产生的性行为,将受到社会规则的重新审视。因此,一个得到社会认可的性行为,完全不像冲动来临时所想象的那样简单。弗洛伊德说:

> 一个正常的性生活只用确保,感情和肉欲的汹涌流向在性对象和性目的上达到了恰当的汇集。②

从社会规则角度审视,弗洛伊德的理论只用确保感情和肉欲的统

---

① [美]弗朗斯·德瓦尔:《猿形毕露:从猩猩看人类的权力、暴力、爱与性》,陈信宏译,生活·读书·新知三联书店 2015 年版,第 92 页。
② [奥]西格蒙德·弗洛伊德:《性学三论与爱情心理学》,彭倩、张露译,台海出版社 2016 年版,第 87 页。

一，这个标准似乎太低。

　　"力比多"与自我控制力是水火不容的对抗关系。驾驭不了"力比多"的人，往往受"力比多"的驱使;能驾驭"力比多"的人，常常在最早的时间里把"力比多"控制在社会规则建立的藩篱之内，但一时能驾驭"力比多"，并不等于时时能驾驭"力比多"。因此，在自制力不坚定的时候，由于社会规则还来不及干预，"力比多"在某个偶然的地方或某个无意的时间里便失去控制。某个偶然的地方遍及城市与农村、显行与隐业、高楼与矮房……某个无意的时间涵盖白天与黑夜、战时与和平、晴朗与阴雨……这是"力比多"失去控制，或者说，这是人受"力比多"驱使最广泛的体现。

　　在某个领域实现了"超我"的人，容易把在特定领域获得的成功经验推广到其他所有的领域。这是一个危险的举动，他的过于自信匆忙地把自己推入无视社会规则的境地，让失控的"力比多"窜入有序的社会而肆意奔走，于是以德为尊的师者、公器私用的权贵、正义凛然的公知、商场领路的精英纷纷沦陷。这不是规则的失败，这是"本我"对"自我"的挑衅，让游离在规则之上的"超我"轰然坍塌："让人迷失方向的，常常是外界漫际横流的诱惑;让人失去理智的，往往是内在难以驾驭的欲望。"

　　　　　　　　　丛棘岛映像——越轨行为在监禁社会的表现与规制

规则体系篇

计分考核：人类社会最精密的行为规则

一

计分考核是以月为周期，把南冠人的行为表现以分值的方式进行量化评价的体系。丛棘岛官方并不是对南冠人的所有行为都进行评价，这在事实上也不可能。

丛棘岛官方将南冠人在岛上认罪悔罪、日常行为、教育活动和劳动表现等内容，分解为可操作的具体指标，构建起一套完整的评价体系。

计分考核是丛棘岛官方监管南冠人的重要策略。倘若没有计分考核体系，丛棘岛的秩序将无从谈起。

计分考核体系是法律规则的细化，处于社会规则的末端。从广义上而言，法律也属于社会规则。由于法律本身的特性，它不适宜过于精密。正如西方谚语所言：

在法律中，过于精密并不可取。①

南冠人因违反法律规则入岛，这决定了丛棘岛官方对他们行为调

---

① 孙笑侠编译：《西方法谚精选：法、权利和司法》，法律出版社2005年版，第4页。

整的严厉性,并以细密的规则开展复杂的监管。在丛棘岛上,惩罚以纪律的方式得以体现,以此制约南冠人内在的反抗力量:

> 各种纪律使用分割和垂直方法,它们对同一水准的不同因素进行尽可能牢固的区分,它们规定了紧凑的等级网络,总之,它们用连续的、区别对待的金字塔技巧来对付复杂人群内在的反向力量。①

计分考核体系补充了法律规则的不明确和未及之处,既延续了法律规则,也维持了丛棘岛的秩序。

计分考核体系调整的是南冠人的行为,这与法律调整的对象保持高度的一致。对于人的行为与法律之间的关系,马克思有过这样精辟的论述:

> 我只是由于表现自己,只是由于踏入现实的领域,我才进入受立法者支配的范围。对于法律来说,除了我的行为以外,我是根本不存在的,我根本不是法律的对象。我的行为就是我同法律打交道的唯一领域,因为行为就是我为之要求生存权利、要求现实权利的唯一东西,而且因此我才受到现行法的支配。②

因此,进入计分考核体系视野的是南冠人的行为,而不是他的内

---

① [法]米歇尔·福柯:《规训与惩罚》,刘北成、杨远婴译,生活·读书·新知三联书店2003年版,第246页。
② 《马克思恩格斯全集》第1卷,中共中央马克思恩格斯列宁斯大林著作编译局译,人民出版社1956年版,第16—17页。

丛棘岛映像——越轨行为在监禁社会的表现与规制

心活动。

即时评价是计分考核体系的显著特点，一个南冠人的行为触犯了禁止性规定或是吻合了鼓励性规定，他通常将在一天内得到否定或肯定的答案。丛棘岛官方对行为评价的即时性是自由社会无法比拟的优势。在自由社会，规则对行为的评判不能立即实现，它需要一段时间的等待，等待需要的耐心有时超过了人们对规则的期待。这容易让越轨者误以为规则如同虚设，因而继续为所欲为。评价的滞后也给了越轨者充足的逃离时间，这减缓了规则的威慑力。然而，在计分考核体系里，从来没有"正义迟来"的说法。自由社会中规则对行为评价的滞后及其所产生的弊端，在丛棘岛的即时评价中从不存在。

计分考核体系只对南冠人的行为作肯定性评价或否定性评价，没有中立性评价。因此，在计分考核体系中，只有对行为的鼓励性引导和禁止性抑制，没有不表明立场的中庸之说。

否定性评价的规则令人感到空气的凝结与来势的凌厉，它的核心是否定"禁止为而为"和"必须为却不为"。计分考核体系中，否定性评价的条文多于肯定性评价的条文，这是规则调整越轨冲动在监禁社会的缩影。

二

在丛棘岛上，南冠人和獬冠人既相互依存，又相互对立，但并非平起平坐。

獬冠人在丛棘岛上居于监管地位，这在计分考核中也得到了威严的体现。同时，獬冠人也通过计分考核体系，维护了执法与管理的秩序。

南冠人必须牢记计分考核体系中的条文,并且要达到"内记于心,外化于行"标准。在计分考核体系里,这是南冠人的第一规则。

　　獬冠人与南冠人是监管与被监管关系,为了维护獬冠人的权威,计分考核体系里明确规定,南冠人不得顶撞、侮辱、谩骂或者威胁獬冠人。

　　獬冠人发出的指令,南冠人应当立即执行,不得在执行獬冠人指令时故意拖延,或者拒绝执行獬冠人指令,更不得以暴力方式阻碍、抗拒獬冠人依法履行职责。

　　獬冠人对南冠人的信任建立在"南冠人是诚实的"这一假设之上,因此,南冠人不得不诚实,不能欺骗獬冠人。獬冠人也明白这个假设与其说是"是",不如说是"要求"。

　　獬冠人与南冠人之间虽然是零距离接触,但是界线无处不在。南冠人不得私自接触、使用应由獬冠人保管的材料、物品,不得私自进入獬冠人专属的区域。

　　在很多场合,獬冠人必须按照丛棘岛官方的规定对南冠人进行检查,而南冠人有配合人身和物品检查的义务。这个"必须"不仅针对南冠人,也针对獬冠人。为了防止獬冠人的散漫,丛棘岛官方以强制性的规定来克服獬冠人的惰性。

　　南冠人为了逃避惩处,必然想方设法干扰丛棘岛官方的监控系统。这等于捂住了獬冠人的眼睛与耳朵,獬冠人对南冠人行为的评价离不开对监控系统的依赖,所以,獬冠人不允许南冠人遮挡或影响监管视线的行为。

　　文明礼貌是南冠人在岛必修课,丛棘岛官方不会让他们的基本素养仍然处于可有可无的飘零状态,也以此表示他们与曾经的市井行为告别。因此,南冠人对獬冠人要用敬称,对工人要称师傅;不得给獬冠人和工人起绰号、外号;不得对獬冠人和工人有侮辱性语言或动作;接到獬冠人指令,向獬冠人陈述和回答问题或有事报告獬冠人时,着装、行为要符合规范;与獬冠人、工人同一方向行进或相遇时要按规定避让;遇到来宾来岛时,不得围观、尾随或评论;遇到检查人员问话时,回答问题不得违反规范要求;对于进入丛棘岛的异性,计分考核也设计了专门的条款给予保护,南冠人不得对异性评头论足或嬉笑围观,不得对异性进行刁难或语言骚扰,更不得对异性进行动作骚扰。总之,南冠人不得行不文明之举,持不端正的态度,这些与规则不符合的行为都将受到精密的计分考核体系的考量。

在劳动上,南冠人要服从獬冠人在劳动生产中的分工,未经獬冠人批准、有劳动能力的南冠人不得拒绝参加劳动或消极怠工。不仅如此,在劳动指标上,南冠人要完成獬冠人事先核定的指标,并且保证质量或产品的合格率。南冠人进出劳动现场,要按规定举手报数,或在獬冠人点名、清点人数时及时应答或做出规范的示意动作。

三

在一个由单一性别构成的社会里,南冠人的行为似乎因为缺乏润滑剂,总是显得刚劲有余而柔韧不足。这样的社会总是在刚劲有余中暴露出行为关系紧张的缺陷,并时不时地以打架斗殴、偷盗等行为表现出来。丛棘岛官方是南冠人之间的天然裁判,并把裁判的规则写入了计分考核体系。

丛棘岛是一个极其讲究严肃的地方,因此,开玩笑也受到了规则的约束,南冠人之间不允许追逐玩闹,也不允许进行有肢体接触的打闹,这容易造成自身或对方的身体伤害。当然,丛棘岛官方组织的文娱活动,不可能完全阻止南冠人之间的肢体接触——文娱活动的轻松也使严肃的计分考核在此时保持缄默。

儿童在一起游戏时,不可避免地会发生争吵,这与身心未健全有关。南冠人之间不乏骂人、互相争吵、争执推拉等类似儿童争吵的行为,但这并不能说明南冠人的情商和智力不健全,不过,这让人在心胸狭隘与环境封闭之间产生某种联想。

在自由社会的公众眼中,南冠人个个强悍无比,这是他们对南冠人的表象认识以及关联想象。在这个表象认识的背后是南冠人强弱参差的各异状态:强者恃强凌弱,勒索、欺压、殴打弱者在丛棘岛上不止一次地发生过;强者发挥自身体力与智力优势,骗取或索要弱者的财物;为了彰显自己在南冠人中与众不同的地位,寻觅弱小的南冠人作为他的随从,强迫他为自己提供本应由自己处理的劳务。

在民事私法领域,民事主体法律行为的调整遵循"意思表示"原则,即推崇、遵循个人之间的合法约定。然而,在丛棘岛,南冠人之间"意思表示"的约定得不到丛棘岛官方的许可。南冠人不得私下约定给对方提供劳务或接受对方的劳务,不得代替他人或请求他人书写应由自己完成的书面材料,不得代替他人或请求他人撰写、发表作品,不得利用公私物品或个人岗位便利与他人交易、串换集体生活物资、劳动产品或以不正当手段换取劳动成绩。

因为这些约定可能产生不平等的风险,同时干扰了南冠人个人事务必须亲力亲为的官方政策。对于南冠人的私下约定,计分考核体系显示出了各打五十大板的评判意见。

南冠人之间的交往体现了个人的基本素养,计分考核体系引导个人素养的形成。粗俗的言语和行为是他们在交往中最为常见的不文明表现。丛棘岛官方不允许他们说粗话、讲脏话,不允许他们举止粗俗、动作低级,不允许他们有下流、不文明的用语和行为。某些江湖义气把南冠人送进了丛棘岛,这些江湖义气的表象不乏称兄道弟的表现,因此,丛棘岛官方不允许他们在岛上称兄(姐)道弟(妹)。丛棘岛官方也不允许南冠人使用在江湖上常用的绰号或外号。这些似乎在告诉他们丛棘岛与江湖的界隔。

四

丛棘岛官方关注丛棘岛的公共秩序,南冠人也流连其中。不同的是两者关注的目标,丛棘岛官方关注的是公共秩序的稳定,而南冠人却热衷于从中寻求刺激、取乐或发泄愤恨。寻衅滋事、打架斗殴,偷窃、侵占、故意损坏公私财物是他们从自由社会携带入岛的行为习惯,有些南冠人正因此而入岛。入岛之后,不良行为的惯性不服输地与矫正它的力量在不停地较劲。

在那个炒菜还比较自由的年代,南冠人总能想到办法开小灶①,"伙吃伙喝"。没有能力偷开小灶的南冠人,也喜欢串换食品,满足味蕾对不同食物的品尝,也弥补他们对小灶所抱有的遗憾。人的吃喝并不仅仅停留在消化与营养吸收的生理层面,吃喝是讲哥们义气的开始,以此结合地域、友情等手法,便可以攀亲结友、拉帮结伙,为挑拨是非和日后的越轨行为埋好伏笔。

玄幻的迷信活动,能让困境中的人们找到精神慰藉,然而这种自以为是的慰藉不仅无助于他们脱离困境,反而容易被人利用。因此,丛棘岛官方禁止南冠人组织、参与或宣扬迷信活动。

---

① 小灶是私自烹制、开设的饮食,相对于丛棘岛官方统一提供的伙食。

尽管隐蔽性与其他越轨行为极其相似,但赌博在丛棘岛上的破坏力却表现得与众不同。赌资除了虚拟的账目、现实的香烟和食品,还有不同形式的劳务。当每个人必须亲力亲为的劳务以赌博的方式被转嫁时,这触动了丛棘岛官方的政策神经。

南冠人的集体居住与生活,使居室的纪律从口头告诫上升到了计分考核的条文。就寝期间不得喧哗、走动,或以其他方式影响他人休息,这与学校对寄宿学生的纪律要求如出一辙。

劳动生产安全让丛棘岛官方感到不确定的紧张和难以把握的困惑,这种进退维谷的窘境从农业社会一直延伸到工业时代。工业革命带来社会变革,转变了丛棘岛上劳动生产安全关注的焦点,机械设备与电气带来了劳动效率,也带来了更大的安全风险。

南冠人在接触机械设备之前,必须接受相应的岗位培训。然而与自由社会的安全生产事故一样,南冠人在岗位上的疏忽和过于自信产生了巨大的隐患和现实危险。他们可能违反操作规程、安全生产等规定,不正确使用设施设备;违反规定排布、拉接电线;超负荷操作机械设备;违规携带火种进入劳动现场或违规使用易燃易爆品、危险化学品;发现生产安全事故隐患,不及时报告。风险不仅如此,他们还可能自掘坟墓:不按规定摆放物料,堵塞消防通道、安全出口,违规遮挡或占用消防设施、器材。

五

监禁是对南冠人外在的惩罚,而在内心他也面临自我反省的考验。检验他是否悔过的简易标准是他对判决的态度,对裁判不服而公开发泄不满情绪或毁弃法律文书,这是对认罪伏法最直接的挑衅,也是不扪心自省最顽固的抵抗。这种挑衅与抵抗的态度,往往伴随着编造或散布污蔑、攻击法律或政策的言论。

南冠人庞大的群体为南冠人隐瞒身份提供了庇护,他们隐瞒或编造姓名、住址、社会关系、经历等个人信息,最重要的目的是掩盖尚未被发现的其他犯罪行为。清查每一个南冠人的真实身份,是丛棘岛官方不可含糊的监管要求,獬冠人因此绞尽脑汁。

南冠人对曾经犯下的罪行,并非全都羞于启齿,只有心无羞耻的人,才会对不正义的过去保持沉默。南冠人之间关于教授或分享犯罪经验或技能的行为,绝不是毫无凭据的传闻。曾经不正义的行为,是他们闲暇时的谈资,也是向他人展示能力的资本,他们经常在夜色的掩护下悄悄而又兴奋地宣扬自己的犯罪史或讲述自己的犯罪行为。

丛棘岛官方对丛棘岛的隔绝不仅是物理上的坚守,还表现在对南冠人与外界交流时的检查与监视。检查和监视南冠人是否遵守会见、通信管理规定,是否在通信、会见、离监探亲时使用隐语、泄露丛棘岛秘密或散布反对丛棘岛官方的言论。收发信件、领取汇款或包裹等邮件规定是通信在实际操作中的延伸。南冠人不得私自与外来人员接触,也不得与其他管区的南冠人攀谈。

南冠人的物品统一由丛棘岛官方保管,只有在使用时才能领取。除了生活必需品,他们若制造、传递、藏匿或使用现金、有价证券、便服、假发、绳索、棍棒、刀具、易燃易爆品、有毒有害物品等违禁品、违规品、危险品,那就是把自己陷入被他人举报的风险之中。

南冠人对于自己的裁判有请求纠正的机会,这是国家赋予南冠人申诉的权利,但是,他不得利用申诉无理取闹,也不得不按正当方式和程序维护个人合法权益。

对于正义而言,检举、揭发和诬告是真实与虚假的两个方面,但这两个方面的褒贬在丛棘岛官方那里可以实现协调与统一。丛棘岛官方禁止南冠人对检举、揭发真实情况者进行打击报复，也禁止南冠人自己或组织、教唆他人诬告或代写、散布诬告材料。

丛棘岛的内务与作息制度像军队一样简洁有力，按时起床、就寝是入门级的要求。南冠人不仅床位固定，而且精确到躺下时的头脚朝向——他们不得有私自调换床位或不按指定方向睡觉等违反作息制度的行为。至于被服等内务事项，也被兜网式地列入计分考核体系：被服、生活用品、内务柜等要按规范要求折叠、摆放；要按规定收晒衣服、被子、袜子等洗涤物；要按规定洗漱、就餐、如厕；只能在规定时间看电视，不能在看电视时擅自开闭或更换频道。

"身体发肤，受之父母"，意在表明不可轻易毁伤。丛棘岛官方通过计分考核体系监督南冠人的身体发肤。在丛棘岛上，南冠人不得文身、穿耳洞；不得不讲究个人卫生，要按规定洗澡、理（剪）发、剃须。当然，因演出需要而留长指甲、抹口红、涂指甲油、戴装饰品这种敬业的表现与计分考核体系并不冲突。

南冠人与獬冠人最直接的区分是服饰等外在的标记，因此，穿着打扮绝不允许含糊：南冠人要按规定着装；不能不穿囚服或穿无标记的衣服；不得故意损坏或丢弃囚服、被服；不得私自改变囚服样式，私自拆除囚服标记；要按规定佩戴番号、处遇级别等标记牌；不得转借、调换、涂改标记牌；不得故意损坏或丢弃标记牌。

丛棘岛官方需要掌握南冠人的活动轨迹，因此，加强了对他们行为的空间定位。在任何情况下，南冠人都要熟悉自己的"三联号"和"四固定"：不得脱离"三联号"擅自活动，不得擅自超越警戒线和规定的活动区域。南冠人集体行进时，队列是他们行进的基本方式，因此，队列行进过程中要听从獬冠人指挥，不得违反队列纪律。在人数较少时,可以排成单列纵队,但不得挽臂、搭肩或拉手。当然,在行进的队伍中,对年迈体衰、带病在身的南冠人施以搀扶的援手是人道的举动。

对"三联号"和"四固定"内的违规、违纪行为,南冠人有及时干预或阻止的义务。丛棘岛官方规定他在这时不得有失职的表现,以免势态扩大,危害岛上的秩序。这是静态的"三联号"和"四固定"在动态上的延伸。"三联号"和"四固定"给在场的、知情的南冠人分配了积极干预的义务:对违规、违纪行为知情不报、不制止、不配合调查,或隐瞒事实真相,致使势态恶化的,当事人受到惩处,知情者也不能幸免。

丛棘岛盛产水果和蔬菜,林间不时闪过飞禽走兽的身影,但是南冠人不得擅自采摘水果、蔬菜,也不得捕捉动物。飞禽走兽的嚎叫与身影,只能激起他们对这道美味菜品的幻想。丛棘岛上禁酒,獬冠人也不可以在岛上饮酒。在酿酒师眼中,酿酒原材料在丛棘岛俯拾即是,而且还是材质上等的原材料,但是,南冠人不得擅自使用水果、蔬菜、动物等材料制作含有酒精成分的食品。

爱护公共财物在自由社会只是提倡的美德,但在丛棘岛上却是强制性的约束:南冠人不得践踏、损坏花草树木;不得攀爬窗台、树木;不得随地吐痰、便溺,不得乱扔脏物、废物;不得敲击漱具、餐具,这既可能敲坏了物品,也产生令人不安宁的噪声;不得在墙上乱涂乱画,这虽然不会让墙倒塌,但有碍观瞻;南冠人还要遵守节俭的规定,不得乱倒残汤剩饭,浪费水和粮食。

抱病是南冠人向獬冠人请假的最好理由。獬冠人不能确定他生病的真实性,不能武断地认为他是真病还是装病。当把生病问题交由医生解决时,潜在的运营成本将逐步增加。因此,对于南冠人的抱病,獬冠人一直非常谨慎,这也体现在了精密的计分考核体系上。南冠人看病要如实陈述病情;不得无病装病;有病要配合治疗,不得不按规定服药;不得强索药品或病休假条;不得浪费药品,也不得私藏或私自使用药品。南冠人在身体不适或病情有变化时,要及时、主动报告;发现疫情或疑似传染病,要及时、主动报告;若因为不及时、主动报告,造成疫情、病情处置延误,将面临最严厉的惩处。

六

所有南冠人都必须参加丛棘岛官方组织的教育活动。丛棘岛上的教育活动纪律与自由社会里的学校大同小异,但它的强制性在教育行业中保持着领先的地位。

南冠人不能迟到、早退,这是参加教育活动最低的要求。未经獬冠人批准,南冠人如果缺席,那是比迟到、早退更为严重的行为。

南冠人上课不按要求带课本、作业本、学习用具,这是学习态度不端正的表现。未按要求独立完成作业,未按时交作业,那并不是口头检讨就可以轻易过关的行为。

在课堂上,南冠人的下列违反教育活动现场秩序的行为都不被允许:不认真听讲,不按指定位置就座,坐姿不端正,交头接耳、打瞌睡、赤膊、光脚、睡觉、随意走动、喧哗吵闹、吃零食等。严禁吸烟在这里被再次提及,这表明,在课堂上吸烟将受到更严厉的惩处。

与自由社会一样,南冠人应当尊重老师,不能不尊重教员,不服从教员安排,上、下课不得故意不向教员致意,不得威胁、谩骂、讥讽教员。在教育活动中,南冠人不仅要尊重教员,还要维护教学环境,爱护教学设施。南冠人要履行清洁教室卫生的义务,值日学员应按要求擦

丛棘岛映像——越轨行为在监禁社会的表现与规制

黑板、打扫教室。南冠人不得不爱护教学设施和设备，不得在教学设施、设备和教学用具上乱涂乱刻；不得故意损坏教学设施、设备和教学用具，这种行为的性质比乱涂乱刻更恶劣。

丛棘岛官方以考试的方式检测南冠人的学习效果。所以，未经批准，他们不能不参加考试。考场纪律是考生必须遵守的规定，考试作弊的后果远比取消单科成绩来得严重。在考试中故意交白卷，或在试卷中书写与试卷无关内容，将要受到丛棘岛官方的调查。必须完成的科目，若考试不合格，等待他的除了补考，还有扣分。

南冠人要在教室营造良好的学习氛围，每个人都有布置教室的义务，也有机会在墙报或黑板报中显露自己的才华，墙报、黑板报等公共宣传栏的内容不得与丛棘岛官方的监管相悖。南冠人不得借参加教育活动之名，收藏、传阅、观看未经獬冠人审查、许可的书籍、画册、电子音像制品。

丛棘岛官方根据南冠人入岛前的文化程度，制订教育活动计划，分配班级，南冠人不得谎报学历，随意按照个人意愿，骗取参加教育活动的资格。

南冠人的著作权当然受法律保护，但南冠人的作品若有剽窃、抄袭、造假、严重失实等情形，将要受到法律和计分考核的双重追责。

七

南冠人以列队的方式往返于生活区与劳动区，这种集体行动对于集合的速度有相当高的要求。因此，当听到獬冠人开工或收工的指令，南冠人就应迅速进入集合的状态，并遵守队列纪律。

丛棘岛官方以极其明确的规范引导南冠人在劳动现场的行为。

南冠人不得串岗串位、嬉笑打闹、打瞌睡、赤膊、赤脚、穿拖鞋,或不按规定上厕所、进仓库,或从事与劳动无关的事宜;不得不按规定佩戴防护眼镜、口罩等劳动保护用品;不得不按规定保管、使用、维护、保养机械设备、安全设施和劳动工具。这些细枝末节的规定都来自惨痛的教训,看上去并不起眼的细节,潜藏着让人瞠目结舌的巨大风险。

物品在劳动现场的流动受到严格的限制,南冠人不得在劳动现场存放私人物品,也不得将劳动工具、生产材料、劳动产品带出劳动现场。把劳动工具、生产材料和劳动产品带出或私藏在劳动现场都是不允许的行为,就更不用说把它们弄丢了。

南冠人在岛上必须参加劳动,除非健康原因使他丧失了劳动能力。丛棘岛官方对南冠人的劳动在指标完成、产品质量和履行岗位职责等方面都以计分考核的方式进行约束。南冠人无正当原因,倘若当月未完成定额指标,獬冠人将按照欠产比例扣分。为了防止南冠人虚报劳动产量,丛棘岛官方同时规定,虚报劳动产量也一样扣分。当然,根据虚报的劳动产量与定额指标比例的不同,獬冠人持区别对待的态度,即南冠人虚报产量越多,被扣除的分值越高。

在质量上,南冠人生产的产品质量要达到一定的合格率,不得低于规定的标准。在成本控制上,劳动生产的物耗不得超过规定的标准。如果达不到这些标准,獬冠人将依据低于或高于标准的不同比例进行扣分。

丛棘岛官方善于发挥南冠人的长处,具有一技之长的南冠人往往会被谨慎地安排在需要特定能力的非直接劳动岗位。在非直接劳动岗位上,南冠人的岗位职责有别于直接劳动岗位,计分考核在此处体现出它的特殊性,但它的严厉性并不因此而变得柔和。

医护卫生员不得不按要求做好非处方药的保管、发放及登记,若他们疏忽大意,因此未能及时发现、反映病情,则需要承担相应的责任。医护卫生员不得私拿药品、医疗器械,不得损坏医疗器械,如若发生,归还或赔偿并不能抵销獬冠人对南冠人的责备。

丛棘岛官方对由南冠人组成的烹饪团队的约束,不敢有丝毫的松懈。炊事员要勤洗手、剪指甲、勤洗澡、勤洗换工作服、勤洗换被褥,不得违反"四勤"规定。炊事员要保证伙房炊具干净、饭菜卫生,不得无正当原因造成食品不熟或变质。

在统计室、医疗室、图书室等地方从事非直接劳动的南冠人应按规定摆放相应的物品,并负有保持该场所公共卫生的责任。

对于其他非直接劳动岗位,计分考核体系也作了抽象的规定。非直接劳动岗位的南冠人要了解自己的岗位职责;遵守岗位守则,按要求履行岗位职责;不得用不正当手段和方法获取劳动岗位;不得替代獬冠人行使管理职权等。

南冠人不得通过利用个人影响力和社会关系、提供虚假证明等不正当手段企图获得劳动奖励。如果他确实这样展现了自己的社会关系和"攻关"能力,那么不仅奖励被撤销,他必然将面临计分考核体系的重新评价。

八

肯定性评价的规则让人感到扬善的温馨,也在扬善中坚守良善的阵地。

肯定性评价规则没有禁止性规则中的"必须"与"应当",只有开放性的鼓励与赞许。

南冠人的下列行为将受到丛棘岛官方的肯定,并以奖分的形式进行鼓励：

（一）检举、揭发和制止他人违规、违纪行为，根据违规、违纪行为情节的轻重，给予不同的奖分。

（二）南冠人被丛棘岛官方指定为包夹犯，尽心尽力履行职责。

（三）在排除灾害事故中作出一定贡献，但尚未达到立功标准。

（四）由于及时报告他人病情，使患者得到及时抢救，病情得到有效控制；或者积极参与危重病人的抢救，效果良好。

（五）南冠人的作品在丛棘岛官方指定的刊物上发表。

（六）南冠人参加职业资格培训获得初级、中级或高级证书，可获得的奖分大有不同。

（七）参加自学考试、函大、电大以及其他高等教育并获得单科合格证书，或者获得毕业证书，这两者可获得的奖分各不相同。

（八）参加丛棘岛官方组织的现身说法警示教育。

（九）在丛棘岛官方组织的各项竞赛中获得个人或团体三等奖以上奖励。

（十）入岛之后，独立完成实用新型专利或外观设计专利的发明创造，但尚未达到立功标准。

（十一）入岛之后，在节约生产成本或者开展技术革新上取得成效，独立完成，但尚未达到立功标准。

（十二）在生产安全事故中积极参加抢险救灾，但尚未达到立功标准。

（十三）直接劳动岗位的南冠人，超额完成劳动任务，视超额情况给予奖分。

（十四）非直接劳动岗位的南冠人，积极履行岗位职责，且当月无违规、违纪行为，也可以获得加分。

隐秘性似乎与肯定性评价的公开宣扬泾渭分明。的确,在丛棘岛官方的眼中,对符合奖励的行为,不仅要加分,还将以特定的形式赞扬。然而,当南冠人试图利用肯定性规则获取超额奖励时,隐秘的手法就会钻进公开的规则之中。

九

在丛棘岛的计分考核体系中,肯定性评价的规则数量远远少于否定性评价的规则数量。这是南冠人可能存在的越轨行为在数量上的反映。

禁止性规则以强制力为后盾,它所包含的"严禁"和"不得"是对恶行的摒弃与排斥;鼓励性规则具有可选择性,因而不具有强制性,它是对善举的肯定与发扬。

在善举与恶行之间,是社会生活的正常地带。对于社会生活的正常地带而言,善举是锦上添花,而恶行是釜底抽薪。倘若没有善举,社会也许可以正常运转,但是倘若出现了恶行,社会秩序必定受到破坏。

面对禁止性规则,南冠人表现出了克制,至少在表面上,他没有公开的反对,他把欲望藏匿于规则之后,并表现出了对规则的服从:

> 社会要求每个人都能对自己内心的感想有所抑制,只对情境表示那些他感到至少暂时能被其他人接受的看法。这种表面的、虚饰的一致,之所以能够维持,是因为每个参与者都把自己的欲望藏匿于他维护社会准则的表述之后,在场的每个人都感到不得不对这种冠冕堂皇的表述给予赞赏。①

---

① [美]欧文·戈夫曼:《日常生活中的自我呈现》,冯钢译,北京大学出版社 2008 年版,第 7 页。

这是值得獬冠人警惕的服从。南冠人不一定对计分考核表示赞赏，但一定在努力寻找违反规则的最好方式。

<h2 style="text-align:center">十</h2>

计分考核的结果是丛棘岛官方奖励或惩处南冠人的依据。这让计分考核体系既不是对鼓励行为的空口承诺，也不是对禁止行为的无力警告。与奖励和惩处的绑定使计分考核体系成了一杆有实锤的秤，成为獬冠人对南冠人进行监管的有效支撑。

南冠人的行为若符合计分考核规则的要求，将获得相应的奖分。当考核分值达到规定的标准，就有机会获得司法行政奖励（如表扬）和物质奖励。相反，当南冠人的行为违反了计分考核规则，将受到扣分的惩处，这势必影响到他未来的监禁生活。

计分考核体系是一个开放性的系统，它与丛棘岛官方的其他监管策略相关联。

它与更高位阶的法律规则衔接，以应对南冠人行为性质由轻而重的变化。在肯定性评价的一端，它衔接着立功和重大立功①的奖励形

---

① 可以给予记功的情形为：（一）阻止他人实施犯罪活动的；（二）检举、揭发监狱内外犯罪活动，或者提供重要的破案线索，经查证属实的；（三）协助司法机关抓捕其他犯罪嫌疑人的；（四）在生产、科研中进行技术革新，成绩突出，且由罪犯在狱内服刑期间申请立项，独立或者为主完成，并经省级主管部门确认的；（五）在抗御自然灾害或者排除重大事故中，表现积极的；（六）对国家和社会有其他较大贡献，且由罪犯在狱内服刑期间独立或者为主完成，并经省级主管部门确认的。可以给予记重大立功的情形：（一）阻止他人实施重大犯罪活动的；（二）检举监狱内外重大犯罪活动，经查证属实的；（三）协助司法机关抓捕其他重大犯罪嫌疑人的；（四）有发明创造或者重大技术革新（实用新型专利和外观设计专利除外），且由罪犯在狱内服刑期间申请立项，独立或者为主完成，并经国家主管部门确认的；（五）在日常生产、生活中舍己救人的；（六）在抗御自然灾害或者排除重大事故中，有突出表现的；（七）对国家和社会有其他重大贡献，且由罪犯在狱内服刑期间独立或者为主完成，并经国家主管部门确认的。

　　　　　　　　　丛棘岛映像——越轨行为在监禁社会的表现与规制

式。在否定性评价的一端，它衔接着警告、记过和禁闭①的惩处形式。倘若他的行为足够严重，则由刑事法律进行评价。

计分考核体系作为惩罚的技术，还与南冠人在岛上的生活密切相关。丛棘岛官方依照南冠人在一定期限内的考核分值，提高或降低他在活动范围、通信会见、文体活动等生活处遇上的标准。这关联到丛棘岛上的另一项制度——分级处遇制度。

丛棘岛上的计分考核规则是人类社会最精密的行为规则之一。在规则制定上，它最广泛地吸纳了人在监禁状态下的行为表现。在规则执行中，它受到最严密的全景敞视式的监控。在规则适用上，它得到最及时的反应。

倘若南冠人试图在这张精密的网络里越轨，最好的掩体就是计分考核规则本身。因为他已经认识和预测到，直接违反规则将不得不品尝自己种下的苦果：

> 在一段时间之后，外在的观察者就可能在观察到之规律性的基础上，将违规行为与敌对反应关联起来，而能够在相当程度上成功地做出预测，并且评估违规行为遭遇敌对反应或惩罚的机会。这种观察者通过这样的观察所取得的知识不仅让人更了解该群体的生活，并且可以使他能够生活在这个群体中，而不会有不愉快的后果；相对地，一个企图在该群体中生活，但缺乏此种知识的人，则不免会尝到苦果。②

---

① 视情节轻重，可以给予警告、记过或者禁闭的情形为：（一）聚众哄闹监狱、扰乱正常秩序的；（二）辱骂或者殴打人民警察的；（三）欺压其他罪犯的；（四）偷窃、赌博、打架斗殴、寻衅滋事的；（五）有劳动能力拒不参加劳动或者消极怠工，经教育不改的；（六）以自伤、自残手段逃避劳动的；（七）在生产劳动中故意违反操作规程，或者有意损坏生产工具的；（八）有违反监规纪律的其他行为的。禁闭的期限为七天至十五天。
② ［英］哈特：《法律的概念》，许家馨、李冠宜译，法律出版社 2011 年版，第 81 页。

分级处遇：行为表现在生活上的兑现

一

分级处遇是一项与南冠人生活密切相关的核心制度。它分为具有递进关系的两个部分，即分级和处遇。丛棘岛官方根据南冠人的表现，评定相应的等级，而不同等级在生活上的对待不同。简言之，分级处遇是丛棘岛官方根据南冠人所处的等级，在其生活上给予不同对待的制度。

南冠人计分考核的结果都与"日子"有关：考核的结果一方面与是否缩短在岛上的日子(减刑、假释)相关，另一方面与他如何度过岛上日子(处遇)相关。分级处遇是南冠人的行为表现在生活上的兑现。

对于有可能缩短刑期的南冠人而言，他必须谨慎地对待计分考核结果在这两类"日子"上的应用。如果计分考核的成绩滑坡，那么，他在现实生活中的"日子"不好过，缩短"日子"的期望也就落空了。

对于没有缩短刑期可能的南冠人而言，计分考核的结果直接指向了生活处遇。

还有极少数的南冠人，自认为可以不受计分考核体系的约束，因为他在缩短刑期和生活处遇上皆无所求。然而，他既可能无欲无求，也可能是潜在的规则挑衅者。

计分考核结果的兑现与南冠人的行为朝向呈正相关,即南冠人越能遵守行为规则,则兑现的可能性越大;反之,他越不遵守行为规则,则兑现的可能性越小。

计分考核结果的兑现是对丛棘岛官方规则的反哺,让南冠人清楚地认知到规则的可期待性。规则的可期待性巩固了规则对于南冠人的指引,赫尔曼·阿吉斯在《绩效管理》中是这样论述绩效管理体系对于员工努力的强化和行为引导的:

> 在能够得到关于本人绩效的反馈的情况下,一个人达成未来绩效的动力会受到强化。如果员工知道自己过去做得怎么样,同时他在过去所取得的绩效能够得到认可,他就会有更大的动力去实现未来的绩效。①

二

在分级处遇中,丛棘岛官方将南冠人分为四个等级,即严管级、考察级、普管级和宽管级。正如名字所示,这四个等级在生活对待上是从严格到宽松的递进梯度。沿着这个等级梯度,南冠人的处遇逐级放宽。这是一个裹足前进的阶梯——以南冠人对手脚的自我约束赢得等级评定的升级。

从丛棘岛官方对南冠人在生活上的分级,不仅表明南冠人将在生活上得到不同的对待,也暗含着他在岛上的行为表现、入岛时间的长短、

---

① 〔美〕赫尔曼·阿吉斯:《绩效管理》,刘昕、曹仰锋译,中国人民大学出版社2008年版,第6页。

入岛前的犯罪性质和恶习程度等方面的差异。

在技术操作层面,南冠人等级评定的依据包括定性和定量两个方面。计分考核的结果是南冠人等级评定中的定量依据,照应着南冠人各异的生活状况。这是丛棘岛官方将绩效管理引入监禁社会的结果。赫尔曼·阿吉斯的研究虽然没有触及监禁社会,但对他绩效管理研究成果的借鉴应该没有领域的界线。他认为绩效管理"使管理活动更加公平和适宜":

> 绩效管理体系提供的关于绩效的有效信息可以作为绩效加薪、晋升、转岗以及解雇等管理活动的依据。一般来说,一套绩效管理体系还可以确保报酬的分配是建立在公平和可信的基础之上。①

(一)

严管级是分级处遇里的最低级别,这表明处于该等级中的南冠人在当月或当季度的行为表现出现了最严重的问题:

1. 违纪行为一次性扣分占当月基础分 60% 以上。

2. 违纪行为当月累计扣分占当月基础分 80% 以上。

3. 等级评定前连续 3 个月每月考核得分不足当月基础分 60%以上。

4. 受到警告、记过、禁闭处罚。

5. 假释、暂予监外执行时,违反有关监督管理规定或者重新犯罪而再次入岛。

6. 在岛上又犯罪或漏罪被加刑。

---

① [美] 赫尔曼·阿吉斯:《绩效管理》,刘昕、曹仰锋译,中国人民大学出版社 2008 年版,第 7 页。

（二）

考察级是南冠人等级评定的起点，也是所有南冠人必须经过的等级。考察级的主要对象是刚入岛的南冠人，还包括从其他等级变更而来的情形（从严管级上升或从普管级、宽管级下降而来）。南冠人进入考察级需具备下列条件：

1. 南冠人刚入岛，处于新收培训期间。这个期间从入岛当月开始，截止于培训结束当月。刚入岛的南冠人，从考察级开始，沿着更高或更低的级别分化。

2. 在新的一轮等级评定前，连续 3 个月考核得分累计达不到基础分总分 90% 以上。

3. 在新的一轮等级评定前 3 个月中，有 1 个月考核得分达不到当月基础分 70% 以上。

4. 因违纪行为，一次性扣分为当月基础分的 30%—60%。

5. 因违纪行为，等级评定前 3 个月累计扣分达到基础分总分 25% 以上。

考察级是一个承前启后的等级。如果南冠人出现了比考察级评定标准更为严重的行为，他将被降为严管级。

一个南冠人从考察级升为普管级，并不需要出色的表现，只要行为表现中规中矩，没有扣分或扣分的幅度小于考察级的标准，他将获得自动升级。

（三）

宽管级是对行为表现良好者的奖励。

这是分级处遇体系中的最高等级，南冠人都想获得宽管级，这是南冠人普遍而可实现的梦想。宽管级处遇对南冠人的激励,使他们在私底下也愿意承认对宽管级的企求。

对宽管级而言,没有违纪扣分行为那是最基本的要求,更为重要的是要有可资奖励的良好表现。宽管级的评定标准看似只以分数为衡量指标,其实包含着对行为的严格要求:

1. 在等级评定前 3 个月内得分累计应达到 3 个月基础分总分 115%以上。

2. 每个月的考核得分应达到当月基础分 110%以上。

3. 3 个月内无违规违纪扣分行为。

这三个条件是缺一不可的并列关系,而不是符合其一即可的选择关系。从这三个条件的导向来看,扣分行为是最低的要求,宽管级关注的是对良好行为的奖励,而不是对违纪违规行为的惩处。

南冠人在等级评定前三个月,每个月都应当有获得奖励的表现,而且奖励行为和扣分行为不得相抵。在过去的三个月中,南冠人因某个表现良好的行为获得 20 分的奖励,但也出现了一个违纪违规行为,而受到扣减 5 分的惩处。虽然加分和扣分的结果是他仍然获得 15 分的奖励,这同时也符合“每个月的考核得分应达到当月基础分 110%以上”的标准,但这种情形将不符合宽管级的评定标准。

从丛棘岛官方在宽管级的评定上,对于行为表现良好有“纯粹”的嗜好,容不下任何的杂质,在过去的三个月中,南冠人任何不良的行为表现,都有可能让他用谨小慎微堆砌起来的堤坝轰然坍塌。

(四)

普管级是一个大众化的等级,在严管级、考察级和宽管级评定之后,其他南冠人都被装进了这个等级。它没有自己的评定标准,也无须另创标准,它借助于宽管级和考察级的标准就可以圈定属于自己等级的南冠人。这是一个在行为表现上不好但也不差的等级。在普管级的南冠人,他的行为表现既达不到宽管级的标准,也不会坠入考察级或严管级的范围。

在四个等级中,普管级的人数最多,但它却最了无生气,仿佛感觉不到它的存在。普管级在行为上既无须良好的额外付出,也无须不良的自我堕落,无动于衷的表现在监禁社会和自由社会上一样有属于它的独特空间。

三

在分级处遇体系中,分级是开始,处遇才是归宿。

处遇包括的项目有活动范围、会见、通信、消费额度①、文体娱乐活动、居住条件等。南冠人所处等级的不同,最终在处遇的差异上见分晓。

各等级的处遇差异,主要表现在项目的增加或减少,以及对该项目幅度、额度和频次的限定。

(一)

严管级处遇,正如其名,表现出了严加管束的特点。与其他等级的处遇相比较,它所增加的是约束,所减少的是宽松。不能否认,这是处遇的对待,只不过是一种“负资产”状态的对待。

严管级的处遇,首先表现在居住条件的改变上。这不仅仅是硬件

----

① 消费额度是丛棘岛官方对南冠人在岛上消费进行控制的制度,以月为周期,在一个周期内,不同等级的南冠人可以从账户支出用于消费的货币总量不同。购买药品、看病诊疗所产生的费用不计入消费额度。

上的不同,更是管束上的逐级从严:

1. 每个管区设立严管专用的居室,应对严重不良行为表现的南冠人。他们被安排到严管专用居室居住,集中接受獬冠人的管束和教化。他们必须参加学习教化,时间一般不少于 1 个小时。

2. 南冠人如果有更为严重的不良行为表现时,就会被送进"新收培训中心",进行再次培训,时间一般不超过 30 天。

3. 南冠人的行为如果属于最严重的类型,那他就无法逃脱被送进"严管中心"的命运,接受獬冠人的严管集训。严管集训的期限一般不超过 60 天。

这是最为严重的违纪违规行为所应付出的代价,也是丛棘岛官方维护岛内秩序的必然应对。

在与岛外的交流上,严管级处遇也表现出了隔绝的态度:

1. 停止会见,除非出现了特殊的情形。

2. 停止拨打亲情电话,除非出现了特殊的情形。

3. 通信次数减少为每月一次,且通信对象仅限于直系亲属或监护人。这是丛棘岛官方给身处严管级的南冠人留下的最后一个与家人沟通的狭窄通道。

在文娱活动上,严管级的南冠人只有在休息日和节假日才能参加集体文娱活动。这也仅仅是严重和更为严重的违纪违规行为者才有的处遇,对于最严重的违纪违规者,这是不可企及的奢望。

严管级的南冠人在岛上的消费受到了最大的限制,每月消费额度适用最低标准。

与普管级处遇相比,严管级的南冠人增加了书写反省材料项目,每半个月书写一份反省材料(即每个月两份);减少了减刑、假释项目,除重大立功外,严管期间,丛棘岛官方不予提请减刑或假释。

（二）

如前所述,考察级处遇只适用于两类南冠人,即新入岛的南冠人和从其他等级变更而来的南冠人。

考察级的处遇在居住和集中管束上有所宽松,对于从其他等级变更而来的南冠人,他们既不会被送进严管中心,居住也不会被调整。

只有严重的违规违纪者,才有可能被送进"新收培训中心"进行再次培训,但期限比严管级缩短了一半,每次最长不超过 15 天。

在与岛外的交流上,考察级处遇也表现出了一定的包容性:

1. 每月可以会见 1 次,但不得超过 30 分钟。

2. 从严控制拨打亲情电话,但经审批,可以拨打 1 次,时长不超过 5 分钟。

3. 通信比严管级增加 1 次,为每月 2 次,但对象不变,仍限于直系亲属或监护人。

在文娱活动上,取消了仅在休息日和节假日活动的限制;在刑期变更上,取消了对提请减刑或假释的限制。这两点可与普管级并肩,显现出了与普管级衔接的迹象。

在岛上的消费额度有了提高,每月消费额度不超过 200 元。

与严管级处遇相比,减少了书写反省材料的频次,即每月 1 次,增加了书写心得体会材料项目,不过这仅仅是针对新入岛的南冠人而设置的内容。虽然他们没有违反丛棘岛的规则,但对于岛上规则的掌握却是不得回避的现实。

反省材料是违规违纪者对越轨行为的反思,心得体会是新入岛的南冠人对新规则的认可与固化。虽然产生的情形不同,但是心得体会在书写的频次上与反省材料并没有差别。

（三）

普管级的处遇和普管级的等级一样,是适合于大众的标准,既无宽松的对待,也无严管的约束,它不偏不倚地处于平衡的中间。

普管级的南冠人,居住在标准的居室,丛棘岛官方不会耗费过多的精力在他们的居住和集中管束上。因此,普管级的南冠人对入岛培训中心和严管中心的焦虑,是多余的不安。

在与岛外的交流上,普管级处遇表现出了它"常例"的特点:

1. 每月可以会见 1 次,但不得超过 30 分钟。

2. 每月可以拨打 1 次亲情电话,但不得超过 5 分钟。

3. 每月可以通信 3 次,且放宽对象,不限于直系亲属或监护人。

普管级南冠人在岛上的消费额度比考察级又有了提升。

普管级在文娱活动上,取消了休息日和节假日的限制。在刑期变更上,取消了对提请减刑或假释的限制。比考察级处遇更为宽松的是,它取消了反省材料或心得体会的书写。

（四）

宽管级处遇与严管级处遇形成鲜明的对比。严管级增加的处遇项目,事实上是增加了管束,而宽管级增加的处遇项目,才是真正的获益。

在居住条件上,丛棘岛官方为宽管级设立了宽管专用居室,在硬件、方位、光线、通风上占最大的优势,而且在管束上最为宽松。

宽管级的南冠人可以优先参加娱乐活动,而娱乐时间和户外活动时间都比其他等级更长。

宽管级南冠人在岛上的消费额度在所有等级中最高。

从棘岛官方为他们增加了 4 次洗热水澡的机会,即每周增加 1 次热水澡。

在与岛外的交流上,宽管级处遇表现出了最大的开放性:

1. 会见在时间和次数上有了与考察级和普管级不同的变化,每月可以会见 1 次,但时间增加了 1 倍,会见时间为不超过 60 分钟;或者可以选择会见 2 次,每次不超过 30 分钟。

在合适的时候,从棘岛官方还会安排面对面的会见,双方可以共同进餐。这是会见的升级版,不是所有宽管级的南冠人都能获得这样的处遇。

2. 亲情电话的宽待表现为次数的增加或时间的延长,即每月可以拨打亲情电话 2 次,每次不超过 5 分钟;或拨打亲情电话 1 次,每次不超过 10 分钟。

3. 宽管级与岛外的交流,还表现在亲情屋和离监探亲上。亲情屋是配偶入岛,与南冠人相聚于亲情屋,时间为 24 小时。离监探亲是南冠人临时出岛,时间由从棘岛官方确定。这两种交流消除了前面所有的交流所保持的最后距离,是交流中最受南冠人欢迎的种类。

四

根据从棘岛官方规则,减刑的周期大大地长于分级处遇的周期。分级处遇的等级评定以季度为周期,即每三个月评定一次。减刑的周期基本以年为单位,这让南冠人不得不权衡两者之间的关系,既着重眼前,又放眼长远。

南冠人的等级处于变动之中,这保证了它的激励性,也携带着惩罚性。在监禁社会,南冠人仍然在乎限制自由之后的自由。在不同的

等级处遇中,相对自由度仍然存在很大的差别,这种差别有时比物质差别更有吸引力:

> 的确,被监督的程度,通常比收入更直接地显示等级差别。这就表明,整个等级体制更像是在识别自由的价值,而非仅仅宣扬金钱的价值。①

分级处遇中的晋级是由低到高的依次升级,即严管级晋升考察级,考察级晋升普管级,普管级晋升宽管级。这里没有越级晋级的说法。

分级处遇中的降级可以直接降到最低级,不需遵循逐级下降的原则。降为考察级或普管级的,由丛棘岛官方确定后,次月变更处遇;降为严管级的,即时变更处遇。这体现了分级处遇与计分考核规则的及时联动性。

降级之后的重新晋级,除了逐级晋级之外,根据南冠人行为性质的轻重,还受到时间的限制:

1. 降为严管级的,重新晋升考察级前应接受严管级管理 3 个月以上。

2. 因以下情形降为严管级的,重新晋升普管级前应接受考察级管理 6 个月以上:

（1）受到记过处罚;

（2）假释、暂予监外执行期间违反有关监督管理规定或重新犯罪,被送入岛内;

（3）假释、暂予监外执行期间重新犯罪,被送入岛内;

---

① ［美］保罗·福塞尔:《格调:社会等级与生活品味》,梁丽真、乐涛、石涛译,北京联合出版公司 2017 年版,第 54 页。

（4）漏罪被加刑。

3. 因以下情形降为严管级的，重新晋升普管级前应接受考察级管理 9 个月以上：

（1）受到禁闭处罚；

（2）在岛内又犯罪。

<h1 style="text-align:center">五</h1>

分级处遇的等级划分，相对于社会等级而言微不足道，但它在丛棘岛的特定空间下，又显得巨大无比，就好似显微镜镜头的两端。这看似轻微实则意重的区别，不在眼力所及之处进行有效区分和告示，那就是等级划分设计的欠缺。因此，丛棘岛官方在最易于观察到的地方——悬挂于南冠人胸前的番号卡，做了不同的标识。

番号卡上简洁的信息是对南冠人最基本情况的概括。在番号卡的颜色上略作区分，就能以最简便的方式告诉人们，他在生活上所处的等级与不同的处遇。

丛棘岛官方用红色、黄色、白色、绿色四种颜色的番号卡分别表示南冠人正处于严管级、考察级、普管级、宽管级的状态。红色表示严禁，黄色表示警告，白色表示符合基本规范，绿色表示肯定和允许。

分级处遇在番号卡颜色上的区别，展示出的不仅仅是南冠人当前所处的状态，也是对南冠人过去三个月行为表现的衡量，对未来三个月行为表现的期待；是对优者的鼓励，也是对劣者的警醒。

分级处遇是南冠人的生活制度，丛棘岛官方依据其行为表现确定他在生活上该被怎样对待。制度上的规范既可以让南冠人有章可循，也可以避免獬冠人的随意评定。

分级处遇兑现了计分考核评价的结果,撑起了与计分考核体系相关联的绩效框架。

分级处遇既有利于实现丛棘岛官方实行惩罚的监管目标,也让南冠人的监禁生活处于明确的等级之中。法律的惩罚和惩罚技术之间的关系很少引起人们的关注,但不能因此而忽略两者之间的差别。监禁社会受到忽略,与人们忽略了惩罚与惩罚技术的差别有关。丛棘岛有遗失海外之感,除了物理上的隔离,更为重要的是人们似乎只关心法律的惩罚,在思维上很少延伸至如何惩罚。社会大众对越轨行为的关注,似乎在法槌落下的同时停步,无法窥视惩罚的社会。因此,丛棘岛淡出公众视野、飘零海外,有先天的不足。

法律制裁针对的是已经发生的行为,而制裁的执行侧重于惩罚技术的展现,针对的是正在进行和尚未发生的监禁生活,恰如福柯在《规训与惩罚》中所言:

> 法律的惩罚针对着一种行为,而惩罚技术则针对一种生活。[①]

---

① [法] 米歇尔·福柯:《规训与惩罚》,刘北成、杨远婴译,生活·读书·新知三联书店 2003 年版,第 282 页。

　　　　　　　　丛棘岛映像——越轨行为在监禁社会的表现与规制

越轨与规制篇

新收：行为与规则冲突的序幕

一

新收，即新近收入之意。因此，既可以指人，也可以指一个阶段，还可以指监管策略。

从对象上看，新收指的是人。新收的对象是新入岛的南冠人。这时南冠人又被简称为"新收犯"。新收犯处于分级处遇体系中的考察级，处遇等级低，行为约束严，计分考核也是从零开始。所以，他们都愿意一直处于新收阶段。

从时间分布上看，新收指的是南冠人在岛上生活的第一个阶段。新收阶段或两三个星期，或一两个月。新收期间的长短，不仅取决于丛棘岛官方的规定，还取决于他们能否顺利通过新收训练的检验。

从管理上看，新收也可以指丛棘岛官方的监管策略。只有在刚入岛时让南冠人明白岛上生活的规矩，才会避免双方陷入尴尬：南冠人无法以"不知者不追究"为免责的借口，而丛棘岛官方也不会因"规矩的神秘"而失去规则的制高点。

南冠人只要入岛，就要经历新收阶段的严格管束与训练。因此，第二次入岛的南冠人不能以第一次的新收为由申请豁免。

新收是南冠人监禁生活的真正开始。这是自由与限制自由的分界线。自由社会与监禁社会是两个截然不同而又彼此相连的社会，新收是这两个社会的连接点。

二

新收犯的脚尖一点上丛棘岛大地，就踏进了一个两极社会。他将成为南冠人群体这一极中的成员，接受另一极獬冠人群体的监管。

新收犯踏上丛棘岛，表明一种与自由社会完全不同生活的正式开始。

他被隔断了与外界的关联，他的社会关系网络突然中断，他在这个网络中暂时或长久地消失。

在丛棘岛上，所有赖以生存的物品，南冠人无法自由取得；有限的生活必需品，他们也无法随意支配。

所有与南冠人人身无密切相关的身外之物，都被拒之岛外。威不可测的官衔、闪亮耀眼的头衔、丰厚无比的财富，此时都与他短暂或长久地分离。与他一起走进丛棘岛的是他的人身和精神，他进入了初始而朴素的形态。精神在这里有可能顽强不息，也可能枯萎凋谢。倘若连精神世界也枯萎凋谢了，那剩下的人身便无异于躯体。

三

新收犯进入朴素形态的同时，角色转换也在自由与监禁中徘徊与挣扎。

从自由之身到限制自由，这是以国家强制力为后盾的人生转轨。新入丛棘岛的南冠人难以面对眼前的现实。虽然在自由的社会不乏有人以犯罪为职业,但却没有以囚禁为归宿。他们一直都试图逃避法律的制裁,而不是主动追求对己不利的法律评价。

这是一个不同寻常的角色的转换。在自由社会,角色转换或因自然而生(如成为父母),或是主动追求而成(如成为教师)。丛棘岛上的角色转换体现了明显的被动性与强制性。

角色转换的强制性是南冠人在角色转换上徘徊与挣扎的重要因素。这不是他主动追求的结果,因此在身份认同上出现了偏离常识的偏差。

不认罪即不认可刑事法律的评价,这是南冠人在身份认同上最严重的对抗。因为不认可,所以角色转换难以在他的内心开启。

与不认罪不同的是对自由约束的不适应。与自由社会相比,在丛棘岛上,南冠人的人身自由受到严格限制,被大幅削减的人身自由,让他感受到的不仅仅是不安与焦虑。为此,丛棘岛官方采取了积极干预的措施。

四

新收是丛棘岛官方为南冠人角色转换而有意安排的过渡性阶段。

在新收期间,丛棘岛官方给南冠人设定了一系列的训练内容,力求使他们的行为模式符合监禁社会的要求。

角色转换意味着处于新收阶段的南冠人需要摆脱在自由社会里的行为模式和心理特点的影响,形成符合监禁社会的行为模式和心理特点,以期更好地实现新的角色所赋予的任务。

认罪悔罪是南冠人角色转换的内心起点。在新收阶段,獬冠人直击南冠人的犯罪事实、犯罪危害,剖析其犯罪原因,纠正其认知偏差,以使他能接受刑事法律的评价,从"知罪"开始,历经"认罪"和"悔罪",直至"赎罪"。

行为规范是南冠人角色转换的外在要求。法庭上明确的监禁刑,最终在丛棘岛上实现了法律制裁的国家意志。监禁从行为规范开始实现对南冠人行为的约束。新收期间,南冠人应完成行为规范的识记与训练。

南冠人进入丛棘岛,便开始了与自由社会不同的生活。在丛棘岛上,南冠人生活方式和条件发生了变化,这是监禁对生活领域的辐射。生活领域的规范训练包括饮食、作息、就医、文体、通信、会见。

新收期间的训练是引导南冠人尽快适应监禁社会的生活,完成身份认同和角色的转换,使他们的行为与表现符合丛棘岛官方设计的行为模式。

五

尽管丛棘岛官方在新收期间对南冠人进行了规范训练,但是南冠人在身份认同上依然行进艰难,这表明角色冲突在不停地滋长与蔓延。

南冠人的角色转换是从自由公民到监禁人的转变。以自由度来衡量,这是"自由"削减的转变,也是"限制"增加的转变。因此,它是消极的角色转变。角色冲突在消极的角色转变中更易于形成,更难以消除。

在自由社会中,某些仪式有助于角色转换。然而,在监禁社会,仪式在角色转换中的作用并不那么理想。法庭宣判仪式告诉南冠人他们的角色将要发生变化,但他们在丛棘岛上的无力抗争告诉人们,角

丛棘岛映像——越轨行为在监禁社会的表现与规制

色冲突依然存在。社会心理学认为,角色冲突对心理和行为都将产生不利的影响:

> 当个体的角色行为与角色认知或角色期待处于协调状态时,个体就会产生愉悦、舒畅的心理感受,反之,个体便处于角色冲突状态,产生焦虑、烦恼的情绪,如果是严重的角色冲突还会对个体的心理健康产生非常不利的影响。①

角色冲突是越轨行为的前奏,由此拉开了南冠人行为与规则冲突的序幕。

六

新收在丛棘岛官方的实务中有明确的时间界线,在规定的时间内,南冠人都应完成相应训练。在新收训练的考核中,南冠人大抵可以分为三类:

(一)内在与外在都已达到新的角色模式,角色完成了真正的转换。

(二)外在表现通过了考核,而内在表现还未达到新的角色标准,角色完成了表面的转换。

(三)内在和外在表现都达不到新的角色模式,角色未转换。

如此看来,新收不仅仅是南冠人在丛棘岛上生活的起始阶段。如果他没有完成角色的真正转换,即使他走过了新收训练的历程,他也

---

① https://baike.baidu.com/item/角色转换/9838396?fr=aladdin,访问日期:2020 年 2 月 12 日。

将一直处于角色紧张的状态。这为南冠人违反丛棘岛官方规则埋下了隐患。

不管南冠人在新收期间是否完成角色的真正转换，他们都将按照丛棘岛官方既定的计划前行。新收阶段结束后，南冠人将被分流到不同的管区。此时，丛棘岛官方正在紧锣密鼓地开展分类关押的前序工作。

分类关押：社会归属的重新界定

一

分类关押简称"分押"，是丛棘岛官方按照特定的标准对南冠人的关押所作的划分。从可以引证的资料来看，丛棘岛官方那个时期的分类标准大体由性别、年龄、健康状况、罪名、犯罪类型、刑罚种类、刑期和主观恶性等因素构成。分押只是一种途径，它的目标直指南冠人的矫正与岛内监管秩序。

没有分押之前，南冠人在岛上是混合杂居，这产生了令人忧虑的横向"交叉感染"，即南冠人彼此之间相互传授和习得犯罪技能。目睹这一弊端的丛棘岛官方逐渐意识到，应该采取相应的措施阻止他们犯罪技能的提高。于是，分类关押因为它的可感知与易操作进入丛棘岛官方的视野，但在分类初期，那纯粹是凭经验去感知，凭想象去操作。与其说那是一个明确的命题，不如说它是一个模糊的方案。

1903 年，涂尔干、莫斯的《原始分类》刊行面世，议题直指社会人类学"最原初的、最基本的关怀"①——分类。涂尔干、莫斯在《原始分类》中给分类下了这样一个定义：

---

① ［英］罗德尼·尼达姆：《〈原始分类〉英译本导言》，引自［法］爱弥尔·涂尔干、马塞尔·莫斯：《原始分类》，汲喆译，商务印书馆 2012 年版，第 105 页。

分类,是指人们把事物、事件以及有关世界的事实划分成类和种,使之各有归属,并确定它们的包含关系或排斥关系的过程。①

这给丛棘岛监禁社会的各种分类送来了一缕幽光。

丛棘岛官方对南冠人的关押分类虽然至今还没有完全厘清,但仍然可以发现关押分类标准体系包含着两个互不相同的子标准:一个是自然属性标准,另一个是社会属性标准。

二

自然属性标准是纯粹依据人的生理条件所作的划分,自然属性在这个划分中是唯一的依据,没有任何可以含糊的余地。

自然属性标准包括性别、年龄、健康状况等元素。这是有关南冠人入岛后最先面对的划分与归类。

在自然属性标准中,各个构成元素并非无序,显然都处在相应的序列,持着不同的权重。

在自然属性标准的元素序列中,居于首位的是性别。历史的经验表明,女南冠人只能由女獬冠人直接监管。女南冠人生理、心理的差异,是男獬冠人直接监管她们的天然障碍。更何况,由女性直接监管女性,降低了男獬冠人和女南冠人偷偷犯错的概率。因此,丛棘岛官方把南冠人中的女人划分到专门为其设置的女子管区。

依照自然属性标准中的年龄元素,南冠人可以分为三类:18 周岁

---

① [法]爱弥尔·涂尔干、马塞尔·莫斯:《原始分类》,汲喆译,商务印书馆 2012 年版,第 2 页。

丛棘岛映像——越轨行为在监禁社会的表现与规制

（不含）以下的未成年人，18周岁（含）至60周岁（不含）的成年人，60周岁（含）以上的老年人。南冠人中的未成年人被分到未成年管区，老年南冠人则被分到老病残管区，而人数最多的成年南冠人则被分到常押管区。

健康状况虽然与每个南冠人息息相关，但病残只有到了一定的程度，才能被送到老病残管区。丛棘岛官方还为身患极其特别疾病的南冠人单独设立了专门的管区，如患精神疾病者管区、艾滋病病毒携带者管区。

在这三个分类元素中，不管南冠人的年龄和健康状况如何，性别始终是不可跨越的元素。例如，未成年女性被划分到未成年管区由女獬冠人直接监管，未成年女性生了重病，被送进老病残管区，仍然由女獬冠人直接监管。

在自然属性分类标准中，性别元素的广泛性和稳定性最强，这使它具有了最大的权重。相对而言，年龄和健康状况元素的辐射面有限，不具有普遍性。虽然每个人都有年龄，也都会出现健康状况问题，但是，在某个时间刻度上只针对特定的人，健康状况也是如此。在年龄与健康状况两个因素中，年龄更加具有稳定性，因此，在自然属性分类标准元素的排序中，年龄屈居第二，排在健康状况的前面。由此可见，自然属性分类标准中三个元素的排序为：性别、年龄、健康状况。

三

南冠人关押分类的社会属性标准不以南冠人的身体本身为依托，而是以行为的否定性评价为基础。从否定性评价中可以分出刑罚种类、罪名、刑期、主观恶性、危险程度等若干分类标准元素。

迄今为止,丛棘岛官方尚未具备有效发挥社会属性标准各个元素的能力。比起让各个元素在分类中清醒地跳跃,它们更乐于在粗略分类的层面平庸地沉睡。

在自然属性标准中,南冠人在特定的情形下有实现性别、年龄和健康状况多种元素重叠的可能。一个年龄不满 60 周岁的男性南冠人,在一个酷热的夜晚,某个健康状况指标达到了危险的范围,他立即被送进了老病残管区。如果健康状况指标不能恢复正常,他将正式被编入老病残管区,自然属性分类标准中的各个元素在不确定的时间里实现了多维重叠。

相比之下,社会属性分类标准中的各元素交叉却显示着纷繁与复杂的特征。在特定的情形下,社会属性分类标准中元素与元素之间没有重叠的可能,罪名和刑期之间就是一个例证。

罪名是刑事法律体系对犯罪行为进行名称分类的表现。刑期与犯罪行为在事实上产生的危害结果方面密切相关。然而,罪名与刑期并不是正相关关系,即重罪罪名者刑期不一定长,轻罪罪名者刑期不一定短。因此,一个属于重罪罪名的犯罪行为,有轻判的可能;一个属于轻罪罪名的犯罪行为,却有可能重判。

若以分类标准中的罪名元素为基准,则重罪罪名中,有的南冠人可能是短刑期,而轻罪罪名中,则有被科以长刑期的南冠人。此时,以罪名为基准的分类,难以兼顾刑期的长短。

以罪名为基准的分类,当然可以很明确地按照罪名体系将南冠人进行分类和排序,但是,在罪名体系中,罪名多达几百项,把南冠人分为几百类分别进行关押,这是不现实的幻想,也是对丛棘岛官方有限监管能力的挑战。

在社会属性标准中,任何仅凭一个元素所作的分类,都存在同样

　　　　　　　丛棘岛映像——越轨行为在监禁社会的表现与规制

的情形。以刑期为基准的分类,掩盖了南冠人罪名、主观恶性、危险程度等特点;以主观恶性为基准的分类,掩盖了南冠人刑期、罪名和危险程度上的差异。以其他元素为基准的分类,亦同此理。

分类标准元素与元素之间的重叠,说明它们在南冠人身上存在包含或交叉的关系,而元素之间的相互独立则说明它们在特定情形下的相互排斥。

以某一个元素为标准的分类,存在失去兼顾其他元素的可能。因此,无法实现预期的监管秩序与矫正的目标。丛棘岛官方也意识到了单一元素分类存在的问题,并没有全面采用这样的分类标准。然而在那时,综合评估的分类标准体系尚未建立,对南冠人关押的分类主要是遵循自然属性标准。而在社会属性的分类上,经验却扮演着重要的角色。如果构成分类标准的元素各自独立或权重平分,那将是一个无序的构成,必然导致失败的分类。南冠人混杂而居的背后正是分类标准元素的各自独立与排序无章。

四

在丛棘岛上,对南冠人的分类远远不止一次。在所有的分类中,关押分类是第一次正式而又最为基础的分类,其他的分类发生在关押分类之后,而且不得不考虑关押分类形成的格局。

对南冠人的各种分类,都是围绕着试图实现的目标而进行。目标定位的差异,将指导不同分类标准的设定,也将指向不同的分类结果。因此,在关押分类之外,有心理上的分类,有矫正上的分类,还有劳动上的分类。这些次生分类寄托于关押分类,由此,关押分类的重要性可见一斑。

在制度设计之初,对于关押分类的目标定位,各方持有不同的见解。有观点认为,关押分类的首要目标是监禁的惩罚,应防止南冠人逃离丛棘岛;也有观点认为,关押分类是为了矫正南冠人,应有利于矫正项目的开展;还有观点认为,关押分类是要实现岛内秩序的稳定,应有利于丛棘岛官方的监管。

在那个时期,社会大众不能接受南冠人逃离丛棘岛,这是基于心理上的恐惧,也是基于情感上的排斥。丛棘岛官方不能不考虑社会大众的期待。因此,监禁惩罚在那个时期里成了丛棘岛官方对南冠人关押分类的目标定位。情感偏向在分类中扮演着重要的角色。涂尔干和莫斯在《原始分类》中对情感在事物分类之初的作用有这样的表述:

> 决定事物分类方式的差异性和相似性,在更大程度上取决于情感,而不是理智。事物本性之所以在不同的社会中会发生改变,是因为它们对群体情感的影响是不同的。[1]

那是一个对越狱极度敏感的年代,丛棘岛官方下了坚铁般的决心要禁绝南冠人的脱逃。这个决心传递到各个管区,就成了誓死保卫的宣言。先不说越狱是一个与概率相关的事件,丛棘岛官方在社会属性标准上的粗放态度,使得誓死保卫付出了尚未统计清晰的成本。

丛棘岛官方在獬冠人的值班守卫制度上所做的调整,的确增强了薄弱时段的警力,也从事实上增强了防卫的力量。然而,这终究是技术层面所做的调整。阻止脱逃的有效策略,绝不仅仅是防卫力量的

---

① ［法］爱弥尔·涂尔干、马塞尔·莫斯:《原始分类》,汲喆译,商务印书馆 2012 年版,第 94 页。

增加。

　　根据不同的分类目标定位,丛棘岛官方将对分类标准的构成元素进行挑选或者设置不同的权重。各个元素在标准中的有序排列与合理组合,预示着对南冠人所做的分类将朝向丛棘岛官方的预期目标。

　　后来,丛棘岛官方开始在社会属性标准中综合考虑各个元素作用,这说明他们在关押分类上开始迈出科学的脚步。

　　关押分类中的社会属性标准不再仅凭单一的元素,也不再任由经验判断自由发挥,它综合容纳了主观恶性、心理特征、罪名、刑期和危险程度等元素,并在各个元素中设置了不同的权重。此时的关押分类,虽然是对南冠人综合评估的结果,但从防止南冠人脱逃的情感偏向,可以看到丛棘岛官方对人身危险性评估的倾斜。

　　在南冠人混杂而居的年代,丛棘岛官方对于逃脱的防卫没有轻重等级的区分,而是在所有的管区实行相同的策略。这让捉襟见肘的警力难以平铺,也让岛内一统的策略难以在所有的管区实现预期的目标。

　　在南冠人混杂而居的时期,丛棘岛官方对安全防范与秩序维持所做的制度调整,充其量只能算是对已形成格局的弥补。既然格局已经形成,这些技术层面的调整,当然无法追溯到关押分类这个源头。

　　科学的关押分类,才能形成稳定而有序的格局。根据综合评估结果所做的分类,把南冠人人身危险性分为轻重有别的不同等级。人身危险性大的南冠人对应高度戒备,人身危险性中等者对应中度戒备,人身危险性小者对应普通戒备。如果丛棘岛官方不让这样的设想悬空,那么就能实现"重者重治,轻者轻防;重轻分离,分而治之"的目标。这更加匹配南冠人在岛上的生活,也让丛棘岛官方在警力配置上轻重有别。

五

在过去,南冠人在丛棘岛通常只经历一次关押分类。因为,当时丛棘岛官方对分类标准的认识还停留在粗放的层面。更何况,他们也没有多余的精力投入这看似稳固的构成。他们只对个别的特殊情形进行修补,因此,入岛时所做的关押分类时效长,很可能一直延续到南冠人离岛。

如果一个南冠人在岛上经历了多次的关押分类,那他很可能在岛内规则的遵守上出现了不被允许的意外。南冠人违反岛内规则而被禁闭或调离原来的管区,这不能说是严格意义上的再次分类。因为,他在禁闭之后有可能还是回到分类标准体系中原来的位置,而"调离"这种空间的变换也未改变分类的归属。

后来,丛棘岛官方看到了分类标准体系的稳定,同时,也看到了南冠人一直处于变化之中。这告诉丛棘岛官方再次分类的必要性。这是关押分类在丛棘岛上艰难而又欣喜的发展历程。

南冠人在岛上的"改造表现"是再次分类时最需关注的元素。首次关押分类时,丛棘岛官方还看不到南冠人的"改造表现"。严格地说,"改造表现"不能算作分类标准中的元素,因为"改造表现"是一个笼统的概念,而与其他元素又有交叉关系。当然,"改造表现"也包含了尚未纳入分类标准中的其他元素。这些因素时而稳定,时而飘忽,由于尚无明确的界定,因此不能明确地把它们列入分类标准元素之中。"改造表现"是关押分类中最具动态性的因素。

随着时间的推移,南冠人的刑期在不停地缩短,年龄增长也没有停止的迹象。倘若其他分类标准元素没有变化,只有刑期的缩短与年龄的增长,及至临近释放时,对于他的监管也不得不考虑再社会化的培养。

在适当的时候启动再次评估,是对首次关押分类的完善,这才是对有效监管的真正增强。

六

在理论上,分类可以沿着事先设定的分类标准层层分离,直到不能再分为止,将其称之为"无限分类"也是对这种假定的客观描述。关押分类最理想的样态是人尽其类,即分类的无限细化,直到不能再分为止。不过,这种吹毛求疵的态度,即对于关押无限分类的苛求,是一种盲目的理想,也将使丛棘岛官方有限的监管资源面临巨大的考验。

丛棘岛官方对南冠人的监管最终以监组的形式呈现,监组是南冠人结合的最小单元,是监禁社会的"细胞"。

丛棘岛官方根据有限的监管资源,在每个管区内设置若干监组,每个监组由一至两名獬冠人直接管理。若实行无限分类,那么在同一个管区,它所形成的类别数量必然超过监组数量。那时,监组便不足以对应类别。这意味着,无限分类在理论上可行,但在现实中却陷入窘境。关押分类应该娴熟地停留在分类体系的哪个层级,才能找到根植的土壤呢?

关押分类不是一个纯粹而简单的事项,它存活在与其他事物的相互联系之中。让分类孤立出来,也将使分类失去意义。涂尔干和莫斯对这种"孤立"与"关联"之间的关系这样写道:

原始分类并没有简单地把事物安排在孤立的群体中,相反,这些群体相互间具有确定的关系,它们共同组成了一个单一的整体。而且,像科学一样,这种体系还具有纯粹的思辨目的。它们的目标不是辅助行动,而是增进理解,使事物之间的关系变得明白易懂。一旦给出了某些作为基础的概念,心灵就会感到一种需要,要把对其他事物所形成的观念与它们联系起来。①

监组既是关押分类关联的对象,也是关押分类与其他事物联系的纽带。它虽然处于层级的末端,却也是无法绕过的山丘。

无限分类最大限度地考虑了每个南冠人的特性,缩小了分类标准覆盖的范围,使极少数的南冠人都可以独自成类。然而,它在现实中却没有依托的实体。

对关押分类的无限度苛求,是在为丛棘岛官方的监管设置障碍,因为,"无限分类"与"有限监管"之间原本就难以实现理想的平衡。

因此,分类止于监组是丛棘岛官方监管策略最明智的选择。在丛棘岛上,同一个监组有可能包含分类标准推导出的性质不同的南冠人,这是分类与管理双方综合的结果。丛棘岛官方在分类标准的中下游停止了继续分类,无限分类相对于有效的管理已经显得苍白无力。

七

分类关押从它诞生的那一天起,就是携着矛盾前行的制度。在分押之前,人们担心南冠人在岛上的混合杂居会产生横向的"交叉感

---

① [法]爱弥尔·涂尔干、马塞尔·莫斯:《原始分类》,汲喆译,商务印书馆2012年版,第94页。

　　　　　　　丛棘岛映像——越轨行为在监禁社会的表现与规制

染",于是尝试设定关押分类标准。这使相似背景的南冠人有了集中关押的可能,然而此时,犯罪技能在纵向上的"专业化发展"却显现了,和横向的"交叉感染"一样,这同样令人不满。

在关押分类标准体系中,南冠人的业缘、地缘、血缘关系(简称"三缘"关系),引起了丛棘岛官方的关注。丛棘岛官方严禁将具有"三缘"关系的南冠人划分到同一管区——对于他们亲近关系的冷却,丛棘岛官方通过物理距离的设定来实现。

然而,困难在于对"三缘"关系的排摸与串并,当时的丛棘岛不可能获得大数据的支持。人力的检索只够应付对同案犯的拆分,以及以同案犯为基点展开的排摸。南冠人不会主动上报"三缘"关系,他们成了分类关押标准体系的漏网之鱼。他们彼此心照不宣,给自己在监禁社会的无助感留下些许安慰,也为未来的越轨行为储备"合作"的力量。

关押分类的无限可能终究要面对丛棘岛官方有限的管理,监组是两者汇聚的平台,但是监组仍然难以实现两者的平衡,分类之后的纵横交错感依然存在。

分类不是万能的,这是分类的宿命。事物原本就是一个统一体,为了加深理解人们才去分类与剖析,然而,粗放的分类并没有让人收获预期的效果,有时候反而把事物变得更加复杂。

但我们仍然不能否定关押分类产生的功效,至少我们已经认识到关押分类有两个自成体系的标准,一个是自然属性标准,一个是社会属性标准。自然属性标准大于社会属性标准,社会属性标准应服从于自然属性标准。这两个标准处在各自的位置,没有包含,没有交叉,因此,它们不会并轨,标准内的各个元素也不会变异般地跨越,但这两个标准的结合将产生复杂的分类结果,这是分类指标指向实践的综合应用。

丛棘岛上的关押分类,经历了前分押时期、分押粗放时期和分押发展时期。这是一个缓慢而又不得不前进的过程,这个过程磨炼了丛棘岛官方的思考能力,使其逐渐从杂乱无章的表现形式中发现南冠人之间应有的秩序。罗德尼·尼达姆(Rodney Needham)在《〈原始分类〉英译本导言》中引用的一个关于盲人复明后对于世界与事物秩序的认识,也是丛棘岛关押分类发展的现实写照:

> 一个天生的盲人手术后复明,他直接看到的并不是我们习以为常的这个世界。他看到的只是令他心烦意乱的杂乱无章的形式和色彩,这些视觉印象华而不实地纠结在一起,相互之间似乎没有任何可以理解的关系。惟有通过缓慢而又坚韧的努力,他才能教会自己:这种混合确实呈现出了一种秩序;而且惟有通过锲而不舍地勤学苦练,他才能够学会对对象进行区别和分类,并领会诸如"空间"和"形状"这些词汇的意义。①

_____

① [英]罗德尼·尼达姆:《〈原始分类〉英译本导言》,引自[法]爱弥尔·涂尔干、马塞尔·莫斯:《原始分类》,汲喆译,商务印书馆2012年版,第104页。

监组:
从"机械团结"的产生到反抗心理的寄存

一

南冠人在岛上过着群居的生活,但这并不是散漫无序的集体生活。分类关押的最后落脚点——监组,是这集体生活的最小单元。

从物理分布上看,同一个监组的南冠人被划定在同一片区域居住,同一片区域劳动,同一片区域学习。因此,生活区中的某一个居室或某几个居室都不是集体生活的最小单元。劳动区某一条或某几条流水线,学习区某一个学习小组或某几个学习小组也一样。

在丛棘岛官方的监管体系中,监组不是一级行政建制,这与丛棘岛官方的资源分配有关。丛棘岛官方组建了管区,配备了相应的獬冠人、土地、建筑和经费等资源。在管区配备中,獬冠人是最为重要的资源。一个或两个獬冠人在管理上所能对应的南冠人,在数量上有自己的边际。在这个管理意义上,监组从管区中产生。

南冠人的行为表现和主管该监组的獬冠人密切相关。南冠人遵守或违反丛棘岛官方规则,也将使獬冠人的业绩受到或优或劣的评价。丛棘岛官方通过獬冠人的岗位职责实现对南冠人的监管,也让静态的规则得到了动态的活力。对獬冠人而言,监组是他的"责任田",

他不能掉以轻心。他必须履行对监组的职责，让自己不因为南冠人行为的偏离而使自己的业绩受到影响。于是,他在监组内推行统一的管理模式。当然,管理模式的框架由法律赋予,或是由丛棘岛官方的宏观政策决定。在框架的中间或政策的微观层,留给獬冠人自由裁量的空间。这种自由裁量的空间产生了监组的明显风格——在监组管理上獬冠人的个性得到了充分的体现。

二

对于教化而言,獬冠人应当考虑南冠人的个性,但是滚滚前行的管理浪潮,淹没了南冠人的不同背景。

在没有区分教化与管理之前,丛棘岛官方给獬冠人确定的职责超过了他们作为一个常人力所能及的范围。这让教化混合在管理中,难以脱颖而出,也使管理为了兼顾教化而负重前行。

日常管理是獬冠人在监组职责上的主要内容,它有别于对南冠人的惩罚和教化,尽管惩罚和教化仍然以监组为依托,仍然与主管的獬冠人密不可分。模式化的管理力求管理对象的共同性,而尽可能淡化个性。教化则奉行因人而异的原则,避免共同推进。因此,教化的品质出于个案化,而管理的效率来自模式化。

在那个年代,对南冠人个人行为的考核,在一定的时候也与监组集体绑定。“一定的时候”是指某些特定情形,这些情形已被纳入计分考核体系,上升为计分考核的具体条款。南冠人个人行为表现若符合这些特定情形,将得到丛棘岛官方的肯定评价,进而监组集体获得加分;反之,监组集体将受到减分的惩罚。这是丛棘岛官方的监管手段之一,意在让南冠人之间既相互团结,又互相监督。

三

考察监组中南冠人的团结，还得从涂尔干的《社会分工论》说起。

1893 年，涂尔干发表了他的博士论文《社会分工论》①，这是他"社会学"思想的开山之作。那一年，涂尔干 35 岁。

他把社会团结的类型划分为"机械团结"和"有机团结"两种。他认为探究不同类型的社会团结要借助于可感的事实。"尽管社会团结是非物质性的，但它也并非只具有一种纯粹的潜在状态，而是通过一种可感知的形式表现出来。"涂尔干笔下的可感知的形式并不神秘，也不是可感而不可获，它就是法律：

> 事实上，任何持续存在的社会生活都不可避免地会形成一种限制形式和组织形式。法律就是这些组织中最稳固、最明确的形式。②

法律是具有制裁性质的行为规范，由于制裁力度和方式的不同，法律具有不同的类型。涂尔干把制裁分为两类，一类是有组织的压制性制裁，它建立在痛苦之上，要损害犯人的财产、名誉、生命和自由，代表性法律是刑法；另一类是纯粹的恢复性制裁，它目的是拨乱反正，把

---

① 在《社会分工论》中涂尔干讨论了社会分工、集体意识、机械团结、有机团结、道德、法律等社会事实，核心议题是劳动分工与社会道德秩序及它们之间的关系。
② ［法］埃米尔·涂尔干：《社会分工论》，渠东译，生活·读书·新知三联书店 2000 年版，第 28 页。

变得混乱不堪的关系重新恢复到正常状态,代表性法律是民法。①

　　法律是涂尔干探寻社会团结的切入点,区分法律类型为继续社会团结的研究作了充足的准备:

　　　　正因为法律表现了社会团结的主要形式,所以我们只要把不同的法律类型区分开来,就能够找到与之相应的社会团结类型。②

　　社会的凝聚由社会大众的共同情感和共同信仰维系,如果有一个人向共同情感和共同信仰发起挑衅,而又足够严重时,它就会引起公愤。这样的行为就会被纳入刑法调整的范围,并被贴上"犯罪"的标签。"彼此的相互渴望总是强有力地把相互类似的人们连接在一起"③,人们在对这种犯罪行为的抗拒中形成了团结。这种团结被涂尔干称为"机械团结"或"相似性所致的团结"。与机械团结相匹配的制裁形式是惩治犯罪行为的压制性制裁,它所依据的法规是刑事法律。④

　　就社会宏观而言,机械团结是社会大众排斥犯罪行为而形成的心理团结,制裁的对象是罪犯。然而,在社会大众的另一面,这种心理团

----

① 参见[法]埃米尔·涂尔干:《社会分工论》,渠东译,生活·读书·新知三联书店2000年版,第32页。
② 同上书,第31页。
③ [法]埃米尔·涂尔干:《社会分工论》,渠东译,生活·读书·新知三联书店2000年版,第66页。
④ 与"机械团结"相对应的团结形式是"有机团结"或被称为"分工形成的团结",与其相匹配的制裁形式为"纯粹的恢复性制裁",法规包括民法、商业法、诉讼法、行政法和宪法等,排除刑事法律。参见[法]埃米尔·涂尔干:《社会分工论》,渠东译,生活·读书·新知三联书店2000年版,第32页。

结也在悄悄形成。纵使丛棘岛官方在南冠人悔过自新上一直保持乐观的态度,采取积极的措施,南冠人遭受排斥之后并不必然产生悔悟。

在监禁社会的微观层面,和社会大众对南冠人压制时的团结一样,南冠人对压制性制裁的反感态度和反抗的心理,也产生了不表于声色的团结。虽然他们在罪名、刑期、刑种、主观恶性、危险程度、教育背景、地域、职业、年龄等方面存在差异,但是"不同的、孤立的犯人通过监狱混合在一起,继而形成同质的犯罪共同体……"①这种同质性在心理上的倾向尤其明显。

因此,南冠人的这种团结也属于机械团结或相似性所致的团结的范畴,但是最值得注意的是它所形成的力量与社会大众的机械团结正好相反——社会大众对南冠人的压制性制裁和南冠人对压制性制裁的反抗正好是两股相反的力量。

与社会大众的机械团结一样,南冠人的机械团结并不是团结的真正趋势,也不具备真正团结的基础。

四

监组是南冠人的分类关押在组织形态上的归属,也是丛棘岛其他分类的依托。

法庭审判把触犯刑事法律的越轨者从社会大众中分出,这是对违反刑事法律越轨者社会归属重新界定的开始。

入岛之后的关押分类是社会归属分类的延续,并在这里寻找到落脚点。这是丛棘岛官方主导的分类(详见《分类关押:社会归属的重

---

① 〔法〕米歇尔·福柯:《惩罚的社会》,陈雪杰译,上海人民出版社2016年版,第221页。

新界定》），它在宏观上完成了南冠人社会归属的重新界定，并明确了南冠人在监禁社会中的归属。

对南冠人的分类不可能无限制地层层递进，监组是关押分类的落脚点。监组是分类在组织形态上的终结。根据丛棘岛官方的资源配置、分类标准以及对南冠人的矫治策略，同一个监组的南冠人总是呈现着不同的分类要素，他们在罪名、刑期、刑种、主观恶性、危险程度、教育背景、地域、职业、年龄等方面存在的差异，使监组看上去像是一种混合的状态。然而，在丛棘岛官方看来，每个南冠人分到某个监组，却是由清晰的分类标准推导的结果。这是因为按某个标准所做的分类，总是伴随着不同的飘忽不定地闪烁的元素。

监组是丛棘岛官方分类体系的中枢。从组织形态上看，南冠人的分类止于监组，但是从其他方面所做的分类并没有停止。例如，在矫治和劳动上的分类才刚刚开始。南冠人进入监组之后，还将面临各种各样的分配与安排，他所经历的每次不同的分配与安排，就是一次次不同的分类。但需要明确的是，南冠人进入监组之后所经历的不同分类，不再改变他在组织形态上的归属，即监组不发生变化。监组从分类关押而来，又在此基础上继续着不同的分类。

五

尽管一个南冠人归属于某个监组是丛棘岛官方分类的结果，但在他自己看来，却具有很大的随机性。

南冠人甲和南冠人乙，在入岛之前，生活在两个不同的地域，从未有过来往，也毫无联系。他们皆因触犯刑事法律而被送入丛棘岛。入岛之后，他们被分在同一个管区、同一个监组。在生活上，他们被分在同一个居室居住;在劳动上,他们被分在同一条流水线上劳动。在学习上,他们有时在同一小组,有时在不同小组,这完全根据课程安排或自主选择而定。或由于违纪,南冠人甲被调到另一个管区;或由于南冠人乙离岛,南冠人甲和南冠人乙的组合发生改变。

南冠人甲和南冠人乙所经历的分类与组合,是南冠人分类和组合的缩影。在南冠人眼中的随机性,使监组处于成员进出不定的动态变化之中。

南冠人在监组里的结合不是社会分工的结果,因此,不具备涂尔干笔下"有机团结"①的基础。

从棘岛官方对南冠个人和群体的团结寄予殷切的希望,试图让他们在监组里既反思自己曾经的越轨行为,也在最小的群体单元中感知相互之间的协作与团结。

然而,在南冠人之间形成的机械团结心理,时时冲击着监组的稳定与秩序。监组是从棘岛官方监管南冠人的组织形式,但从另一个角度来看,它也让南冠人找到了对抗从棘岛官方监管的力量。在恰当的

---

① 涂尔干认为,有机团结是以差异性和异质性为基础的团结,"个人之所以依赖于社会,是因为它依赖于构成社会的各个部分"。它是社会劳动分工的结果,劳动分工使个体的人格和特征得以表现,使人成为个人,拥有自己的行动范围和人格。参见[法]埃米尔·涂尔干:《社会分工论》,渠东译,生活·读书·新知三联书店2000年版,第89—92页。涂尔干认为,劳动分工的最大作用不是功能的分化提高了生产率,而是使这些功能的结合彼此更加紧密。以经济收益为例,分工带来了经济收益,但是它超出了纯粹经济利益的范围,构成了社会和道德秩序本身。"有了分工,个人才会摆脱孤立的状态,而形成相互间的联系;有了分工,人们才会同身共济,而不一意孤行。"进而他指出,"只有分工才能使我们牢固地结合起来形成一种联系,这种功能不只是在暂时的互让互助中发挥作用,它的影响范围是很广的"。参见[法]埃米尔·涂尔干:《社会分工论》,渠东译,生活·读书·新知三联书店2000年版,第24页。"刑律所支配的所有关系只能代表普通社会生活的一小部分,换言之,把我们同社会维系起来的纽带,已经不再主要依赖于共同的信仰和感情了,相反,它们越来越成了劳动分工的结果。"[法]埃米尔·涂尔干:《社会分工论》,渠东译,生活·读书·新知三联书店2000年版,第108页。

时候,他们把责任推卸给了监组这个集体。他们深谙"法不责众"之道,将反抗监管的心理倾向悄悄地寄存于监组之内。

于是,在监组之内,丛棘岛官方设置了"三联号"和"四固定"制度,以化整为零和互相监督的方法在组织的神经末梢上继续发挥作用。

"三联号四固定"：位移的空间定位与游离

一

　　"三联号四固定"是指"三联号"和"四固定"两个词组,它们之间并无语义上的关联。只不过"三联号"和"四固定"所要发挥的功能相似,有组合拳之意蕴;同时,把这两个词组合并在一起,又抑扬顿挫、富有节奏感,时间一久,竟抹去了其中的界线,让不知情的人以为它是一个特定的词组。

　　"三联号"是指以睡觉铺位为基础,把顺序最近的三个南冠人组成一个单元。丛棘岛官方当初创制"三联号"的时候一定受到过连坐制的启发。"三联号"是互相监督的最小单元,"三联号"以上的联号都不过是它的复制品,但未必能发挥出如"三联号"般的功能。"三联号"虽然是在南冠人的铺位上发展起来的,但是它的应用面很广,延伸到了丛棘岛上的劳动、学习和生活等所有场景。

　　"四固定"是从空间上对南冠人的位置进行固定,目的是阻止他们脱离固定的区域,降低跨区行动附带的秩序风险。"四固定"具体包括南冠人睡觉铺位固定、学习座位固定、队列位置固定和劳动岗位固定。南冠人在岛上的所有方位中,这是四个关键性的位置,犹如空间分布上的主峰。在主峰之下的山丘是留给南冠人的自由空间。因此,在"四固定"之外是南冠人可以自主行走和属于个人隐私的空间。

二

"三联号四固定"虽然是丛棘岛特有的制度,但它并不是由獬冠人首创,它起源于连坐制。连坐制起始于周朝,但在商鞅变法中得到了充满血泪的实践,不仅维护了秦国的治安秩序,并实现了对全国劳动力的管控。

从语义上或许无法理解这两个词组的合并,但在功能上却能发现两者之间的关联——"三联号"和"四固定"是配合使用的组合拳。"三联号"中已经包含了睡觉铺位的固定,其他三个位置的固定是"三联号"在空间上的延伸与拓展。"三联号"是捆绑式的最小单元,只要固定了其中一个人,另外两个人在理论上也是固定的。不过,南冠人去蹲号,不必连着另外两个号。只不过,他离号时必须告知另两位南冠人。然而,"三联号"与"四固定"并非无时无刻完全重叠。位置固定、号相连,但三个人却没有紧密相连的情形也无可避免。劳动生产的流水线上,岗位的第一要求是劳动履行能力,而不是"三联号四固定"对秩序的渴望。"三联号"中的三个人未必正好符合流水线上前后相连的三个劳动岗位的要求,"三联号"遇到劳动岗位时就会出现无法紧密相连的空隙。这时"三联号"虽然还在,在同一个工场间他们之间的相互监督也还在,但"三联号"中的包夹功能可能无法实现。后来,在劳动区域,丛棘岛官方启用了另一套"三联号",即在工序上相连的三个人组成一套"三联号"。

在丛棘岛上,南冠人集体从一个区域到另一个区域都要以队列的方式进行。这不仅是为了行进中的美观,更是集体行进中对秩序管理最简单而又最为有效的方法。"三联号"和"四固定"的组合拳功能在这时得到充分的展示：三个连在一起的人固定排列在队列中的某个位置。丛棘岛官方的安排看似完美无缺。

三

虽然丛棘岛官方采用"三联号四固定"规则定位南冠人，但南冠人杂乱无章的想法还是会导致一些游离现象的产生，有些游离可谓突发奇想。

星期一的清晨，行进的队伍从生活区向劳动区平缓地移动。在路过一堵砖墙的时候，队伍突然一阵骚乱。獬冠人立即停止了前进的队伍，但等抽身赶到骚乱方位的时候，一个年老的南冠人已经躺倒在地，他撞墙了——在丛棘岛上从未发生过自杀的方位自杀了。

南冠人中的老者也一样能得到在自由社会所能得到的尊敬，毕竟年老体衰的生物性特征让壮者心生怜悯。就像库利所言，灾难容易引起人们的同情，羸弱在丛棘岛也一样能扣住他人的心弦：

> 每一张慈善的面孔都唤起友好的感情，每一个遭受灾难的孩子都引起同情，每一个勇敢的人都引起尊敬。①

这个南冠人刚逾花甲之年，但看上去老态龙钟、精神萎靡，明显超过了他的生理年龄。这容易让人对他疏于防范。他的寡言少语、自我孤立，日渐麻痹了周边的人。他在丛棘岛上得到的尊敬更多的是象征

---

① ［美］查尔斯·霍顿·库利：《人类本性与社会秩序》，包凡一、王湲译，华夏出版社2015年版，第87页。

性的礼让，所以感受不到被尊敬的实质，也许他已经无所谓这肉身之外的虚名，因为在他心中早已有了今天这个完美的计划。

丛棘岛上的人后来一提起这件事，都知道它发生在星期一。这并不是因为他撞墙方位的独特而让人印象深刻，方位和时间似乎在此时没有太过密切的关联。"三联号们"忽略了一个与日期有关的细节，他曾在前一天暗示过人们，他要执行自己心中完美的计划了。

丛棘岛上的剃须刀由獬冠人统一管理，只有在星期天或重大节日前夕才是南冠人刮胡子的日子。这个颓废的南冠老人不刮胡子已经很久了，用胡子拉碴来形容仍然显得分量不足，但是他在撞墙的前一天居然刮了胡子，由此推理人们总能记得他自寻短见是发生在星期一。在他的计划里，这是他人生中最后一次刮胡子，但他的举动并没有进入"三联号们"的视野。

他完美地执行了计划，但出乎他意料的是，结果令他失望——自杀未遂。虽然拼尽全力向墙冲去，但羸弱使他心有余而力不足。他有死的意愿，却没有死去的力气。这个问题困扰着他后来的生活：他没有足够的力气活着，却也没有足够的力气死去。

遗书和死亡并没有必然的关联，留遗书的人未必死去，没留遗书的人却留下了遗憾。獬冠人在清查物品时发现，这个让他们措手不及的老人在自杀之前已经写好了遗书。这也是他计划中的一部分。他的档案反映他具有小学文化，其实他只是略高于文盲。从他遗书的字迹和表达，可以看出他的文字表达能力的确苍白无力，和他的精神世界一样荒芜。他的遗书没有惊世的财宝，只有生无可恋的绝望。入岛以后，他早已得不到亲情的眷顾，因此，他也不想以累赘之身去打扰亲人。丛棘岛上生活的漫长与厌世的情绪，触动了他自我了结意识的觉醒，并开始指挥他的整个计划：

136 　　　　　　　　　　　丛棘岛映像——越轨行为在监禁社会的表现与规制

过去的某一段时期，或是情绪冲动的某个时刻，某样东西触动了他的意识以后就一直主宰他的意识，直到他死去，在平时则成为他行动的指南。①

他撞墙的举动引来了獬冠人的关注，虽然没有轰轰烈烈，但围绕他开展的全方位调查也着实让獬冠人紧张地忙碌了一阵。据獬冠人后来掌握的情况，他的这个计划酝酿了很久——从他进入丛棘岛开始，他便有了这个念头。他知道丛棘岛上的监控无处不在，也明白行动失败将遭受严厉惩罚的不利后果。所以他采用了麻痹政策，而且奏效了。刮胡子产生的微风，没有引起"三联号们"的警觉；他偷偷写成的遗书也遗落在众人视野之外。因此，他冲墙而去的那一刹那，"三联号们"没反应过来，这只能让人惊叹他游离计划的完美，而不能责备"三联号们"防守的失误。他对人生失去信心与希望，但还剩下死去的最后欲望。这最后的欲望，让他以最无力的方式试图摆脱丛棘岛对他的空间定位。他是柔性越轨的代表，却得不到其他柔性越轨所欲得到的利益。

四

丛棘岛官方在南冠人睡觉、学习、队列和劳动四个主要区域所作的定位，既解决了在南冠人之间可能引起的纷争，也明确了南冠人在空间上的归属。它维护了丛棘岛上的秩序，也初步实现了这一监管手段的预定目标。

---

① ［美］查尔斯·霍顿·库利：《人类本性与社会秩序》，包凡一、王湲译，华夏出版社2015年版，第55页。

从静态上看,四个固定的位置确定了南冠人在不同区域中的归属。未经狮冠人同意,南冠人不能私下互换这四个固定的位置。"三联号"加上"四固定",南冠人在物理上看似没有任何突破的空间了。

　　然而,南冠人却有可能在遵守"三联号"和"四固定"的平静表面下,违反着超越了空间定位的其他规则。

　　在劳动生产的某条流水线上,一个"三联号"紧挨着另一个"三联号"依次排开。南冠人没有在空间定位上突破,却在这稳定的排列结构上动起了代替完成劳动指标的心思。

　　依据丛棘岛官方规则,南冠人的劳动指标应由自己完成。不能按时完成劳动指标者,将受到计分考核体系的评价。

　　为了避免利益的损失,不能按时完成劳动指标的南冠人开始求助位于他左右两边的联号代他完成,以补足他在劳动产量上的欠缺。这当然必须付出相应的代价。

　　这是一个易于实现的操作。处在上一道工序的南冠人,在完成了自己的劳动指标后,没有直接下传半成品,而是继续作业,待把下一道工序一并完成之后,再把半成品传给这个有代劳请求的南冠人。这时,这个南冠人收到的半成品在他这道工序上已经不再需要任何的作业,他可以将这个半成品直接沿着流水线传下去。处于下游工序的南冠人,也可以用相似的方法代为完成上游的工序。他们以隐秘的方式完成劳动指标,并以不需掩饰的方式公开地传递。

　　此时,提出代劳请求的南冠人倒希望他的联号能一直固定着,这样流水线就不会在他的工序上卡壳。如果联号或固定位置发生了变化,他不知道新来的伙伴是否愿意接受他的请求,交换的成本是否高出心理的预期。若这些条件发生了不可接受的变化,他便只能想办法变更自己被固定的位置了。

五

在现代科技还未进驻丛棘岛的年代,"三联号四固定"是定位南冠人方位最原始的人防措施。它同样得到丛棘岛规则中"奖与罚"这根杠杆的支撑。一个南冠人的越位,势必使"三联号"中的另两个南冠人受到惩罚;相反,南冠人阻止了另一个南冠人的越位,也一定会得到丛棘岛官方的奖赏。

然而,对空间定位的游离,在丛棘岛上并不是偶尔的例外,所不同的是游离的空间范围与产生的结果。暴力越轨伴随着血腥与硝烟,这种与丛棘岛官方决裂的越轨,是对规则最凶狠的挑衅。柔性越轨暗藏着算计与阴谋,这种对规则服从的表面平静,终究会暴露出内心不服的汹涌潮流。

在岛外社会,一些独特的领域也正在采用这种定位方式以实现预期的秩序,但收效不如丛棘岛明显。因为它不具备丛棘岛上空间有限、赏罚明晰等先决条件,也因为生物性肉体对社会性灵魂的先天排斥:

> 灵魂越是控制肉体,却因此将承受来自肉体的越大的反抗。[1]

---

[1] 郭明:《监狱的隐喻:来自铁窗的人生故事》,学林出版社 2010 年版,第 72 页。

番号：从社会关系中分离出的唯一指代

一

　　番号是南冠人的编号，是姓名之外的指代。在丛棘岛，番号与姓名都可以用来称呼南冠人，但在两者同时使用的重要场合，番号排在姓名之前，它的重要性可见一斑。

　　丛棘岛官方使用番号时，历史已经步入了近代。"番号"一词是舶来品，原意是摆放的号码，与"编号"意义相同。在丛棘岛官方使用"番号"之前，"番号"作为军事词汇已在军队中使用。军队番号是军队的编制名称，一般按照军队的性质、编制序列授予，如步兵第 N 团、航空兵第 N 师等。为了解决军事机密等问题，军队在番号之外还设有代号。丛棘岛的番号由纯一色的阿拉伯数字组成。军队的番号是由文字和阿拉伯数字共同组成。因此，丛棘岛番号的组成与部队番号并不同，反而更接近于军队的代号。

二

　　人的名字是一种指代，方便于芸芸众生的交往。姓氏在婴儿出生前就像家族不动产一样不断地流传。每个人在姓氏的接力传递中只接好其中或长或短的一棒。名字是在家族姓氏共性之外的个性体现，这个体现包含了吉祥的祈福或特定的寓意。虽然有好名字的人，未必如起名时所愿，名含"诚"者未必诚，名含"财"者未必富，"仁"者杀人，"善"者行恶，但这丝毫不影响人们祈福新生的热情。起名字的需求推动了一门理论的诞生，催生了一个行业的发展。起名字的专业化发展使对选取文字及其与姓氏的组合要求越来越高：不仅要求有一个好字，字出有源，还要结合姓氏进行测算。因此，起名字变成了起一个有名的"字"。

吉祥、富贵等寓意美好的字词数量相对不变，当人数增长到一定量的时候，重名就出现了；当人数多到一定程度的时候，重姓重名开始令人目眩。诸多以假乱真的谜案正是从起名的美好开始走向被人利用的罪恶。管理体系对迷惑视听的重姓重名当然不会坐视不管，在重姓重名上作出区分最简单的办法，就是用数字代码的唯一性来厘清重名叠影。

三

丛棘岛官方使用番号正是要破除重名的干扰，让每一个南冠人都有唯一的指代。南冠人的番号由9个阿拉伯数字组成：第一、二位代表南冠人所在的管区；第三、四位代表所在的监组；第五至七位代表罪名；第八、九位代表所在监组同一罪名下的不同个体，按分入小组的时间先后排序。举番号 08－11－216－02 为例进行说明，08 代表第 8 管区，11 代表第 11 监组，216 代表盗窃罪，02 代表因盗窃罪进入该监组的第 2 个人。番号 08－11－216－02 翻译成文字是这样的：因盗窃罪被分配进丛棘岛第 8 管区第 11 监组的第 2 个人。

番号的唯一性把每个多样的南冠人抽象为一组数字,并在数字与人之间画上等号。就这样,丛棘岛官方以数字为介质在南冠人之间建立了管理上的唯一性。

丛棘岛官方在分类关押的基础上,以符号化的方式重新编排了南冠人。这种符号化剔除了南冠人身上的其他元素,把南冠人从复杂和多元的社会关系中分离出来,构建了一种全新的清晰的关系。米德在符号互动论的经典之作《心灵、自我与社会》中这样表述道:

> 把这种符号分离出来,可以使人掌握这些已知特征并把它们从与对象的关系中分离出来,并因而把它们从与反应的关系中分离出来。我想,这就在特定的程度上刻画了我们人类的智能。我们有一系列符号,我们用它们指示某些特征,并在指示那些特征时把它们从其直接的环境中分离出来,使一种关系清晰地呈现出来。[①]

番号突显了丛棘岛官方在管理上对唯一性的需求,同时隐没了南冠人在生活中多样的个性。在唯一指代上,丛棘岛官方已经无懈可击,但在南冠人狡黠的目光中,他们却看到了编织美丽谎言的空隙。

四

丛棘岛官方发现这个谎言事件,是在收到了一封打探情报而又带着警惕的咨询信时。信中问及丛棘岛是否属于军事生产单位,当然这

[①] [美]乔治·H.米德:《心灵、自我与社会》,赵月瑟译,上海译文出版社2018年版,第138页。

封信没有写明丛棘岛的地址,而是通过邮政代码寄送。这令丛棘岛官方疑惑不解,他们从未收到这样的信件。从信件的内容可以看出,寄信者并不清楚邮政代码的实体是丛棘岛,也不清楚丛棘岛令人畏惧的功能,更感觉不到丛棘岛的震慑力量。她对丛棘岛一无所知,但似乎又与丛棘岛有着某种不便启齿的关联。

丛棘岛官方对于这样的信件并没有置之不理或认为这是一个恶作剧。从她对丛棘岛的关切与求证的焦虑中,丛棘岛官方初步判断,似乎有人在瞒天过海,有意隐去丛棘岛的真实身份而行事,她有被人蒙蔽的嫌疑。

丛棘岛官方给来信者寄去了一份关于丛棘岛功能的正式答复,在答复中,丛棘岛官方问及她的疑惑,并承诺愿意给予她更具体的帮助。也许是丛棘岛官方的真诚打开了她的心扉,这也让沉寂在岛内的谎言逐渐浮现。

五

丛棘岛官方在她的第二封来信中证实了自己的判断。

有一个自称在军事企业工作的人员,试图通过信件与她建立异性朋友关系。因为军事企业有保密要求,所以他在与外界联络时只能使用代号。这个代号理所当然包涵了最为重要的通信地址和姓名。谎言的设计高明而又严谨。通过使用代号,南冠人伪装了自己,隐去了真实身份,拔高了对外的自我形象。姓名都要使用代号的企业,这是多么严格而又高规格的企业!简化姓名的番号,在南冠人的信件里被附加上了新的内涵。这是番号简化姓名的缺陷,当然,在设计伊始,并没有人预料过这一情形的出现。

番号:从社会关系中分离出的唯一指代   143

丛棘岛官方根据来信提供的所谓的代号,找到了番号 08－11－217－01 的南冠人。番号 08－11－217－01 是丛棘岛第 8 管区第 11 监组里能说会道的人,他也就是因为自己的能说会道(诈骗罪)而被送入丛棘岛。他在岛外的行事宗旨是"想让鸟儿乖乖地到地上来,就不会让它高傲地待在树上"。南冠人 08－11－217－01 试图跨越物种的界线,这虽是荒诞的想法,也足见他内心的自信与手段的高明。

这类简易的谎言犹如泡沫,煞费苦心构筑起来的炫丽与多彩,最怕遇见精准的麦芒或针尖。因此,丛棘岛官方并不需要投入太多的精力和时间,就看清了他的狡黠,识破了他的花言巧语。

六

南冠人 08－11－217－01 并没有通天的本领,但他确实善于利用已有的各类条件。

入岛前跟他山盟海誓的女人,没等到他出岛,就已经消失在天南海北了。曾经的海枯石烂,已变成他在丛棘岛上看着海哭的现实,而等不到石烂的远景:

> 他强烈地感到孤独,感到在遭受抛弃、遭受拒绝,举目无亲,尝到浪迹人间的痛苦。①

他快要离开丛棘岛了,整天想着要和另一个女人有一个新的开始。他要在岛内启动感情工程,以弥补在浪拍岩崖间悄悄流淌过的岁

---

① ［美］亚伯拉罕·马斯洛:《动机与人格》,许金声等译,中国人民大学出版社 2012 年版,第 27 页。

月。他进入了爱的需要遭受挫折的状态：

> 对爱的需要包括感情的付出和接受。如果这不能得到满足，个人会空前强烈地感到缺乏朋友、心爱的人、配偶或孩子。这样的一个人会渴望同人们建立一种关系，渴望在他的团体和家庭中有一个位置，他将为达到这个目标而作出努力。①

于是，他开始了严密的构思。这个构思的核心是要隐瞒真相，以及穿越封锁。他的谎言要穿过獬冠人的目光，并在读信者的想象中展示出一个令人崇拜的虚拟世界。

他的谎言能穿越出岛，当然有岛外家属的撺掇，也有獬冠人的大意。虽然只有几个回合便被揭穿而败下阵来，但他巧妙的构思赢得了南冠人的钦佩。他原本是第11监组因诈骗罪入岛的第一个人，因为这个构思而获得了"诈骗第一人"的"称赞"，成了南冠人夜不能寐时的谈资。

七

番号以一串数字把南冠人从多维的社会关系中分离出来，并成为唯一指代。这方便了丛棘岛官方的监管，但南冠人在番号掩盖下的越轨行为并未停止。

南冠人08－11－217－01未必读过罗兰·巴尔特的《符号学原理》，不一定明白：

---

① ［美］亚伯拉罕·马斯洛：《动机与人格》，许金声等译，中国人民大学出版社2012年版，第27页。

记号就是由一个能指和一个所指组成的。能指面构成表达面，所指面构成内容面。①

但他很好地利用了"能指"与"所指"的分离，利用番号这一串数字的"能指面"，构筑了一个完全不同的"所指面"。军队或军事企业使用代号，在社会大众中有深厚的心理基础；南冠人把番号依附于军事企业的代号，混淆使用，这让人们产生了不设防的认同，也在不经意间产生了情感的崇拜。

　　一个单项的规则本身并没有漏洞，但纵横交错的多个规则，有可能产生不易察觉的真空地带。一个强烈欲念支配下的个人拥有无尽的越轨力量，这驱使着他在不断推演中寻找规则的真空地带。他不是无孔不入，在对各类规则的综合应用上，他比无孔不入更胜一筹——那就是无孔也入。这是规则制定者和执行者应当关注的诡异的动态。

---

① ［法］罗兰·巴尔特：《符号学原理》，李幼蒸译，中国人民大学出版社 2008 年版，第 26 页。

　　　　　　　　丛棘岛映像——越轨行为在监禁社会的表现与规制

值守：通往白天的黑夜之路

一

值守是常态工作的弥补与连接。

这与工作时间的安排密切相关。笼统而言，白天是正常工作的时段，夜晚和假日留给人们休息。不笼统而言，在特定行业，工作与休息的时间分配并非如此黑白分明，夜晚也成了工作的时间段。

在工作与休息时间的分配上，獬冠人所从事的职业可以划入特定行业。不间断地维持丛棘岛的隔离功能是獬冠人的天然使命，因此，轮流安排獬冠人在休息时段维持丛棘岛隔离状态的制度出台了。于是，有了丛棘岛上的值守。

值守是一项轮流更替制度，所有的獬冠人要参与其中，但不是同时进行，而是有计划地、分批次地周期循环。

丛棘岛上的值守时段分布在夜晚和假日，这是对白天常态工作时段的补充，也是对常态工作的连接。

值守期间獬冠人人数低于常态时段的人数。因此，他们的职责发生了转变。此时，他们的主要任务是确保丛棘岛隔离防范功能处于正常运行状态。很显然，这是一个由"攻"转为"守"的转变。

二

值守期间是獬冠人力量最薄弱的时候。

獬冠人与南冠人在数量上不是对等关系。就像医生与患者一样，永远是医生少于患者。尽管这是一个常识，但确定怎样的比例才有足够的力量来维护丛棘岛的秩序，是一个从未解开的难题。獬冠人少于南冠人是丛棘岛上永恒的不等式。

值守期间，獬冠人与南冠人在数量上的不等进一步加剧，比例更加悬殊。夜晚或是假期的到来，使留岛的獬冠人数量降到最低，与南冠人的比例悬殊值达到了最高。只有亲身走进丛棘岛，才能感觉到獬冠人肩上的巨大压力与潜在的风险。人们对监禁社会的研究也发现了这样的风险：

> 他（矫正官）同样认为，单个的或群体的罪犯有能力制造大量的干扰，威胁他的工作或者甚至是他的生命。①

从劳动区回到生活区的时候，夜幕已经降临。

离开劳动区之前，獬冠人要对南冠人进行一次人数清点。南冠人群体人数众多，但值守的獬冠人并未感到局面难以控制。不过，对于局外人而言，这的确会令他直冒冷汗。在行进的队伍中，獬冠人略有分工，前者引导，后者断尾。据说断尾的位置很有讲究，要保持在队伍的三分之二处，以兼顾首尾。

---

① Bargaining in Correctional Institutions: Restructuring the Relation Between the Inmate and the Prison Authority, *Yale Law Journal*, Vol.81, No.4, 1972, pp.726–757.

在一个平淡无奇的夜晚,返回生活区的南冠人已经就绪,队伍准确开拔。此时,一名南冠人突然被自己的遗忘惊醒。他在勤杂岗位劳动,负责搬运水桶等生活用具。今天,他忘记了一把打饭的勺子。他必须把勺子带回生活区,这样明天才有分发早餐的餐具。他临时折了回去,想以最快的速度返回队伍。因此,他没和"三联号"中另两个南冠人说明情况,也未向獬冠人请求离队。他认为,以他的敏捷和快速,他的临时离队既可以取回勺子,又不需要让整个队伍停下等他。这可以免去獬冠人的责备和南冠人的抱怨。由于他的迅速和敏捷,断尾的獬冠人并没有发现他已离队。于是,和以往一样,他利索地锁上了劳动区的大门。等这名南冠人返回的时候,队伍已经离他远去。

南冠人进入生活区时,獬冠人需要再次清点人数,这是从棘岛官方积累的经验——只有流程上的精细,才能保证及时纠偏。人数清点的结果让獬冠人虚汗直冒。当他把落单的南冠人带回生活区的时候,意味着一场强化"三联号四固定"的教育就要开始了。

三

值守期间力量的薄弱隐藏着不可忽视的职业风险。

面对獬冠人的强权,南冠人深谙明哲保身之道,服从是他们对现实应该持有的基本态度。即使有不满或是怀着怨恨,这些情绪也只能"徘徊"在南冠人不可探知的内心。当不可探知的心理从"潜藏"上升到"明示"时,带给獬冠人的将是致命的伤害。

值守期间獬冠人力量的薄弱,让南冠人的不安分隐隐骚动。从过往的数据来看,值守期间是南冠人策划、组织越狱和暴动最可能发生的时段。此时,獬冠人与南冠人的比例悬殊值最大,且处于工作状态的低谷。这是南冠人在突破人防关口时所作的最精细的选择。越狱经常发生在值守期间正是南冠人对双方力量比较的结果。在津巴多的"斯坦福监狱实验"中，犯人被关进这个模拟监狱的第三天，就被狱方安插的线人探知到他们有脱逃的想法：

> 关于他们的脱逃计划，1037是这么说的："我们要和狱卒虚与委蛇，如此一来，我们才可以趁其不备、一举击中他们的致命弱点。"①

在模拟情境下，犯人的脱逃思维尚且如此缜密，在真实的监禁社会，南冠人更是时时在寻找或等待"趁其不备、一举击中他们的致命弱点"的机会。

南冠人的选择不可谓不"明智"，而南冠人的"明智"选择带来了獬冠人的职业风险。丛棘岛官方和獬冠人早已意识到风险的存在，但这是无法破解的困境，他们只能在艰险中坚守。

四

值守是丛棘岛官方确保不间断运行的过渡制度，虽然只是对常态运行的补充，但通往白天的黑夜之路并非坦途。

不少军事家认为，进攻是最好的防守。丛棘岛上的防守也同此理，不过当獬冠人进入值守时，便没有了积极的进攻。因此，丛棘岛上的值守是一个易攻难守的局面。防守着眼于整个体系，衡量防守是否

---

① ［美］菲利普·津巴多：《路西法效应：好人是如何变成恶魔的》，孙佩妏、陈雅馨译，生活·读书·新知三联书店2015年版，第104页。

　　　　　　　　丛棘岛映像——越轨行为在监禁社会的表现与规制

成功的标准是防御是否全面成功。进攻则不然,着眼于局部,只要有一个点的突破,就是进攻的达成。简言之,防守的是"面",进攻的是"点",可见守攻双方所投入的力量,不可同日而语。

尽管面对的是一个"易攻难守"的局面。从历史上看,丛棘岛官方基本上守住了丛棘岛。这是丛棘岛成为监禁社会的底线,也是獬冠人的基本使命。"监狱者……限制其行动之自由,使隔离社会……"①如果隔离功能得不到保障,丛棘岛的监禁将无从谈起。

然而,在庞大的防御体系里,零星的疏漏难以避免,但这并不影响防守的全局。南冠人的进攻不仅仅是对监禁隔离的突破,在"违禁品""地下航线""三联号"等多个点位都是他们进攻的高发区,特别是值守期间。这引起了丛棘岛官方的高度注意。因此,他们调整了防守策略,制定了应急方案,应对南冠人的零星进攻,以维持整个防御体系的平衡。

---

① 芮佳瑞:《监狱学论》,商务印书馆中华民国二十三年五月初版,第1页。

表面秩序：止水下的暗流

一

表面秩序是指南冠人对丛棘岛官方的监管看上去百依百顺、言听计从，但却在一定的限度内不停地违反规则，有时甚至已探触到不能容忍的边缘。

表面秩序作为秩序的表象在丛棘岛上从未消失过。南冠人虽然没兴趣研究它的由来，但却热衷于追求它的存在。

表面秩序又被冠以 surface order 的名号，它准确地概括了监禁社会秩序的表象，恰当的程度令人折服。

表面秩序是獬冠人与南冠人双方博弈的产物——獬冠人容忍南冠人轻微违反规则的行为，以规避监管力量不足带来的风险：

> 允许表面下一定程度的不遵守——矫正人员对低度可见的违反行为一定程度的容忍。①

---

① Bargaining in Correctional Institutions: Restructuring the Relation Between the Inmate and the Prison Authority, *Yale Law Journal*, Vol.81, No.4, 1972, pp.726-757.

丛棘岛映像——越轨行为在监禁社会的表现与规制

二

獬冠人在积极追求丛棘岛内稳定秩序的同时,又不得不面对自己的处境。

獬冠人承接着自上而下和自下而上的两股力量——獬冠人是丛棘岛官方的代言人,必须忠实于丛棘岛官方的总体目标;南冠人对丛棘岛官方的抵触力量最终直指獬冠人。獬冠人既要执行、贯彻官方意图,履行职责,又要化解南冠人的对立情绪,以此积累业绩或者避免遭受问责。

丛棘岛官方把总体目标以政令的方式分发给獬冠人,并以目标考核的形式对獬冠人执行政令取得的实效进行评判。

防守比例的悬殊以及"监管末端缝隙"(详见《特劳犯:带刺的"拐杖"》)的出现,使獬冠人没有完全的把握可以对所有的事务发出事必躬亲的豪言壮语。虽然监禁社会的惩罚性决定了獬冠人与南冠人的对立性,但獬冠人使用"特劳犯"(详见《特劳犯:带刺的"拐杖"》)协助处理监管事务又表明了两者之间的融合性。

在长年累月的交往中,獬冠人与南冠人彼此相互了解,在情感上形成了一种信任,这种信任是丛棘岛官方监管与南冠人生活的润滑剂。不论是特劳犯还是其他南冠人,只要与獬冠人之间的关系稳定,这种信任就有可能产生:与南冠人长期而近距离的相处,使獬冠人无法避免情感的流露。

从獬冠人角度出发,他不得不综合考虑和化解来自两个不同方向的力量。他必须尽可能实现考核目标,以免使自己处于不利的境地。此时,广泛与复杂的监管事务被简化为目标考核表上的条文,獬冠人只要对照行事即可。然而,考核方案无法收集和表达獬冠人对南冠人监管的一切,目标考核只是丛棘岛官方监管事务的冰山一角,不可量化和未纳入目标考核体系的内容逐渐被忽略。纳入目标考核体系的内容,也因权重的不同而受到区别对待。更为严重的是,在某些情形下,目标考核与实务还会分离——虽然实现了考核目标,但并未取得应有的实际效果。獬冠人对现实利害的权衡,使表面秩序的风标浮起:

> 表面秩序是矫正官员对政策最明确的理解,自从它成了判断他绩效的标准。①

在獬冠人与南冠人之间形成的信任,让獬冠人陷入了容忍的感情困境——情感是规则的软化剂。这种信任也使獬冠人对轻度违规行为有十足的控制把握。

《矫正机构中的"交易":重建罪犯与监狱当局的关系》一文仔细地探究了监禁社会中监管者与被监管者的关系,两者之间的博弈各有所图,并在讨价还价中逐渐形成"交易":

> 行政管理者很少有足够的资源实现所有规范完全一致的执行。警卫、监舍的不足以及威慑性惩罚的缺少,造就了一个监管规范被冷落的环境。与此同时,把规范强加给罪犯的意图剥夺了正常的愉悦,经常缺少娱乐或隐私生活的机会,易于产生暴力的无秩序。

---

① Bargaining in Correctional Institutions: Restructuring the Relation Between the Inmate and the Prison Authority, *Yale Law Journal*, Vol.81, No.4, 1972, pp.726 - 757.

　　　　　　　丛棘岛映像——越轨行为在监禁社会的表现与规制

执行资源的不足和监禁压力的综合,导致矫正管理员和矫正人员对一直以来的违反监管规定行为的必须容忍,即使管理者经过谨慎考虑限制了一条既不是非常清晰,也不是非常严重的界线。

在罪犯之间分配这种容忍,基本上依赖也许可以被称为"交易"的方式。它经常是不言而喻的和含蓄的,在其中执行者通过给予有限的资源获得最大程度的规范统一,而罪犯试图获得违反监管规范的最大容忍。警卫和罪犯的循环接触产生了充分的进行非正式"交易"过程的机会。①

三

南冠人是表面秩序的积极追求者。只有在表面秩序下,他的越轨行为才能实现最佳的预期。

在南冠人群体中,人人都有追求表面秩序的企求,而特劳犯的企求更易于实现。特劳犯谙熟丛棘岛官方的规则和獬冠人的行为方式,并与獬冠人保持着良好且稳定的关系。他们从獬冠人手中获得了部分授权,这一方面使他们有了与其他南冠人进行"交易"的条件,另一方面也使獬冠人不会对他们的行为锱铢必较。

"交易"不仅存在于南冠人和獬冠人之间,事实上,这只是交易链的开端。南冠人之间的"交易"更为广泛,交易链错综复杂。监组长有可能支使监组内的南冠人为其洗衣叠被,而甘愿效劳者则获得诸如在食物分发等方面的照顾。阿维·施泰因贝格在《监狱里的图书馆》里也描述了类似的情形:

---

① Bargaining in Correctional Institutions: Restructuring the Relation Between the Inmate and the Prison Authority, *Yale Law Journal*, Vol.81, No.4, 1972, pp.726－757.

我（监狱图书馆职员）让肥猫（被监禁者）处理这些要求。肥猫把这些书藏起来，用来做些小交易，出于某些私心，我对肥猫的做法装作没看见。我们有些互利的安排。①

南冠人之间的"交易"破坏了丛棘岛官方的规则。獬冠人哪怕睡着了，也知道"交易"正在哪里发生，但獬冠人容忍了这些轻度的违规行为，他有限的精力和信任情感不容许他们对南冠人所有的违规行为一查到底。

四

獬冠人与南冠人之间形成的表面秩序是最典型的表面秩序，是其他表面秩序（南冠人之间存在的表面秩序或獬冠人展示给丛棘岛官方的表面秩序）的源头。

獬冠人手中的资源不足以完成丛棘岛官方交给的所有事务，他的变通才能让丛棘岛官方满意，也能使自己立于不败之地。另一方面，南冠人只有通过獬冠人才能捕捉违反规则的最佳时机。

獬冠人与南冠人之间的信任建立在具体的个人之间，如果双方彼此陌生或生疏，南冠人则不敢轻易冒此风险，哪怕是一次很轻微的越轨行为。

南冠人在生活区里可以自由行走，但他不被允许超出丛棘岛官方划定的警戒线。值守期间，值守的獬冠人全面接管值守范围内的所有监组。南冠人非常留意观察值守的獬冠人，这关系到他是否做出越轨

---

① ［美］阿维·施泰因贝格：《监狱里的图书馆》，陈体仁译，上海三联书店 2014 年版，第7 页。

　　　　　　　　丛棘岛映像——越轨行为在监禁社会的表现与规制

行为的决定。

如果值守的正是已建立信任的獬冠人,那他就有可能把握这个难得的机会。他要到另一片生活区与他的同乡会面,这是规则不允许的行为,但他觉得值守的獬冠人不会拒绝。彼此的信任关系是他做出这个决定的筹码。事实上,这个值守的獬冠人也没有对他的越轨行为进行干预。因为此时的干预必然影响稳定的信任关系。更何况,他也没有足够的精力来执行所有严格的规定:

> 尽管有严格的规定,但许多罪犯仍然一直在说话。晚上,罪犯在监房里大声的说话是难以禁止的,因为值班的看守只有两个或三个,而他们必须面对五百名罪犯。[1]

南冠人跨越了警戒线划定的物理格子,也突破了官方规则的无形网格,但是南冠人不仅很好地把握了时机,也很好地拿捏了尺寸。他不会在跨越警戒线的同时,继续违反其他规则。如果真是如此,獬冠人将不得不进行干预,那么将使这个值守期变得紧张。

五

表面秩序在不同层面意味着不同需求的平衡。

在表面秩序下,南冠人扩大或突破了规则的网格,扩张了生存的空间;獬冠人对南冠人越轨行为的网开一面,留下了监禁生活的气息。日复一日的"讨价还价",使南冠人与獬冠人逐渐在某个点上达成平

---

[1] Donald Clemmer, The prison community, the United States of America Library of congress, 1966, p.194.

衡。他们变得相互依赖,虽然彼此的界线还是那样清晰。

南冠人之间彼此的"交易"违反了丛棘岛官方规则,但因为獬冠人的容忍,使南冠人的真实意图得以表达,表面秩序得以存在。南冠人尽力维持着风平浪静的秩序,这算是对獬冠人容忍的报答。"交易"形成的表面秩序,反哺着这样的秩序:

> 罪犯为矫正官员维持表面秩序,而矫正官员对轻微违规行为视而不见。①

对丛棘岛官方而言,丛棘岛的秩序至少应该在可见的地方保持它应有的状态:丛棘岛的运行平稳流畅;南冠人遵守丛棘岛最重要的规则;不需要动用武力来恢复秩序;没有突发的警报让獬冠人的上级从酣睡的卧室回到焦头烂额的办公室;不需要使用严厉的惩处来告诫肇事者,以回应媒体的聚焦与公众的质疑。这是丛棘岛官方与外界关注之间的平衡。

六

与表面秩序对应的是内在秩序。内在秩序是制度设计的理想秩序,是秩序的应然状态。表面秩序是制度运行的现实秩序,是秩序的实然状态。然而,秩序的实然状态并非都是表面秩序,表面秩序是实然秩序的异化,是一种无奈平衡,也是一种无奈的秩序:

---

① Bargaining in Correctional Institutions: Restructuring the Relation Between the Inmate and the Prison Authority, *Yale Law Journal*, Vol.81, No.4, 1972, pp.726 – 757.

虽然某些形式的"交易"被认为是监狱和其他机构里控制的基本方法……但从一个更大的角度看,就矫正机构的目标和罪犯的实际需要而言,私下交易导致功能紊乱。[1]

南冠人能一时拿捏好越轨行为的尺寸,但这不能保证他一直如此。轻度违反规则的行为,存在着向中度或重度违反的趋势。经验丰富的獬冠人其实也难以做到高枕无忧:"远眺风平浪静的海面,近看却暗涛翻滚。"

---

[1] Bargaining in Correctional Institutions: Restructuring the Relation Between the Inmate and the Prison Authority, *Yale Law Journal*, Vol.81, No.4, 1972, pp.726 – 757.

"后阳台"：探头后的死角

一

丛棘岛的建筑总是给人别样的感觉，也许是"先入为主"的印象在作祟，第一次看到丛棘岛的建筑，就觉得它阴森逼人，好像心理感觉要配合这眼前的建筑。和丛棘岛建筑相似的还有学校、医院、军队的建筑，这是集体居住建筑的基本样式。

南冠人居住的是一个长方形的建筑体，中间是两排背靠背的居室，靠窗的两边是两条走道。从平面上看，它是一个拉长的"回"字形。建筑体的两个端头，一边是连接各层楼面的楼梯口；另一边是洗漱与卫生之地，它就是"后阳台"。阳台一般能获得充分的阳光，但丛棘岛的"后阳台"不能顾名思义。丛棘岛"后阳台"的方位与朝向是由建筑的朝向决定的，有的能获得充分的阳光，有的却未必能达到普通阳台所具备的优点。因此，称其为"后阳台"，只能表明习惯性的叫法已大大超过了它的实际功能。

二

南冠人对另一个南冠人说："到后阳台去！"这不是一句普通的交

　　　　　　　　丛棘岛映像——越轨行为在监禁社会的表现与规制

流言语。这是两个南冠人言语交锋到白热化程度的终结性语言。这是言辞交锋的结束,却是行动开始的宣言,这意味着双方言语的不满正在从口角之争上升为肢体冲突!如果獬冠人听到这句话,必然会让他低着思考的头抬起,忙着干活的手放下。当然,獬冠人通常听不到这句话。

"到后阳台去!"这句掷地有声的言语明确了发起方要以武力解决纷争。在丛棘岛,南冠人敢于接受喊话,也被视为有勇气的表现。"到后阳台去"是去解决发起方和接受方两个人之间的恩怨,和其他南冠人没有关系,因此,其他南冠人也不参与其中。

两个人之间以武力比拼来决胜负,这种方式从纵向的时间上看,可以追溯到人类的起源;从横向的种类上看,可以扩展到人类以外的其他物种。所不同的是,人类的武力比拼以约定的方式与规则进行,以有别于其他物种决斗的形式在人类社会演化。人类社会中的决斗是预先商定了双方同意的规则,可以使用武器,也可以是徒手决斗。

严格意义上的决斗,起源于欧洲中世纪的骑士制度,并于"17世纪之后广泛盛行于西方上流社会成员之中"①。

南冠人对决斗场所的挑选,不亚于西方决斗中的程序安排。在西方决斗史上,场地的选择一直是决斗程序中耀眼的一环。1840年出版的《西方决斗史》中描述了神裁决斗时的场地安排,场地的选择在程序中显得非常突出:

这些野蛮的神裁决斗安排起来非常一本正经:像上述的决

---

① ［英］约翰·基甸·米林根:《西方决斗史》,苟峥译,中央编译出版社2012年版,"前言"第2页。

斗一样,场地经过挑选;一堆大火被点起来……①

　　南冠人选择"后阳台"决斗,并不是从礼仪的角度考虑"后阳台"
是否比前阳台更隆重,能否带来更多关注的目光。在丛棘岛,除了
"后阳台",没有其他地方更适合于私下决斗。在现代化的监控系统
还没被引入丛棘岛之前,"后阳台"是肉眼监视的盲区,南冠人选择
"后阳台"就是为了躲避獬冠人的劝阻与惩罚。他们把私下决斗的意
图暗含在可以公开的词汇中进行表达。"后阳台"这个在丛棘岛建筑
体中不起眼的方位,因此成了传递体力较量的秘密语言。

三

　　入岛之前,南冠人或多或少带着肉身之外的社会元素,如权力、身
份、地位、财富、荣誉……在丛棘岛上,肉身之外的浮华已经烟消云散,
可供南冠人相互较量和攀比的,唯有尘世的肉体与寄生其上的精神。
在没有身外之物可供较量的环境里,肉体力量的较量,很自然地成了
首选。丛棘岛里的决斗是个体之间所有较量和攀比中最原始和最古
老的较量,是没有其他选择的最后选择。

　　西方的决斗制度强调"个人在自己的名誉受到伤害而又无法寻
求法律的保护时,诉诸个人力量维护名誉的权利"②。它的前提很明
显,是公权力救济无法抚平个人的创伤。丛棘岛"后阳台"所发生的
一切不符合西方决斗的前提,公权力救济无时无刻不在南冠人头顶上

---

① ［英］约翰·基甸·米林根:《西方决斗史》,荀峥译,中央编译出版社2012年版,第20页。
② 见上书"前言"第4页。

盘旋，但是他们选择了逃离。

除了在最短的时间内决出胜负外，南冠人私下决斗还有建立"牌子"的动机。

南冠人私下决斗大都起因于琐屑之争。在自由社会微不足道的琐屑纠纷，在只有肉体与寄生其上的空虚精神看来，则是巨大的利益之争。这其实是无事生非的"面子"之争。他们要通过"面子"之争，建立起"牌子"之威。

在西方决斗史上，决斗主要不是为了杀死对方，而是以展示自己勇气的方式恢复个人名誉。"这种制度的核心是荣誉的观念，是一种高度仪式化的社会风俗。"①对此，贝卡利亚在《论犯罪与刑罚》中也有类似的论述：

> 这种习俗的基础在于某些人宁死不愿丧失的名誉。因为正人君子一旦失去了他人的敬重，就预示着将变成一个纯粹的孤立者。对于一个社会性的人来说，这是一种无法忍受的境遇，或者说意味着他将成为众人侮辱和羞耻的对象。②

南冠人之间的私人决斗大都是口角之后为了"面子"的意气用事，更能满足他们空虚精神对现实刺激的追求。"后阳台"的决斗虽然无法与西方决斗的荣誉观相提并论，但为了塑造威望和巩固地位的实质并未发生太多的改变。

---

① ［英］约翰·基奥·米林根：《西方决斗史》，苟峥译，中央编译出版社 2012 年版，"前言"第 4 页。
② ［意］贝卡利亚：《论犯罪与刑罚》，黄风译，中国大百科全书出版社 1993 年版，第 77 页。

四

　　南冠人的决斗当然是不允许的行为,而且是獬冠人坚决打击的对象,但它的生命力却和它的禁律一样顽强。"从 17 世纪早期起,决斗在欧洲通常已被法律禁止,但是微妙的是,它却被社会广泛接受和认可。"①这说明它在社会大众中具有深厚的心理基础。

　　在马斯洛看来,这是人的基本需要(安全或自尊需要)受到挫折的后果:

　　　　来自人类学方面的证据使我们完全有理由把人身上的破坏性以及那些恶意或残酷的行为看成是基本需要受到挫折或威胁而产生的继发性的和反应性的后果。②

　　獬冠人解决争端的规则,有其特定的程序,而大多以平和的方式进行。然而,南冠人认为,通过獬冠人来解决争端,既费时又不直接。程序所需要的时间,足以抹去暴怒双方被激起的斗性。这不能满足南冠人一决高下的急切需求,因此,在南冠人中间有一个心照不宣的约定——绝不向獬冠人报告在"后阳台"所发生的一切。

　　若有一方向獬冠人报告,这不仅会被认定为承认失败,更严重的是,他将被知情的南冠人耻笑,受到永久的排斥。程序的平和无法让

---

① ［英］约翰·基甸·米林根:《西方决斗史》,苟峥译,中央编译出版社 2012 年版,"前言"第 2 页。
② ［美］亚伯拉罕·马斯洛:《动机与人格》,许金声等译,中国人民大学出版社 2012 年版,第 111 页。

　　　　　　　　　　　　　丛棘岛映像——越轨行为在监禁社会的表现与规制

南冠人挥发在体内积蓄了许久的力量。南冠人的生理能量,给了他们决斗的冲动。

五

"后阳台"印记了南冠人肉体较量的身影,是丛棘岛内外肉体较量最朴素的样态。这是一个没有身外之物可供借助,唯有凭肉体的力量决出胜负高低的较量。

"后阳台"只不过是丛棘岛一处不起眼的物理空间,随着丛棘岛布局的调整,它已淡出人们的视野,但人类最原始的较量并未因此而消失,肢体冲突随处可见。

若干年后,肉体力量的较量在一个相似的环境下上演——高架。车辆的礼让之争演变为怒骂与竞逐,随着别停与超车,当两车推进到了高架这个特定的空间时,两辆车上的人同时下车,拉开了别有生面的一幕厮打。此时,攀比车辆的豪华与否,对于扑灭心中怒火已毫无裨益,于是肉体的较量成了最便利的方式。现代社会的交通规则一直在高架的上空盘旋,但似乎只有决斗的胜负才是对是非最好的评判。社会治安规则多少也藏于其心,只不过急于分出胜负的冲动像一剂安眠针让它沉睡不醒。邪恶的激情蒙住了理智的双眼,一切合理的规则皆在雪盲中消失,与邪恶激情相呼应的决斗成了行动唯一的向导。

虽然他们没有像南冠人一样特意逃离监视,但是为了面子与怨怒而意气用事并没有带来荣誉的增加却是不争的事实。他们在决斗时的邪恶激情,使他们忘记了自己的行为正在偏离理性的规则,使他们看不清自己的行为也正在向犯罪靠近。他们的忏悔告诉世人私自决斗代价的沉重。他们也因此面临入岛的窘境,一念之间竟是逍遥岛外还是身陷岛内的界线。

　　丛棘岛内外的决斗竟然如此相通——邪恶的激情常常视规则如无物。我们不得不钦佩约翰·基甸·米林根,他对西方决斗的研究与反思告诉人们,文明离我们还远。他对决斗所持的否定态度,是对决斗的批判,更是对轻佻的告诫:

　　　　我们可能会因为其中的残暴程度浑身战栗,也会因为我们目前的时代更加文明而欣慰,但是认真的反思使我们明白我们的欣慰是错误的:罪恶的事业和影响在一成不变地延续着——其行为同从前一样轻佻,其影响一样可耻而几近犯罪。①

---

① 　［英］约翰·基甸·米林根:《西方决斗史》,荀崢译,中央编译出版社 2012 年版,第 5 页。

　　　　　　　　　　丛棘岛映像——越轨行为在监禁社会的表现与规制

诈病：不愿真实地发生，却在真实地表演

一

诈，有欺骗和假装之意。诈病，即假称患病，而又挟藏着称病之外的意图。

倘若一个人身体不适，本人最先接收到来自体内的感触信息。因此，假称患病时，他们并未收到来自身体内部的信息。所以，他们必须假称患病，开始表演。诈病是为自己表演，但观众不是南冠人。他们希望獬冠人能成为自己的观众，而且能在欣赏他们的表演中陶醉。

对世人忌讳的疾病，南冠人为何要主动追求呢？南冠人诈病有明确的欺骗对象，也有尚未告知的目的。

诈病时，南冠人擅长把没病说成有病，把小病报成大病，这是一个"从无到有，以小称大"的把戏。他们的诈病像阴谋一样，只有到了最后才能真相大白。

二

在自由社会，治病求医是患者最为急切的诉求，这个急切带着真诚和恳求。然而，在丛棘岛上，南冠人诈病时的急切却带着狡黠与

诡计。

南冠人 03 - 01 - 289 - 03 入岛时的体检表明,他的身体健康如常。人们为健康祈祷,但他却为健康烦恼。因为与常人无异,他就没有正当的理由不参加丛棘岛上的劳动。

他对劳动有着天生的厌恶。他从小不喜欢体力劳动,用好逸恶劳来形容他似乎又过于简单。对于非体力劳动,他并不排斥。在体力劳动和非体力劳动之间,他觉得这不仅仅是劳动的差异,更是能力的区别。

入岛之初,他向獬冠人表达了他协助獬冠人管理监组的意愿。对于积极靠拢的南冠人,獬冠人当然很高兴。然而,协助管理的特定岗位毕竟数量有限,试图进入这类非体力劳动岗位的何止他一人。

时间在嘀嗒声中流走,他并未从獬冠人的眼神里看到希望。对于体力劳动的厌恶,使他对现状感到无可诉说的无奈。在无奈之中,他仍然想有所作为。

獬冠人看到了他消极的状态,宽慰和鼓励了他。但后来的事实证明,他或许从獬冠人的宽慰和鼓励中得到了短暂的精神安慰,但这无法阻挡他生理上的病情。

獬冠人也记不清楚从哪天起,他生病了。最初的病情比较轻微,逐渐地他的病情越来越重。

獬冠人与南冠人之间的交流,不仅仅讲究话语权的大小,也追求谈话的技巧。丛棘岛官方制定出一套与南冠人谈话的指导手册。獬冠人以此为基础,琢磨出了"个别教育谈话艺术"这样的专业。南冠人熟悉谈话的规则,不少人也善于琢磨谈话的内容和真实意图。獬冠人的宽慰在南冠人 03 - 01 - 289 - 03 看来是一个委婉拒绝的信号。

没多久,他已经无法行走。对于他的病情,獬冠人及时地介入,积极地治疗,但没收到预期的效果。既然无法行走,那他自然无法参加体力劳动,非体力劳动也不能胜任。

南冠人能否参加劳动,丛棘岛官方的评判依据是医学结论。这看似严密的逻辑,却也存在着裂缝。医学对人体的探测尚存在不可触及的领域,也无法对所有的检测给出量化的结果或可见的结论。医学领域不明确之处,成了南冠人诈病的最好切入点。不明确意味着,獬冠人对南冠人自报的病情不能轻易地做出肯定或否定的判断。

对于疾病,丛棘岛官方秉持"救死扶伤的人道主义精神"和"及时救治"的谨慎态度。在南冠人患病状态不明确时,丛棘岛官方出于人道主义和谨慎态度,坚持"疑病从有"的原则。

在"疑病从有"的原则下,由于病情不明确,丛棘岛官方无法提供药物,但仍然要确保自报患病者休养所需的时间。

这是个可以被南冠人公开利用的空间。

三

诈病是一个虚假表示的计谋,南冠人自报患病只是计谋的开始。撒谎容易圆谎难,诈病对于南冠人而言,既考验智力,也考验忍耐力。

南冠人 03 - 01 - 289 - 03 在诈病上的表演简直天衣无缝。丛棘岛官方禁止南冠人使用绰号,但绰号与粗话一样不时地从他们的口中蹦出。不知何时开始,南冠人按照他的瘫痪状态,给他安上了"瘫子"的绰号。他倒也不以为然,也许这正是他想要达到的目的。

从自报患病开始,他的病情和体重呈反比例发展,病情日益加重,身体日渐消瘦。也许他在如何减轻体重上有祖传的秘方,倘若真是这样,他回归到流行减肥的自由社会倒也不愁谋生的出路。

从棘岛官方一直在关注他的病情,獬冠人为他的病情不停地奔波在问诊和复诊的路上。

这又是一次没有进展的就诊,两个獬冠人带着他从岛外医院返回。由于路途遥远,他们中途停车进餐。

这是一个固定的停靠点,也是一个流程式的操作。獬冠人和司机下车,南冠人留在车上。在岛外,南冠人不能轻易与社会大众接触,以免引起他们的不安或围观。

不管病情如何,此时都必须给南冠人戴上手铐,这是丛棘岛官方的铁律,也是对教训的铭记。南冠人 03-01-289-03 不止一次地在这里停留过,每次獬冠人返回车上的时候,这个"瘫子"都安静地等待獬冠人带回的食物。

獬冠人像以往一样给他戴上手铐,并固定在车窗栏杆上。"瘫子"是不会行走的,这是獬冠人和司机在潜意识里的共同判断。看到他"瘫痪"的状态,獬冠人放下了最后一丝警惕。

中途停靠点在一个小镇上,过了这个小镇就再也没有像样的地方可供停靠,那将既错过饭点,也错过饭店。这是一个獬冠人非常熟悉的小镇,他们常来此处采购,也顺便放松心情。今天,他们有公务在身,不敢久留。他们以最快的速度返回,当他们打开车门时,他们的共同判断刹那之间被摧垮——"瘫子"不见了。

这是一次粗心大意的停留,也是一次临时起意的脱逃。

四

南冠人 03-01-289-03 诈病的初衷只是不参加体力劳动,从没有脱逃的念头。他知道自己是诈病,无人在旁的时候,他可以自由地

丛棘岛映像——越轨行为在监禁社会的表现与规制

行走,却也从未奢望过有如此美好的脱逃机会。

他被铐在车窗的栏杆上,没多久手臂的酸胀感从神经末梢传来,他像往常一样动了动手臂。一个偶然的旋转,他感觉到他的手掌几乎可以从手铐中抽出。他尝试了几次之后,他断定自由几乎就在眼前了。

这是一个意外的惊喜,他还没准备好该如何对待。留给他的时间并不多,他曾经在等待獬冠人返回时,测算过单独在车上的时间。他快速而仔细地环视了车内,他在寻找更加有力的因素,来支撑他的行动。他看到车子的钥匙原封不动地插在车上。这是另一个有利的因素,他觉得可以放手一搏了,这是从未出现过的良机。他从手铐上抽出双手,从钥匙孔上拔下车钥匙,从背对停靠点的侧面车门下车。他以未经预谋的方式消失了。

这次临时起意的脱逃表明,只要有机会南冠人都想离开监禁社会。此时的逃脱并没有周密的计划,只有一闪而过的念头。

南冠人 03‐01‐289‐03 盘算着,带走汽车钥匙,獬冠人便无法立即驱车追捕,也无法及时与岛内取得联系,获得警力支援。这个给他留下足够时间的因素,坚定了他的临时起意。

从他的番号可以看出,他在第 3 管区第 1 组是"隐瞒犯罪所得罪"第三人。从诈病开始,他表演了三年。这三年来他隐藏得很完美,这可能也和他的罪名有关——不管是隐藏物,还是隐藏人,他都达到了专业的水准。现在,他终于不用再伪装了,他如释重负。曾经有过好几次,他差点露出了诈病的破绽,是他的及时反应帮他把即将演砸的戏又接回剧中。

虽然他打了很好的算盘,但三天后他在一个山洞里被獬冠人抓获。回到岛内他不再表演了,做回了真实的自己。他在丛棘岛上的生活发生了很大的变化,唯一不变的是他的绰号。他已经行走如常,但南冠人对"瘫子"这个称呼的喜爱有增无减,这也许是习惯,也许是讥笑,也许是对他那三年表演的纪念。

五

丛棘岛上,曾经有过一个和 03‐01‐289‐03 极其相似的案例,但表演的结局却代表了诈病两种不同的走向。

这个南冠人的番号是 05‐08‐082‐01,他诈病的情形与 03‐01‐289‐03 如出一辙。

若不是他在扑克牌游戏中过于专注,他的诈病还可以一直表演下去。

丛棘岛官方对南冠人的游戏种类有明确的规定,扑克牌以它的便捷性和普及性进入南冠人的生活。如果在游戏中加入筹码,则被视为赌博,那就变成丛棘岛官方所禁止的行为。

南冠人 05‐08‐082‐01 一直热衷于博弈游戏,筹码是他天然的兴奋剂。他熟悉岛外流行的各类智力游戏,扑克牌也在其中。

他虽然患病,但这丝毫不影响他参加扑克牌游戏。他所患的是肢体上的疾病,而他的智力健全如初。他的牌技似乎比患病之前表现得更加娴熟:他不参加劳动,白天养精蓄锐,晚上以逸待劳。

獬冠人对于他的病情虽然有所怀疑,但在医生那里却得不到确凿的凭据。獬冠人改变了直接证明的方案,打算欲擒故纵。

南冠人 05‐08‐082‐01 并不知道,他早已被獬冠人的各类方案所包围,只等着他破绽时刻的到来。

夜幕降临,南冠人已经从劳动区回到了生活区。和往常一样,南冠人 05－08－082－01 和他的牌友们又开始在牌桌上驰骋。据南冠人说,在欢娱时间里他们可以暂时忘记自己身陷囹圄。心理医生说这是缓解压力的一种方式。

他后来在劳动时常常后悔自己那晚在牌局上的意气用事。牌局出现争论是常有的事。以往他赢多输少,所以当争论出现时,他总是表现得比较平和。那晚他的手气特别差,几乎没赢过,他认为这是对于他牌技的侮辱。

当再次出现牌局上的争论时,他再也按捺不住自己内心的怒火,因为这个争论的输赢关乎这局游戏的输赢。看来他是动了真气。据说真气是真元之气,是生命活动的原动力。他是那么痴迷于这个游戏,当然值得提起真气去争论输赢。他没想到的是,真气不仅扩大了他在争吵中的声音,居然也把他顶了起来。他就这样在众目睽睽之下站了起来。他站起来是个奇迹。因为医生没治好他,而扑克牌游戏让他恢复了常态。

这个奇迹当然没逃出獬冠人的眼睛,獬冠人一直在等待这个刺破谎言的奇迹。

他番号中的 082 表明,他是因走私普通货物罪入岛。他入岛后干出的最令人印象深刻的事是让自己无法行走,而后在某个时刻又私自地走起来。他的一不留神,摧毁了他"娇嫩而脆弱"的表演:

> 我们必须留意,表演所建立的现实印象是娇嫩而脆弱的,任何细微的失误都有可能将其摧毁。[1]

---

[1] ［美］欧文·戈夫曼:《日常生活中的自我呈现》,冯钢译,北京大学出版社 2008 年版,第 45 页。

六

　　疾病本没有界线,但丛棘岛内外的人们对于治病却持着迥异的态度。对于疾病苦楚的态度是区分真病与诈病的分水岭。

　　疾病是发生在生理或心理上的不正常状态,产生痛苦,带来折磨。因此,正常状态下的人对于疾病避之唯恐不及。后来,人们对治病场所也讲究避让。这有避免被传染的缘故,也是人们对于疾病的态度从生理痛苦到精神畏惧的延伸。

　　常人对于疾病或躲避或驱逐,这是真实的意思表示。若常人对于疾病是持着或祈盼或渴求的态度,那是虚假的意思表示。真实的患者对疾病的态度,必然是"既已病,速求医",他不求病,而求医治。诈病的患者对疾病的态度是"虽已'病',不求医"。当然,他也不是在求病,而是在求病的名义。

　　不管是真实的意思表示,还是虚假的意思表示,对于疾病,常人都是持排斥的态度。若对疾病的渴求是真实的意思表示,那只能说明这个人非常人。

　　患精神类疾病的南冠人是不会诈病的,他全部或部分地失去了对自我意识的控制,他表现的是没有遮掩的意思表示。更何况,在常人看来他没有诈病的必要,因为他已经病了。

　　南冠人不是为了诈病而诈病,他试图以患病的名义实现他真实的意图:逃避劳动或逃离丛棘岛……

　　戈夫曼在考察"设得兰岛"时也发现了人们对疾病的利用。那里没有因年老而不能工作的概念,因此,年老的佃农要从艰苦的工作岗位上退休也得假装有病。医生的诊断只针对可见的疾病,对于内在的

不可见的疾病,年老的佃农倒希望医生不要妄下结论:

> 人们认为,岛上的医生应该承认这一事实:没有人能够确定
> 是否有疾病隐藏在人体内;因而,医生应该像人们预期的那样,识
> 相地将他们毫不含糊的诊断只限于外表可见的疾病。①

　　人道主义原则为诈病提供了可以避雨的"屋檐"。诈病者声称的
疾病,如果在医学上没有明确的诊断结论,丛棘岛官方便只能观察而
不能轻易处理。否则,有可能陷入被动的局面。
　　诈病是南冠人实现真实意图的最好的理由,也是最安全的借口。
医学的局限和人道主义关怀原则是诈病者隐秘目的最好的依托,也是
他可以公开表演的外壳。

七

　　诈病是可以被追溯的表演。
　　南冠人诈病在被揭穿之前,即使獬冠人有所怀疑,也只能认定其
疑似有病,揭穿骗局时才能将疑似有病定性为诈病。如果从揭穿时起
算诈病的日期,那是对诈病行为的纵容。因此,诈病的起算日期,当然
追溯自南冠人自报患病时。这不是简单的时间追溯,这同时是对南冠
人在诈病期间计分考核、分级处遇、司法奖励、物质奖励、治病费用的
梳理与重新认定。
　　诈病是对丛棘岛官方规则的挑衅,这样的行为必然受到规则的严

---

① ［美］欧文·戈夫曼:《日常生活中的自我呈现》,冯钢译,北京大学出版社 2008 年版,
　第 191 页。

诈病: 不愿真实地发生, 却在真实地表演

175

厉评判。对于诈病期间相关情况的梳理与重新认定,丛棘岛官方丝毫不放松:

(一)诈病期间的计分按最低等级计算,所获得的多余分数予以扣除。

(二)诈病期间所得的司法奖励予以撤销。

(三)诈病期间给过的处遇,可追回的部分予以追缴。

(四)为医治所诈之病产生的医药费,由其自理,限期交还丛棘岛官方。

不仅如此,还有针对诈病行为的惩处。被确定为诈病行为后,南冠人的等级和处遇将降至最低,并在 18 个月内不得调整,这是指向未来的惩处。

南冠人诈病的目的是获得岛上生活的一份轻松,但却承受着内心的谴责与圆谎的压力。这正是獬冠人揭下他们诈病面具的契机:

> 如果我们不愿让具有某些身份符号的表演者得到他想要得到的特定待遇,那么我们总会很容易地抓住他符号铠甲上的破绽,从而怀疑他的真实意图。[1]

---

① [美]欧文·戈夫曼:《日常生活中的自我呈现》,冯钢译,北京大学出版社 2008 年版,第 48 页。

丛棘岛映像——越轨行为在监禁社会的表现与规制

保外就医：从人文关怀到非暴力"越狱"

一

保外就医中的"保"是担保，"外"是岛外，"就医"是看病、治疗。因此，保外就医的字面意思是南冠人有担保地在岛外看病和治疗。南冠人的家属是取保人，在保外就医成功后成为担保主体。财物不能成为保外就医的担保物，所以，保外就医中的"保"是人保，而非物保。

在丛棘岛，保外就医并不适用于所有的南冠人，只适用于无期徒刑、有期徒刑和拘役这三类刑种。因此，被判处死刑缓期二年执行的南冠人，毫无疑问，不在此列。

保外就医的时间长度为 6 个月至 12 个月，但南冠人的病情若尚未好转，可以续保。保外就医期间计入执行刑期，即保外就医于岛外的时间算作刑期执行的时间。因此，保外就医在更深层意义上是刑罚执行方式的变更。明确地说，是执行场所的变更，以及由此带来的附加值的大幅度上升。在岛外接受医治期间，南冠人不再接受丛棘岛上的严格管理。这种空间的置换，使南冠人身处与岛内截然不同的人文和自然环境。

二

南冠人离开丛棘岛不外乎以下五个"通道"：

（一）服满入岛时携带的所有刑期（这当然包括变更引起的原判刑期的缩短）——刑满释放。

（二）因为表现良好而附带条件地提前出岛——假释。

（三）出于重病、哺育婴儿等原因暂时离岛——暂予监外执行。

（四）还有鼎鼎有名的惊险离岛——越狱。

（五）最后是悄无声息地横着出岛——死亡。

这五个离岛方式所需的时间长短不一。刑满释放和假释所附的条件包含了漫长等待的时间。越狱的风险最大，面临死亡或加刑的更大风险。横着出岛时，生命已经终结，何时离岛已无生者期待的含意。暂予监外执行的对象可以归纳为三种：第一种是患病严重者，第二种是怀孕或正在哺乳自己婴儿的妇女，第三种是生活不能自理者。第一种情形就是人们通常所说的保外就医。保外就医是可以及时离岛而无越狱风险的出岛方式。因此，保外就医进入了患病和看似患病的南冠人的视野。

保外就医是生物性与社会规则发生冲突时，生物性优先的体现。这在规则主导一切的丛棘岛上，绝对是一个理由充分的例外。这个理由的理由是生命与健康至上的人道主义。

保外就医挽救过南冠人垂危的生命，即使回天无力，也捕捉住他与家人相见的最后时刻。这时保外就医的规则闪耀着人性良善的初衷，但与此同时，一股由人性邪恶掀起的旋风正在入侵。

三

对自由的向往使南冠人从没停止过提前离岛的尝试,他们利用保外就医逃离丛棘岛是对越轨行为的另一种诠释。

在所有能离岛的"通道"中,番号08-11-387-05的南冠人对保外就医有天生的亲切。从这个番号可以看出,他是因贪污而进入第11组的第5名南冠人;从他的排序可知,贪污在那个时代的蔓延与流行。他曾经是一名医生,凭借自己精湛的医术逐步走上管理岗位(岛外社会喜欢称之为领导岗位)。他的欲望随着职务一起膨胀,当他在医院院长的岗位上大显身手的时候,他的情欲也发展到了新的境界——他包养了情妇。

据说当时的岛外社会流行一种职业,执业者们游离在一夫一妻制的边缘,穿梭在不同的阶层之间,服务于不特定的雇主,美其名曰"情妇"。维系情妇关系的基础是金钱,抑或权力,而绝非"感情",因此,称其为"钱妇"或"权妇"也许更贴切。不管情妇是多么名不符实,但不分权位、财富、阶层的各色人等(有高官巨贾,当然也有非官非贾),有好情妇者,皆愿倾其所有,以养情妇。

南冠人08-11-387-05先是倾其所有以维持情妇之情。囊中羞涩后,他又倾医院所有以博情妇之悦。情妇是一个让人甘愿受骗而绝不会招致投诉的行业,南冠人08-11-387-05甘愿受骗后,又欺骗了自己掌管的医院。最终的代价是他被迫离开自己擅长的岗位,进入了丛棘岛。

他无法接受自己入岛的现实,挫败之后的焦虑让他骚动不安。似乎只有快速的离岛,才能找回失去的成功。保外就医是他可以从容应对的通道。他运用高超的医术让自己达到高血压Ⅲ期的表症,他在医界的人脉使他顺利得到了医院出具的病残鉴定。接下来的每一步都顺理成章,他按计划离开了丛棘岛。

四

病残鉴定是保外就医制度中的关键环节,也是最容易出现偏差的转折性环节。病残鉴定使医院与丛棘岛建立了一种联系,就丛棘岛官方而言,这增强了监管南冠人的力量;就医院而言,这是一种权力的扩张。在丛棘岛引入医院,除了引入更专业的技术外,更是为了防止权力的滥用而增设的分权与监督机制。然而,理论上的相互监督,在现实中存在联手或互相推诿的可能。

保外就医不是丛棘岛官方可以单独决定的事项,也不是南冠人可以单独实现的目标,南冠人正是在这多头牵制中找寻突破的起点。对于丛棘岛官方而言,他所做的保外就医决定,依据的是医院出具的病残鉴定。对医院而言,只出具病残鉴定,而不做保外就医的最后决定。双方对于责任所持的撇清态度,正好给了觊觎保外就医的南冠人可乘之机。两个机构的僵硬(也许是人为的有意僵硬),留给灵活的蠢蠢欲动者以容身而过的间隙,这是留给制度制定者的一个算不上僵硬的问题。

五

若不是一场意外的交通事故,南冠人08 – 11 – 387 – 05 的保外就医也许能让他如愿地在岛外度过剩余的刑期。然而,作为交通事故的当事人,他的行踪暴露了他身体的真实状况,他重新回到了丛棘岛官方的视野。正如卡伦·霍妮在《我们内心的冲突》中所言,谎言让他陷入了混乱与复杂:

> 一个谎言常常导致另一个谎言,第二个又需要第三个来支持,以此类推,直到陷入混乱复杂的蛛网中,这是司空见惯的事。①

依据保外就医的规则,南冠人出现以下三种情形之一,立即被取消保外就医:

(一)重新违法犯罪。

(二)采取非法手段骗取保外就医。

(三)经治疗疾病痊愈或者病情基本好转的。

他完全符合第二种情形,不仅要立即返回丛棘岛,而且保外就医期不能计入已执行的刑期,他的刑期回到了保外就医前的原点。

他曾经是肉体的救治者,却在肉体的纵情中堕落。丛棘岛给了他找回灵魂的时间与空间。没想到,灵魂出窍让心魔主宰了内心,他在灵魂的救治中被心魔驱离得更远。

六

保外就医的初衷是使患病的南冠人得到及时的治疗。它彰显了人道主义精神,展示了丛棘岛严肃之外的可亲。然而,在高尚的旗帜

---

① [美]卡伦·霍妮:《我们内心的冲突》,杨柳桦樱译,台海出版社2016年版,第91页。

下,容易混杂着鄙俗的目光。保外就医的规则成了"以保代放"、逍遥法外的合法公开的外壳,内里是逃避监禁刑惩罚这个大胆而又无法无天的想法。

采取非法手段骗取保外就医和诈病,两者从表面上看很相似,都是以病为由欺瞒丛棘岛官方,以获取不法利益,但是在表现特征上却不一致:

其一,目的不同。采取非法手段骗取保外就医只有一个目的,即逃避监禁惩罚;诈病的目的多样,诸如逃避劳动、逃避监禁惩罚、设置交流障碍……

其二,对疾病诊断结果的心理趋向不同。采取非法手段骗取保外就医要努力使自己所报的疾病达到《保外就医疾病伤残范围》中规定的标准。诈病则相反,要使自己所报的疾病,在医学检查下得不到明确的结论。否则,就构不成诈病。

在所有的离岛方式中,保外就医所需的时间最短。因此,如果能骗取保外就医,那可谓性价比最高的离岛方式,但这样的离岛终究违反了丛棘岛官方的规则,有如越狱,因为它不使用暴力手段,因此可称之为非暴力"越狱"。

丛棘岛官方和南冠人视角的不同,决定了在保外就医制度中两者所关注的不同重点:丛棘岛官方以人道主义为重,南冠人却看中了人道主义这层外衣。这让丛棘岛官方不得不时刻警醒:"保外就医的人道主义,时刻存在着非暴力'越狱'的风险。"

违禁品：藏着越轨甜蜜感的分外收获

一

违禁品，这是一个让人觉得沉重而又严肃的词。"违"是物质欲望冲破藩篱的表达，"禁"是藩篱对欲望的规制，"品"仅限于物品。物与人分属于不同的序列，所以，违禁品不包含人。"违禁品"的体积受"违禁"的影响通常控制在易于躲避獬冠人检查的范围内，因此，违禁品中没有大物件。

违禁品是丛棘岛官方禁止南冠人生产、持有、传递、藏匿、使用的物品。然而，"违禁品"在岛上的需求从来不因为管控而下降，反而因为严禁而受到追捧。

南冠人是违禁品的持有者，獬冠人是违禁品的管控者。南冠人对违禁品的态度是不可持有却欲持有，獬冠人对违禁品却是持着难以禁绝而又必须禁绝的态度。

二

在丛棘岛上的某个时期，对南冠人不可持有的物品曾有"违禁品"和"违规品"的区分。这对南冠人而言，并没有太大的区别，这些都是他们朝思暮想的物品,而被查处后同样要受到惩处。獬冠人对"违禁品"和"违规品"的查处持一样坚决的态度,在两者之间保持一视同仁的态度。

"违禁品"和"违规品"真正的区别是它对丛棘岛可能产生的危害,这取决于物品本身而无关管控的制度。丛棘岛官方依据危害程度,对持有"违禁品"和"违规品"行为作出轻重有别的惩处。

"持有"不是南冠人冒着风险占有"违禁品"的最终目的,"持有"并不能让违禁品发挥效用,也不能给南冠人带来利益。从语义上看,生产、持有、传递、藏匿和使用有明显的不同,但是丛棘岛官方还是谨慎地区分生产、持有、传递、藏匿和使用的递进关系或轻重程度,这既说明他们对违禁品的高压态势,也表明了他们长久之治的态度。

对违禁品持有的认定并不需要严格到对违禁品的直接支配。在丛棘岛上,很多违禁品在未被使用时,通常游离在直接支配之外。这是南冠人逃避獬冠人检查的伎俩。所谓的游离是对违禁品的间接持有,虽非直接支配,但也非失去控制。藏匿是间接持有的典型表现。

三

从违禁品种类的繁杂可以看出南冠人的物欲横流。

南冠人有增无减的欲望,让人感到难以疏导,从中可见生物性的顽强。尽管如此,丛棘岛官方对违禁品的归类和梳理仍然可以清晰而详尽。

丛棘岛上的违禁品与岛外社会的发展保持同步。从冷兵器时代到热兵器时代,违禁品的危险度提升了若干等级;从农业社会到工业社会,违禁品的构成发生了从原始天然到人工合成的变化。物质文明的发展与变化在丛棘岛上留下了深深的痕迹。

丛棘岛官方公布的违禁品目录见证了物质文明的发展,也见证了南冠人物欲的延伸。丛棘岛官方的违禁品目录收纳了12个种类的物品。

(一)冷兵器:刀、刃具等利器,棍、棒等钝器,玻璃制品,陶瓷制品,绳索、梯子、绝缘体等攀爬物品。

(二)热兵器:枪支、弹药、雷管、炸药等。

(三)危险品:火种及可用作点火的可燃物品,易燃、易爆、剧毒物品。

(四)伪装品:军警制服、便服、假发、饰品、身份证件。

(五)货币与有价凭证:现金、首饰,充值卡、银行卡、存折和有价证券等有价凭证。

(六)电子产品:移动电话等带有通信功能的电子产品,电脑、移动存储介质、数码影音播放器等电子产品,照相机、摄像机等电子产品,短波收音机。

(七)烟酒类:烟、酒、酒精饮料。

(八)保健医药品:保健品、药品。

(九)淫秽宣传制品(性感观体验类):淫秽书、刊、音像制品。

(十)反国家的宣传制品(反国家的精神控制类):危害国家安全的书、刊、音像制品。

(十一)毒品(摧残肉体与控制神经类):鸦片、海洛因、冰毒、吗啡、大麻、可卡因以及政府管制的其他能够使人形成瘾癖的麻醉药品和精神药品。

(十二)转化生成类:从劳动工具、生产或生活原材料、半成品、成品加工而生成上述物品;离开固定区域而出现在其他区域的物品,如劳动工具出现在生活区域,即为违禁品。

一个物品由于明显的或潜在的危害,而被丛棘岛官方列为违禁品。违禁品可以危害持有者,也可能危害他人,危及丛棘岛官方的监管秩序。在南冠人离岛后,它的危害还可能延续到自由社会,甚至国家利益。

冷兵器、热兵器、危险品、伪装品、货币与有价凭证、电子产品、烟酒类、保健医药、淫秽宣传制品可能危及自己或他人的人身安全,危及丛棘岛的秩序。

毒品的危害犹如它的名字一样直接而又令人生畏。如果只谈论对身体机理的危害,那它的危害还仅限于吸毒者本身。毒品的危害还在于从吸毒者扩大到对家庭和社会的危害。

危害国家安全的宣传制品,它的危害则上升到国家利益的高度。

违禁品危害的严重性把自己推入了计分考核体系,也让丛棘岛官方在防控上体现出了无穷的智慧。

四

南冠人对违禁品的猎取展示了永不休止的物质欲望。

尽管丛棘岛官方对违禁品一直保持高压的政策与严厉惩处的势态,南冠人也从未停止猎取违禁品。"物以稀为贵"的市场规律,抑或猎奇心理都能解释他们的执着。他们表现出了"虽不能得,心却不死"的顽强。

丛棘岛官方对违禁品采取"既防止又控制"的策略,即在源头上堵截,在过程中查抄。在查抄与反查抄上,獬冠人与南冠人针锋相对。

南冠人 03 - 01 - 068 - 01 是炊场的厨子。因为他掌勺,所以他不是一个普通的厨子。炊场是南冠人的厨房,所有南冠人的饭菜都是从炊场发出,这个厨房不是一个房间,而需要一整栋楼才能发挥它的功能,因此厨房升级为炊场。

在丛棘岛官方的行政职能划分中,炊场属于埋头苦干的后勤保障,但它却是南冠人的饮食中心。被挑选进炊场的南冠人或是在饮食上有独特的见解,或是在烹饪上有一技之长。

在炊场中,南冠人03-01-068-01具有独特的地位,就像他手中的铲勺比碗盆更加重要一样。他的铲勺为他赢得了南冠人的尊敬,也赢得了獬冠人的信任。

不知从哪天起,南冠人03-01-068-01从炊场返回生活区时手里总是拿着一瓶可口可乐。这是瓶塑料瓶装的可乐,因此,从外往里看,可乐清晰可见。进入生活区,按照惯例南冠人都要接受獬冠人的检查,检查的重点是他们携带的物品。这个检查的意图很明显,就是拦截违禁品。炊场是丛棘岛上利刃刀具最密集的地方,潜藏着巨大的人身伤害威胁。丛棘岛官方在防控这些利刃刀具上设下了重重关口。

可口可乐在丛棘岛上是允许消费的饮料,有些南冠人在可口可乐中能寻找到自由的感觉。因此,可口可乐在岛上的普及度很高,一直处于饮料消费的领跑地位。可口可乐在岛上受到青睐是一个不争的事实,它不能排除在检查之外也是不变的逻辑。在检查的标准中,它和其他物品一样,没有特例。

南冠人03-01-068-01手中的可口可乐最初接受检查时,獬冠人要求他拧开盖子,以气味来判断它是不是表里如一。

在獬冠人的印象中,南冠人03-01-068-01手中的可口可乐从来没有改变过它应有的气味。

天气在很偶然的时候改变了事态的发展。在一个瓢泼大雨的傍晚,南冠人返回生活区的检查正在紧张地进行。当轮到南冠人 03 - 01 - 068 - 01 时,他正在拧开手中的可口可乐,瓶盖拧到一半时,獬冠人就示意他进入生活区。这个示意是人性关怀,大雨正不断地淋湿后续的南冠人;这个示意是獬冠人基于以往的判断而对他形成的信任。然而,这正是南冠人 03 - 01 - 068 - 01 想要得到的特定回应:

> 有时,个体会按照一种完全筹划好的方式来行动,以一种既定的方式表现自己,其目的纯粹是为了给他人造成某种印象,使他们做出他预期获得的特定回应。①

时间消磨了人们对工作的新鲜劲,产生了对经验的依赖。从那以后,獬冠人与南冠人 03 - 01 - 068 - 01 形成了一个默契,即在门口检查时,南冠人举起手中的可口可乐,并摇晃出气泡。獬冠人通过观察色泽和气泡来判断它的真实性。偶尔獬冠人也会让他拧开瓶盖,但那时已不再去闻可乐的气味了——拧开瓶盖成了检查中的一个动作。

时间隐藏了诡计,时间也让诡计暴露。在丛棘岛上,每一个管区相对独立,在管区的进出要道上设置了一个专门的岗位——门岗,门岗是管区通往外界的咽喉,因此,由獬冠人专门值守。对南冠人的检查就安排在这进出的关口。清点进出的人数和检查南冠人是门岗的职责,但是检查南冠人通常由负责带队的獬冠人实施,门岗里的獬冠人从旁辅助,辅助的内容包括不引起南冠人注意的目视检查。

白天的门岗通常由同一个獬冠人值守,所以相对固定。他也因此有机会观察进进出出的南冠人,在他的脑海里进出的每个人的形态是

---

① ［美］欧文·戈夫曼:《日常生活中的自我呈现》,冯钢译,北京大学出版社 2008 年版,第 5 页。

　　　　　　　　　丛棘岛映像——越轨行为在监禁社会的表现与规制

一条完整的动态链,从过去到今天。南冠人有无变化在其他獬冠人的眼中因为没有比较难以察觉,但在他的脑海中存储的形态是最好的参照。

他观察南冠人03-01-068-01手中的可口可乐很久了,南冠人03-01-068-01和可口可乐成了他进出时的标准形态,可口可乐成了他的标志。如果哪天他手中不拿可口可乐了,反倒令人觉得反常了。

南冠人03-01-068-01进出管区时从未"中断"过手中的可口可乐,保持了他形态的连续性,但门岗里的獬冠人不可能不退休。

如果不是门岗换了新来的獬冠人,南冠人03-01-068-01还将一直喝着可口可乐。在众人习以为常的时候,逆向思维才是揭开真相的真正法宝。新来的獬冠人力排众议,认为非常有必要对南冠人03-01-068-01手中的可口可乐取样检测,而不是简单的闻味观色。虽然也有獬冠人认为这无异于现状的改变,但管区最后采纳了他的建议。

检测的结果维护了逆向思维的权威,令定向思维无地自容。南冠人03-01-068-01手中的可口可乐不是饮料,也不是酒精饮料,而是严格意义上的酒。与炊场的南冠人朝夕相处的獬冠人以及门岗里长年不变的獬冠人,在长期的机械操作中形成了定势思维,这堵塞了他们逆向思维的源头,而新来的獬冠人没有这个思维上的包袱,一击即中,正可谓旁观者清。

五

南冠人03-01-068-01从少年时就爱上了酒,他对酒的喜爱与年龄一同增长,酒对他的控制也与日俱增。从棘岛禁酒的生活,对他而言是毫无生机的生活。他感受不到酒带来体感放松的快乐，无法获得酒后思绪的自由飞翔，无法在酒后暂时逃避现实的困顿……

他要喝上酒，这是那时的他在岛上最急切的愿望。他当然不满足于可口可乐的气味，但他不能不依靠可口可乐，他要利用可口可乐作为掩护，来实现他过足酒瘾的计划。于是，他开始营造一种定势的形象，他每天总是带着可口可乐进出生活区。

比起从岛外输入，在岛内直接生产酒对他来说更容易攻克。他在炊场酿酒已经很长时间了，瓜果厨余中隐藏着丰富的造酒原料，只是其他南冠人还没发现这个宝藏。南冠人番号中的068表明，这是生产不符合安全标准的食品罪。他的入岛原本就与食品生产有关，因此，酿酒对他来说实在是一个不值得夸耀的本领。他在炊场中酿造了酒，但是他不能在炊场里过瘾，那是他劳动的地方，也是劳动的时间。这里既没有适合饮酒的时机，也无法营造喝酒的情境。在炊场中酿酒，他偶尔也品尝一番，但那种品尝不是酿酒的最终目标——过瘾，而是纯粹的试验，即对酒的颜色、气味和酒精度的一次次调整。

他最大限度地降低了自酿酒的气味，而在颜色上无穷相似地模仿可口可乐。比起气味和颜色，酒精度更为重要，这是他给自己酿酒设定的最为核心的指标，也是衡量他酿的是酒还是饮料的标准。他所需要的酒精度是最适合他个人需要的度数，装满一个可口可乐瓶的自酿酒正好够他一个夜晚的自我的陶醉。这个度数和分量都让他感到满意。

南冠人03-01-068-01想在岛上过酒瘾，也可谓煞费苦心。酒属于丛棘岛官方公布的违禁品，和其他违禁品一样，得到它必须闯过两个关口：一个是来源，另一个是转移。他凭借自己的技术闯过了酒的来源这个关口。与从岛外输入相比，在岛上自制违禁品，让人出乎意料,让獬冠人防不胜防。从炊场到生活区的转移,在那场大雨的帮助下,他苦心经营的运输通道终于打通了。

他在精神上的自我陶醉和在身体上的自我麻醉,使他多少有点像阴谋家一样沉浸在甜蜜的犯罪感之中:

> 由于我们所有人都是在剧班活动的参与者,所以我们的内心深处必定多少都有一点阴谋家的甜蜜犯罪感(sweet guilt of conspirators)。由于每个剧班都在竭力维持某些情境定义的稳定性,并为此掩盖事实或藏匿真相;因此,我们可以想象,表演者都是在诡秘行踪之中经历着他的阴谋家生涯。[1]

六

有獬冠人说:"出现在不正确的地点和时间的物品,都是违禁品。"这符合秩序的要求,但是使违禁品无法进入自己的归属。这也容易形成简易的表面秩序,而使人们放松了对违禁品根源的探究与警惕。

违禁品属性的划分方法很多,最常见的是以生产地点和转移距离为标准的划分。

按照生产的地点,可以分为岛内生产的违禁品和岛外生产的违禁品。南冠人 03‑01‑068‑01 自制的酒属于岛内生产的违禁品。

按照跨越的距离,可以分为岛内转移的违禁品和从岛外输入的违禁品。这衍生出了违禁品的专门通道——"地下航线"。

---

[1] [美]欧文·戈夫曼:《日常生活中的自我呈现》,冯钢译,北京大学出版社 2008 年版,第 89—90 页。

不论依据什么标准划分,违禁品都需要转移,它不会凭借南冠人的想象出现在他想要它出现的地方。如果没有了转移,岛内自制的违禁品就无法扩散,岛外输入的违禁品也将绝迹。因为违禁品的"转移"特征,所以丛棘岛官方设置了安检的关卡和对南冠人抄身的制度。

南冠人猎取违禁品或者自用,或者与他人交换。不管最终流转到谁手里,他都想让违禁品的物效发挥到最大。使用违禁品也讲究情境,需要恰当的时间、正确的地点,或两者兼具。有些违禁品可以反复使用,也只有在反复使用中,才能使物品的效用达到最大,如淫秽宣传制品或危害国家安全的宣传制品。这时,他们需要寻找地方藏匿违禁品。因此狲冠人不定时地对南冠的居所进行查抄,于是诞生了"抄监"这个词语。

南冠人不惜代价追逐违禁品的动力来自永不衰减的基本需求。丛棘岛官方公布的违禁品目录,看上去名目繁多,其实仍然逃不出马斯洛需求理论的五个层次。南冠人猎取违禁品的方式以及违禁品的使用、流转可能危及丛棘岛官方的监管秩序,使一些在岛外社会自由流通的物品在丛棘岛上成了违禁品,也使生产、持有、传递、藏匿、使用违禁品的行为受到丛棘岛官方规则的评判。

违禁品总是与地下航线有着千丝万缕的关系,这好比货物与船只。只要尚未消耗殆尽,它就一直要搭乘地下航线前行。

地下航线：穿越大墙的"走私"

一

地下航线中的"地下"是相对于"地上"而言的，地上是公开的、合法的，地下是隐蔽的、非法的。这里的"地上"和"地下"是比喻，倘若是真实的地上和地下，则无法表达违反规则之意。航线一般是指空中航线或海运航线，它的主要功能是运输。南冠人是地下航线的主体。因此，丛棘岛上的地下航线，是南冠人为了猎取违禁品，以隐蔽的方式跨越物理阻隔而开通的运输途径。

从可能性角度而言，地下航线可以发生在空中、海上和陆地。丛棘岛的地下航线一般经由水路抵达岛上（陆地），至今还未开辟出空投的航线。地下航线传输的违禁品经过水路，穿越电网，最终以不被丛棘岛官方认可的身份流入南冠人群体。

南冠人是地下航线的主要发起人和参与者。他们对岛外物质资源的渴望产生了开辟地下航线的原始驱动力，这也使他们成为地下航线的主体。如果没有南冠人，也就没有了地下航线。

地下航线并不能由南冠人单方完成。跨越物理阻隔的特点决定了多方参与的广度，这些参与者衔接了南冠人试图构筑起的传输链。因此，可称他们为地下航线的"中间人"。

中间人包括南冠人的亲属、第三方入岛者以及异化的獬冠人（獬冠人中的异类）。中间人在丛棘岛上可以自由地流动或相对自由地流动,他们可以合法地跨越岛内与岛外的物理阻隔。

一般情况下,南冠人与他们的亲属在岛上不能面对面接触,但是他们将违禁品藏放在事前约定的地点,以错时取得的方式衔接起地下航线。

第三方入岛者既不属于丛棘岛官方,和南冠人也没有社会关系上的关联。他们入岛或与丛棘岛官方的劳动生产、后勤保障有合作关系,或是为南冠人的矫治提供帮助。在劳动生产上的第三方入岛者是厂方师傅,为南冠人的矫治提供帮助的第三方入岛者被称为帮教人员。他们与南冠人直接对话,这使他们有机会成为地下航线的传递员。如此看来,人们印象中的第三方,并非一定都能保持中立。

獬冠人在丛棘岛内当然可以自由流动,他们是南冠人物色的重点对象。獬冠人与南冠人之间的不可逾越的界线告诫獬冠人绝不能成为地下航线的助手。因此,违背戒律的獬冠人将成为獬冠人中的异类,甚至有可能身份逆转——从獬冠人变为南冠人。

中间人应南冠人的需求而产生,在地下航线中扮演传送的角色。当然,中间人也绝不是毫无索求地为南冠人卖力,他们也有自己的目的,为了利益而活跃在地下航线上。

相对于南冠人的发起性与驱动性,中间人在地下航线中的地位显现出了略逊一筹的辅助性。

经地下航线传递入岛的物品,经常还会在南冠人的关系网中继续流转和扩散。这时,地下航线进入岛内传输阶段,比起入岛,违禁品在岛内的传递更加容易。

二

从某种角度看,南冠人群体属于心理学意义上的异质性群体,这对丛棘岛官方打击地下航线而言并非好事。

南冠人群体在不同的划分中,具有不同的属性。为了弥合"监管末端缝隙",丛棘岛官方在南冠人群体中建立了正式的联系,并以特劳犯的形式稳定了群体结构。这是从监管与秩序的角度所看到的南冠人群体。

然而,从心理学意义上看,南冠人却属于异质性群体。古斯塔夫·勒庞在《乌合之众:大众心理研究》第三章着重论述了不同群体的分类及其特点。他把心理学意义上的群体分为异质性群体和同质性群体两类①。在此基础上,他指出,乌合之众研究的重点主要是异质性群体:

> 本书前面研究的一直就是这种群体的特点。它们是由有着任何特点、任何职业、任何智力水平的个人组成的。②

虽然南冠人群体构成的共同前提是刑事制裁,但这只是这个群体一个共同的侧面。在其他方面,他们仍然表现出多样化的特征。若以

---

① 勒庞把心理学意义上的群体分为以下两类:(1)异质性群体,包括无名称的群体(如街头群体)和有名称的群体(如陪审团、议会等);(2)同质性群体,包括派别(政治派别、宗教派别等)、身份团体(军人、僧侣、劳工等)和阶级(中产阶级、农民阶级等)。参见[法]古斯塔夫·勒庞:《乌合之众:大众心理研究》,冯克利译,中央编译出版社2014年版,第126页。

② [法]古斯塔夫·勒庞:《乌合之众:大众心理研究》,冯克利译,中央编译出版社2014年版,第126页。

管区为单位,南冠人 A 和 B 有可能分配在同一个管区,也有可能分配在不同的管区。这与普通的群体相比,具有相似性。比如上访群体,他们有构成群体的共同诉求,他们的组合具有随机性,有一定的任务,要实现自己的主张。

虽然在关押分类时有相应的标准,但是南冠人在监区内的组合仍然掩盖不住他们不同特点、不同职业、不同智力水平的特征。这符合勒庞对异质性群体的描述。勒庞没有将刑事制裁的对象在异质性群体中做更明确的划分,但依据属性,他们属于异质性群体中的有名称群体。勒庞这里所做的划分与涂尔干在《社会分工论》中对机械团结和有机团结的划分有异曲同工之妙。

南冠人异质性群体的心理特征为地下航线的开辟做好了提前准备。

三

南冠人在地下航线中表现出的心理是一种个性消失的集体心理。勒庞在论述群体时对集体心理的形成做了这样的概括:

> 在某些既定的条件下,并且只有在这些条件下,一群人会表现出一些新的特点,它非常不同于组成这一群体的个人所具有的特点。聚集成群的人,他们的感情和思想全都采取同一个方向,他们自觉的个性消失了,形成了一种集体心理。[①]

---

① [法]古斯塔夫·勒庞:《乌合之众:大众心理研究》,冯克利译,中央编译出版社 2014 年版,第 3 页。

不仅如此,群体中的个体成员心理与集体心理有着本质的区别,此时群体无意识抬头并开始发号施令,"智力在集体中不起作用,它完全处在无意识情绪的支配之下"①。

群体"无意识"一旦形成,便不同于单个个体心理。勒庞在《乌合之众:大众心理研究》一书中这样论述道:

> 心理群体是一个由异质成分组成的暂时现象,当他们结合在一起时,就像因为结合成一种新的存在而构成一个生命体的细胞一样,会表现出一些特点,它们与单个细胞所具有的特点大不相同。②

不仅如此,群体心理还会吞没个体性,削弱个人的才智,让"无意识的品质占了上风"③。

假设单个南冠人清醒而且能自控,但这并不能保证由单个南冠人组成的群体在地下航线中也有足够的清醒和自控。恰恰相反,南冠人群体的"无意识"使单个南冠人的"有意识"受到干扰,并深陷其中:南冠人群体"无意识"吞没个体的个性,占了个人才智的上风。

那么,南冠人群体"无意识"是向好还是向坏的方向发展呢?这不能一概而论,"群体可以比个人表现得更好或更差,这全看环境如何。一切取决于群体所接受的暗示具有什么性质"④。群体无意识的指向决定了它将被人们认可还是遭到排斥。

---

① [法]古斯塔夫·勒庞:《乌合之众:大众心理研究》,冯克利译,中央编译出版社2014年版,第126页。
② 同上书,第7页。
③ 同上书,第8页。
④ 同上书,第13页。

群体无意识并非全都带来更差的表现,但是南冠人中的群体无意识却没有使他们向更好的方向发展。

　　作为被规则约束的一方,南冠人总是试图逃离约束,哪怕他是协助獬冠人的特劳犯。因此,南冠人群体所接受的暗示通常不会是如何维持丛棘岛的秩序,而是逃避丛棘岛官方规则的约束和制裁,不失时机地寻找规则的空隙。因此,它们的群体无意识是表现得更差而不是更好。雪上加霜的是,这种"更差"被更为糊涂的智商所左右,因为,"群体中累加在一起的只有愚蠢而不是天生的智慧"①。

　　南冠人群体无意识所具有的破坏性,不仅直接冲击丛棘岛官方规则,还对秩序形成次生伤害。

　　乌合之众的群体所具有的力量,是创造力大于破坏性,还是破坏性大于创造力,勒庞给出了明确的答案。他认为,创造和领导文明的,历来是少数知识贵族而不是群体,但彻底摧毁一个破败的文明却一直是群体大众。② 不仅如此,他认为,群体只有强大的破坏力,南冠人群体无意识当然也不例外。它的破坏性表现在对丛棘岛官方规则的违反,对监禁生活的无声反抗,对严禁物品的强烈索求。

　　不仅如此,通过地下航线传递的物品,在南冠人的关系网络中不停地流转,它的去向变得复杂而无法控制。物品的需求与交换,形成了新的利益链,产生了更加错综复杂的关系网络,对丛棘岛官方的监管秩序构成新的威胁。

---

① [法]古斯塔夫·勒庞:《乌合之众:大众心理研究》,冯克利译,中央编译出版社2014年版,第8—9页。
② 参见[法]古斯塔夫·勒庞:《乌合之众:大众心理研究》,冯克利译,中央编译出版社2014年版,第6页。

四

困境激发了无穷的想象与幻觉,这是南冠人开发地下航线的推动力。

从棘岛官方对物质资源的管控,与南冠人的欲望之间所形成的反差,像夜空中的光束折射在每个南冠人的心底。这是南冠人彼此心照不宣的心弦,激发了他们对物质资源的想象与幻觉,也成了推动地下航线的初始动力。

深陷囹圄的南冠人对某些事物有着特别的敏感,能把细微的事物放大,也能产生虚实相交的想象。因此,当某个管区出现地下航线时,只获得支离破碎信息的其他南冠人就会蠢蠢欲动,试图效仿,他们喜欢"把彼此不同、只在表面上相似的事物搅在一起,并且立刻把具体的事物普遍化"①。这是南冠人群体无意识传染性的表现。

传染性是乌合之众聚集的一个途径,在不同区域的南冠人因为想象、传染而骚动,并迅速卷入其中。此时,他们不在乎谁是核心,也似乎忘记参与行动可能面临的风险,他们跟风似的想成为地下航线中的一员,以从中分一杯羹,他们以这样荒唐的方式诠释着勒庞的观点:

> 群体的意见和信念尤其会因为传染,但绝不会因为推理而得
> 到普及。②

---

① [法]古斯塔夫·勒庞:《乌合之众:大众心理研究》,冯克利译,中央编译出版社2014年版,第40页。
② 同上书,第99页。

地下航线就像其他违反丛棘岛官方规则的行为一样，是那么惊险与刺激，这触及了南冠人群体的神经，激起了他们的兴奋与想象。此时，南冠人在意的并不是某件事情的本身，而恰恰是事情发生的背景和方式。

幻觉是想象力的孪生兄弟，助推了南冠人群体无意识的形成。监禁生活漫长而枯燥，希望和幻想是南冠人监禁生活的心灵支撑：

> 让人们怀抱着那些希望和幻想吧，不然他们是活不下去的。这就是存在着诸神、英雄和诗人的原因。[1]

但和群体无意识一样，幻觉的作用并非沿着积极的方向前进。此时的南冠人根本无视事件的真实性，也不会对事件真实性进行选择，盲目与冲动形成了幻觉的源头。勒庞在"群体意见的直接因素"中，对幻觉做了如此论述：

> 群众从来就没有渴望过真理，面对那些不合口味的证据，他们会拂袖而去，假如谬论对他们有诱惑力，他们更愿意崇拜谬论，凡是能向他们供应幻觉的，也可以很容易地成为他们的主人，凡是让他们幻灭的，都会成为他们的牺牲品。[2]

想象与幻觉激起的能量，若是朝积极的方向发展，那是一股推动人类文明进步的重要力量，但若激起的是顽愚，那它带来的则是破坏

---

① ［法］古斯塔夫·勒庞：《乌合之众：大众心理研究》，冯克利译，中央编译出版社2014年版，第83页。
② 同上书，第84页。

性,"在这方面人类的理性没有多大用处"①。

<h1 style="text-align:center">五</h1>

　　地下航线的发起人并没有固定的程序,任何一个南冠人都有可能成为发起人。一条地下航线的发起人是甲或乙,另一条地下航线的发起人,有可能是丙或丁,或者是甲、乙、丙、丁的联合。换言之,在某条地下航线发起人后面,隐藏着众多潜在的发起人。

　　谁都有可能成为地下航线的发起者,不一定是特劳犯,只不过特劳犯具有更便利的条件。特劳犯在很多时候只是起协助作用,并不直接参与其中;也有的特劳犯在地下航线面前佯装不知,放任不管,此时,他在向獬冠人积极靠拢的态度上出现了摇摆;直接参与地下航线的特劳犯只在少数。

　　所以,特劳犯与地下航线的发起人并不必然重合,即特劳犯有可能是发起人,也可能不是。诚然,特劳犯有诸多便利,更容易构筑地下航线,完成物品的传输,但是,特劳犯要考虑地下航线失败带来的风险,他要优先保住特定劳动岗位这份既得利益。因此,如果特劳犯参与了地下航线,最有可能的是他以"不知情"或大意等消极的方式护航。这样地下航线中传输的物品,便可以在他的眼前顺利流过。

　　地下航线的发起人有时不过是一些较活跃的人、好兴奋的人或是喜欢煽风点火的人。勒庞认为,在这些人中间更容易产生头领②。他

---

① ［法］古斯塔夫·勒庞:《乌合之众:大众心理研究》,冯克利译,中央编译出版社2014年版,第87页。
② 参见［法］古斯塔夫·勒庞:《乌合之众:大众心理研究》,冯克利译,中央编译出版社2014年版,第90页。

们指挥着群体无意识的方向,决定着它的持续发酵抑或戛然终止。地下航线中的群体需要领头人——只要有一些生物聚集在一起,不管是动物还是人,都会本能地让自己处在一个头领的统治下。[1] 勒庞在《乌合之众:大众心理研究》中是这样肯定头领在群体中的作用的:

> 他的意志是群体形成意见并取得一致的核心。他是各色人等形成组织的第一要素,他为他们组成派别铺平了道路。一群人就像温顺的羊群,没了头羊就会不知所措。[2]

群体无意识中的头领不仅需要具备不安分的禀赋,在丛棘岛盘踞时所获得的经验也尤为重要。他们谙熟丛棘岛官方规则,对丛棘岛官方的监管有切身的体验。"多次进宫"的南冠人更是有反复体验的经历,他们在往肚里吞咽打落的门牙时,还不忘咀嚼丛棘岛官方的规则。

因此,在遇到丛棘岛官方查处地下航线时,他们能从容应对。对于地下航线,他们保持着一种从未衰退的兴奋。他们的坚定使他们的行为与话语在群体中具有极大的说服力:

> 芸芸众生总是愿意听从意志坚强的人,而他也知道如何迫使他们接受自己的看法。聚集成群的人会完全丧失自己的意志,本能地转向一个具备他们所没有的品质的人。[3]

---

① [法] 古斯塔夫・勒庞:《乌合之众:大众心理研究》,冯克利译,中央编译出版社 2014 年版,第 89 页。
② 同上书,第 89—90 页。
③ 同上书,第 90 页。

　　　　　　　　丛棘岛映像——越轨行为在监禁社会的表现与规制

在头领指挥下的群体无意识,急不可耐地在丛棘岛的码头徘徊,伺机开启一条能带来惊喜的航线。

六

按照不同的标准,地下航线可以划分为不同类型。

以起点而论,可以将地下航线分为以岛内为起点的地下航线和以岛外为起点的地下航线。

以岛内为起点的地下航线,比以岛外为起点的地下航线风险更小,但违禁品的种类和数量受限。相反,起点于岛外的地下航线,传输的违禁品种类更丰富,数量更大,但是风险更高。

按照中间人的不同,可以将地下航线划分为亲属参与型、第三方参与型和獬冠人参与型。亲属参与型地下航线由南冠人和他们的亲属共同完成。只有直接故意的心理,没有间接故意或过失的可能。

丛棘岛上禁止南冠人吸烟。那个时候,獬冠人还可自由地吸烟,可以在固定的地方吸,也可以边走边吸。后来丛棘岛官方将边走边吸称为"抽游烟"。也许是"抽游烟"扩大了烟雾缭绕的范围,丛棘岛官方不允许獬冠人"抽游烟"。

在南冠人眼中,吸烟是一种特权,有吸烟史的南冠人只能在梦中享受着吸烟的快乐。为了弥补梦境的不足,他们积极创造条件,从正在吸烟的獬冠人边上走过,偷偷地深吸几口那看得见抑或看不见的飘散在空气中的余烟。虽然没有实实在在地吸上一口,但是获得了与梦境不同的真真切切的感觉。

在南冠人的生活里,烟瘾需要的直接性压倒了只闻余烟的间接性,直接需要碾碎了间接存在的泡沫。南冠人并不满足于间接的感觉,但间接的余烟勾起了他们的烟瘾,使他们在有限的空间里开始做无限的想象与尝试。

担任清洁劳动的南冠人,在垃圾桶或者地上收集獬冠人丢下的烟蒂,经过他们"巧妇有米"般的手工,一支混杂了各种牌子烟丝的二手烟在南冠人中悄悄地传递开来。拼凑和加工在二手烟的制作中被他们发挥得淋漓尽致。

手工制作的二手烟产量受到烟丝来源的限制,与南冠人的需求之间存在的差距用"悬殊"两字也无法恰当比拟。

南冠人也明白改变生产方式才能扩大规模的道理。在无法开辟更为稳妥的地下航线时,南冠人铤而走险开始策划亲属参与型地下航线。

南冠人在常规会见中,通过手势、暗语把对香烟的需求以及如何传输的信息透过玻璃告诉亲属。在第二次会见时,一条地下航线的发起人和参与者的配合开始"涌动",乌合之众的强大破坏性开始"冲闸"。

一个南冠人的母亲把五包香烟用塑料袋(防水)包扎好,藏在女洗手间的垃圾桶内。会见结束后,亲属们离岛,而香烟则躺在垃圾桶等着被取走。

负责清洁的特劳犯,早已得到地下航线上游的指令。因此,他在打扫女洗手间时一直保持着对獬冠人的警惕和对香烟保护的谨慎。在最恰当的时机,他顺势将躺在垃圾桶内的香烟取出,夹藏在他认为最安全的劳动工具箱里,几经流转,香烟不可思议地进入南冠人的生活区。

第三方参与型的地下航线,由南冠人和第三方共同完成,和亲属参与型一样,参与人的心理是直接故意。如果第三方入岛后,将携带的物品忘记在岛内而被南冠人拾得,这不能算是地下航线,但是如果第三方以"忘记"为幌子而交接物品,以开脱责任,那么这是积极追求的心理,属于直接故意。

獬冠人参与型的地下航线,由南冠人和獬冠人共同完成。獬冠人是南冠人的监管者,本不应参与南冠人发起的地下航线,但是和其他行业一样,獬冠人中也存在异类。这也是所有类型中最隐蔽的地下航线。南冠人不仅利用丛棘岛官方规则为掩体,还利用了獬冠人自由出入的身份。这使看似重重阻隔的丛棘岛,在共同利益驱使下,变得畅通无阻。

七

獬冠人威严的制服与装备,表明了他们的职业身份,这是一个同质性群体,因而他们绝不是勒庞笔下的乌合之众。然而,作为处于监管地位的獬冠人群体,在维护丛棘岛的监管秩序上也并非一路坦途。聚合在一起的獬冠人,同样表现出了与个体不同的职业行为。与南冠人群体的疯狂进取不同,獬冠人集体有被消极怠惰拖住后腿的风险。

在有些场景,造势的主观需求淹没了不容忽视的客观存在;在另一些场景,世人味蕾对辛辣的满足与挑战,并没有带来眼光辛辣与犀利的升华。因此,世人的判断在很多场景总是显现出了一厢情愿的被动。真知的出现才无视造势的庇护,也不再放纵人云亦云的疲态。奥尔森对集体行动逻辑的判断,堪称无视造势与不再放纵的经典。

一厢情愿的传统方认为,集团中的每个成员由于具有相同的利益,都会为集团利益的增进而努力。真知方认为,这种判断符合表面现象,但内在结构状况堪忧。

奥尔森是真知方的杰出代表,他的分析结论颠覆了传统的判断。他认为,集团的收益具有"公共性",不管集团中成员是否为集团状况的改善做了努力,但每个成员都能均等地获得利益。"只要某种商品的价格下降了,购买这种商品的所有消费者都将获益;只要最低工资法案通过并实施了,所有的产业工人都将获益。"这就使集团中的"理性人"(经济学假定条件下的"理性人"),只想坐享其成地"搭便车",而不是为集团利益的增进而采取积极的行动。

奥尔森在他的代表作《集体行动的逻辑》中以农民不一定会通过缩减农产品的产量来提高价格为例,对这个问题做了精彩的论述:

> 即使一个大集团的成员完全不顾自己的利益,他也不会理性地为提供集体或公共物品作贡献,因为他的贡献是无足轻重的。一个把别的农民的利益置于自己利益之上的农民不一定会限制自己的产量以提高农产品的价格,因为他知道他的牺牲不会给任何人带来多大的好处。这样一个理性的农民,不管有多么无私,也不会作出这种徒劳无益的牺牲,但他会传播他的善行,以对某些人产生显著的影响。不能带来明显效应的无私行为有时候甚至被认为是不值得称赞的。一个想用一只铅桶来挡住洪水的人甚至会被那些试图帮助他的人认为是一个怪人而不是一个圣人。无疑,用一只铅桶可能无限小地降低河水的高度,就像独个农民限制自己的产量可以无限小地提高价格一样,但是在两例中效应都是可以忽略不计的,而且那些为了获得微不足道的改善而牺牲自己的人甚至得不到无私行为应得的赞扬。①

---

① [美]曼瑟尔·奥尔森:《集体行动的逻辑》,陈郁等译,格致出版社、上海人民出版社 2014 年版,第 59 页。

丛棘岛映像——越轨行为在监禁社会的表现与规制

当然，奥尔森并不认为，小规模集团成员的行动是如此。他认为，小集团是一种例外，小集团人数少，成本小。小集团成员为集体利益行动，获得的收益能超过付出的成本，因此，成员利益与集体利益相一致，"比起大集团来，小集团能够更好地增进其共同利益"①。

在《集体行动的逻辑》中，奥尔森在详尽分析了大集团②成员的行动之后，得出了颠覆性的结论：

> 个人的理性选择往往会导致集体或社会的非理性结果。③

因此，与传统集团理论相反，集团利益的实现（公共物品的供给）并非顺水行舟，而是充满了挫折与艰难，这是集体行动难以克服的困境。

奥尔森的颠覆性结论不仅表现在经济领域，在社会政治事务的管理中也是如此。"经济系统中的理性个人不会削减其开支来制止通货膨胀（或增加开支来制止经济衰退），因为他知道，首先，光凭他个人的努力是无济于事的；其次，他能在任何情况下从别人争取到的价

---

① ［美］曼瑟尔·奥尔森：《集体行动的逻辑》，陈郁等译，格致出版社、上海人民出版社2014年版，第35页。

② 当然，奥尔森并不认为，规模大小不同的集团，其成员的行动也不会都一样。他认为，小集团是一种例外，小集团人数少，成本小。小集团成员为集体利益行动，获得的收益能超过付出的成本，因此，成员利益与集体利益相一致，"比起大集团来，小集团能够更好地增进其共同利益"。参见［美］曼瑟尔·奥尔森：《集体行动的逻辑》，陈郁等译，格致出版社、上海人民出版社2014年版，第35页。

③ "除非一个集团人数很少，或者除非存在强制或其他某些特殊手段以使个人按照他们的共同利益行事，有理性的、寻求自我利益的个人不会采取行动以实现他们共同的或集团的利益。换句话说，即使一个大集团中的所有个人都是有理性的和寻求自我利益的，而且作为一个集团，他们采取行动实现他们共同的利益或目标后都能获益，他们仍然不会自愿地采取行动以实现共同的或集团的利益。"［美］曼瑟尔·奥尔森：《集体行动的逻辑》，陈郁等译，格致出版社、上海人民出版社2014年版，第2页。

格稳定中获益。由于这两条同样的理由,社会政治事务中的大型集团中的理性个人也不愿意作任何牺牲去实现其与他人分享的目标,因而不存在大型集团会组织起来为了共同利益而采取行动的前提。"①

丛棘岛在喧嚣不安的社会中默默无闻,只有在它惊天动地的时候才回归大众视野。然而它的默默无闻,并不表示它自我孤立,与外界毫无关联。在现实中,它是国家行政组织的一个部分。

它的规模与小集团的规模不可同日而语,它属于大集团序列。尽管监禁社会提供的公共产品并非纯粹的商品,但它一样追求共同的利益——追求惩罚与矫正的总体效果。在一些特定的阶段,执法标准和目标效果的提升将使共同利益得到突显。

在共同利益面前,獬冠人入岛前的热血誓言敌不过沉淀在热血之下的理性与冷静,表现出了与大集团成员行为的天然相似,在逻辑上也陷入了同样的困境。

丛棘岛的共同利益何其庞大,獬冠人个体的力量又何其微弱。因此,有獬冠人认为,他有无增进共同利益的行为,对于丛棘岛的共同利益并没有显著的改变。獬冠人集体行动的逻辑,为地下航线留下了可以开启的空隙。

八

獬冠人集体行动的困境成了地下航线乘隙而过的外部环境。

在防守比例悬殊和集体行动困境下形成的表面秩序,使地下航线的苗头得不到有效遏制,核心小头目的活动情况得不到及时排摸,物

---

① [美]曼瑟尔·奥尔森:《集体行动的逻辑》,陈郁等译,格致出版社、上海人民出版社 2014 年版,第 154 页。

品在传输过程中得不到有效拦截,物品进入生活区域后得不到全面控制,而对丛棘岛官方秩序的次生伤害却正在得到实现。这样表达并不是说地下航线在丛棘岛上泛滥成灾,相反,在不同的时期,丛棘岛官方采取不同的措施来打击地下航线。这个表达试图探讨地下航线为何无法根绝,而不是关注地下航线数量的多少。"有或无"和"多与少"是两个不同层面的概念。

违禁品在变为现实之前,它只是一种可能性;地下航线能否顺利运行,在南冠人取得违禁品之前,它也只是一种可能性。这种可能性的最终转化和发挥受环境突变的影响,有如勒庞论述环境与性格之间的可能性:

> 只有环境的单一性,才能造成明显的性格单一性。我曾在其他著作中指出,一切精神结构都包含着各种性格的可能性,环境的突变就会使这种可能性表现出来。①

獬冠人在地下航线的破坏性上已达成共识,而獬冠人集体行动的困境给南冠人群体无意识的鼓噪提供了机会。

九

异化的獬冠人丧失了獬冠人中最基本的职业操守,因此已经超出了集体行动逻辑的分析范围。

虽然异化的獬冠人只是极少数,但他们却是南冠人物色的重点

---

① [法]古斯塔夫·勒庞:《乌合之众:大众心理研究》,冯克利译,中央编译出版社2014年版,第6页。

对象。

南冠人在日常的点滴生活中对獬冠人做近距离的接触与试探,最终选定了一名异化的獬冠人。两者在狭小的空间里,用极其隐晦的方式达成了惊动丛棘岛官方的协议。

南冠人通过岛外的社会关系,把1 000元购烟款交到了獬冠人牟取私利的手里。这个异化的獬冠人履行私人协议比履行公共职责更加卖力。他购买了南冠人指定的驼牌香烟,并且再三确定那不是假烟。

有这名獬冠人的庇护,香烟入岛可谓畅通无阻,南冠人如愿以偿。獬冠人也获得了双赢商业模式下的实惠——一条驼牌香烟单价为650元,獬冠人从中谋取差价350元。

异化的獬冠人游走在獬冠人集体行动逻辑困境与南冠人群体无意识交汇的缝隙里,既受到南冠人群体无意识的影响,也受到獬冠人集体行动逻辑困境的暗示。这时,他带来的破坏性远远超过亲属参与型和第三方参与型的地下航线。

异化的獬冠人在獬冠人群体中只占了微乎其微的比例,从另一个角度看,这种监守自盗只是丛棘岛上的个例,但它让丛棘岛官方陷入了舆论的旋涡和被动的境地。

十

与自由社会的地下航线相比较,丛棘岛的地下航线发生在"全景敞视"的监控系统之下,发起人是特定主体,参与者相对固定,覆盖的空间相对明确。然而,在全景敞视的监视之下,地下航线仍然存在,这再一次证明了欲望与需求的顽强。丛棘岛上的地下航线堪称各类地下航线的标本。

　　当南冠人群体无意识遇上獬冠人集体行动的逻辑困境,从棘岛的地下航线犹如种子遇到了恰当的土壤与气候,它必然要生根发芽、开花结果。南冠人群体无意识与獬冠人集体行动逻辑困境的客观存在,使地下航线的土壤与气候有了存在的理由。虽然它一直处于被讨伐的境地,但它也只是在最严厉的时候有所收缩,似乎从未有过灭绝的迹象。

　　勒庞和奥尔森的研究对象处在各自不同的范畴,原本没有直接的关联。从棘岛上的两个群体让他们的理论与学说碰撞,也让人们得以看清从棘岛地下航线的概况,看到了生物性欲望的顽强与社会性规则的界限。

越狱：敌意最极端的表达

一

南冠人越过丛棘岛官方划定的最后警戒线，逃离监禁社会的行为被称为越狱。越狱是一个像它的本义一样能实现越界传播的词语，它不仅仅在丛棘岛的有限区域内流传，它还普及自由社会的无限空间。

南冠人萌生的越狱念头，起源于监禁带来的不快而激起的愤怒或憎恨。这是埋藏在南冠人内心深处的敌意的种子。休谟在《人性论》里论述了人们对愉快或不愉快的反应，这种反应刺激起爱与恨：

> 任何人能够通过他的服务、美貌或谄媚使他对我们成为有用或使我们愉快，就一定会博得我们的爱；而在另一方面，任何人伤害了我们，或使我们不快，就总是会刺激起我们的愤怒或憎恨。①

从正义的角度看，监禁具有正当性，它所带来的"不快"，人们无须宥免或怜悯。

敌意的外在表现具有不同的等级，越狱是敌意最极端的表达——

---

① ［英］休谟：《人性论》，关文运译，商务印书馆2010年版，第384页。

　　　　　　　　丛棘岛映像——越轨行为在监禁社会的表现与规制

南冠人在地理上实现了最后警戒线的跨越,脱离了獬冠人的监管,挑战了"监"与"禁"的内涵。

越狱只是一个笼统的称法,但却是一个由主观意图支配的明确的不法行为。

从构成要件上看,越狱需要内在的主观意图和外化的行为表现,两者缺一不可,否则就不是一个标准的越狱。炎热的夏天,南冠人在野外劳动时,跳进河里游泳,不能定性为越狱。他没有逃离的主观愿望。虽然跨越了最后的警戒线,但是他没有脱离獬冠人的监管。凉爽之后,他回到地里继续劳动,而不是游向岛外,逃之夭夭。

简言之,越狱既要有主观意图上的谋划,又要实现地理和管理上的双重跨越。这种双重跨越破坏了以秩序著称的丛棘岛生态,也打破了人们对丛棘岛秩序应有状态的期望。从期望到失望的落差形成了巨大的冲击力,冲击了社会大众的视觉和听觉,越狱便以这样高调的形式吸引了社会的高度关注。

未遂的越狱,虽然在量刑上轻于既遂的越狱,但它对监禁社会和自由社会秩序造成的冲击并未随之减少。未遂的越狱也一样满足社会大众的猎奇心理,只不过既遂的越狱,演绎了越狱的所有定式流程,把越狱的画面推向了高潮。

二

敌意的定义存在各种不同的表述,但都包含了仇恨、排斥和否定等内在元素,具有可能产生攻击行为的外在表现。

敌意的产生来自外在的压力或内在的自我抑制。南冠人敌意的压力来自国家对其触犯刑事法律行为的干预。从逮捕开始直到送进丛棘岛,这是国家主导的一系列否定评价,并且始终伴随着强制性。强制性产生的压力和内心受到否定评价的冲击,使南冠人对国家及其代表产生了厌恶、仇恨、消极和否定的情绪:

> 罪犯虽然明知自己罪有应得,可是有几个罪犯对于控告他们的人或对于判处他们的法官不怀有恶意呢?[①]

敌意不仅是人类的本性,也是一种情感。"我之所以有用一章的篇幅来写敌意,不仅仅是由于它是人类本性的一个重要方面,而且希望把它当作本能情感在社会发展中的一种模式。"[②]在《人类本性与社会秩序》中,查尔斯·霍顿·库利对敌意的探讨从本能的起点深入社会性层面,这是敌意从纯生物性到社会性的变化过程。库利根据人的智能组织活动(mental organization)水平的不同,将敌意分为三类:

(一)原始的即自发的或动物性的形式。

(二)社会的、同情的、想象的或个人的一种比较直接的形式,不涉及正义准则。

(三)合理的或伦理的,涉及正义准则和良心的形式。[③]

第一种敌意是原始的、本能的,是简单的刺激引起简单的冲动。如头碰到门,对门产生的愤怒,可以称之为本能类敌意。

第二种敌意是思想和情感交流上的,智力活动参与其中。如"远香近臭",因为密切的接触而产生的厌恶,可以称之为情感类敌意。

---

① [英]休谟:《人性论》,关文运译,商务印书馆2010年版,第387页。

② [美]查尔斯·霍顿·库利:《人类本性与社会秩序》,包凡一、王湲译,华夏出版社2015年版,第185页。

③ 参见[美]查尔斯·霍顿·库利:《人类本性与社会秩序》,包凡一、王湲译,华夏出版社2015年版,第190页。

第三种敌意可以用愤慨来形容,处于敌意等级的顶端。"它指的是一种对践踏权利的人的敌视感情,而不仅仅是像恼怒或妒忌那样的冲动",如权贵通过权力为子女谋得本不属于他的教育机会。这种敌意对智力活动有更高的要求,有共同的社会基础,可以称之为正义类敌意。

这三种敌意表现出了从低到高,从简单到复杂的发展轨迹。

南冠人的敌意涵盖了这三个种类,因为南冠人具有与普通人一样的本能与情感,但南冠人对丛棘岛官方和獬冠人的敌意,超越了最原始的本能冲动,在情感类敌意和正义类敌意之间表现出了活跃的游移。

三

南冠人的敌意并没有因为失去人身自由而显得萎缩,相反,身陷丛棘岛使他的敌意有足够的时间恣意生长:"敌意的作用,无疑是激起争斗的能量,把感情的动力化作保存自我或扩张自我的行动。"①

国家或政府是南冠人表达敌意的对象,然而,国家或政府对南冠人而言,是一个抽象的存在。现状告诉他,直接以国家或政府为表达敌意的对象,是无法实现的妄想。

愤恨的不断集聚,怂恿着他去寻找可替代的目标。愤恨的发酵打破了仅仅以国家或政府为目标的界限,扩大到了以一切为目标。休谟认为,爱或恨总是要扩展它的对象,正所谓"爱其人者,兼屋上之乌;憎其人者,恶其余胥":

---

① [美]查尔斯·霍顿·库利:《人类本性与社会秩序》,包凡一、王湲译,华夏出版社2015年版,第190页。

我们发现,当我们爱或恨任何人时,那些情感很少继续停留于它们最初的界限以内,总要扩展到一切接近的对象,而包括我们所爱或所恨的那个人的朋友和亲属。[①]

作为国家和政府代表的獬冠人,就这样以"扩展"的方式被南冠人视为敌意表达的对象。

丛棘岛官方是国家刑罚执行体系的终端,而獬冠人是这终端组织里的神经细胞。南冠人对国家或政府的敌意,在獬冠人身上找到了可以实现的目标。

南冠人对獬冠人的敌意,当然和所有其他敌意一样,有外化为攻击行为的倾向。袭警是南冠人攻击倾向里最常见的外化行为,也是獬冠人职业中常见的风险。

四

南冠人的敌意并不是全都表现为主动的攻击,还有令人难以琢磨的消极抵抗。

消极的敌意表现为言语上的沉默和行为上的不作为,这散布在丛棘岛可见和不可见的地方。这是南冠人表现敌意的大部分方式,因为消极的敌意让他在獬冠人面前可以进退自如,不至于让自己背临深渊。

消极的敌意在认罪悔罪、纪律遵守、劳动生产、文化学习和生活卫生等方面都可能存在。它是南冠人应用最广的敌意表达。因为它给

---

① [英]休谟:《人性论》,关文运译,商务印书馆2010年版,第377页。

丛棘岛映像——越轨行为在监禁社会的表现与规制

南冠人和獬冠人双方都留下了缓冲地带。这是南冠人的策略,只要不到尖锐的程度,獬冠人就不会对他们采取措施,而他们又可以在自己认为满意的界线内消除监禁带来的压力。

当消极敌意不足以宣泄内心仇恨的情感时,敌意便会以有形的积极方式表现出来。从消极敌意到积极敌意的转化轨迹,恰如潜艇从深水浮上水面时的惊世现身。

以敌意主体人数为标准,南冠人的敌意可分为单个主体的敌意和复合主体的敌意。一人的敌意为单个主体的敌意,两人以上的敌意为复合主体的敌意。

以敌意的目标空间为划分标准,可以将其分为发生在岛内的敌意和逃离出岛的敌意。空间的变更使敌意发生了根本的变化,呈现出由低到高的升级趋势。

发生在岛内的敌意通常表现为言论上的攻击和行为上的攻击。南冠人很多言论上的攻击最后终止于计分考核体系的扣分层面,不再向更严厉的规则延伸。行为上的攻击,虽然有袭击獬冠人、聚众闹事、破坏监管秩序等不良表现,但都没有离岛的预谋,他所处的空间位置没有发生实质性的改变。换言之,南冠人如果没有逃离出岛的预谋,通常也不会袭击獬冠人,也少有聚众闹事、破坏监管秩序等行为。即使有,也会自发地限定在一定程度内,这时结果似乎也是计划的一部分。

五

南冠人最大的敌意不在岛上,而是逃离出岛——越狱。

越狱在刑事法律上有非常专业而又令人不寒而栗的术语,如脱逃、组织越狱和暴动越狱。因此,越狱是一个非常不专业的简称。然而,这个非常不专业的简称却在岛内和岛外得到了广泛的普及。不论南冠人的越狱是既遂,还是未遂,都要受到刑事法律的重新评判,并以脱逃罪、组织越狱罪或暴动越狱罪的形式加以固定。

越狱通常是秘密的行为,南冠人在此时总是守口如瓶,因此不可能以此展开言论攻击。獬冠人也从来没受到扬言要越狱的要挟。然而,行为攻击的威胁正悄悄降临。

南冠人越狱使空间位置发生了实质性改变,这违背了丛棘岛官方限制其人身自由的最基本的使命,挑衅了监禁社会的底线。

南冠人为突破獬冠人的拦截而产生的攻击增加了獬冠人的人身风险。

南冠人的敌意在越狱的表达中得到双重体现:一方面,它冲击了丛棘岛官方的底线和使命;另一方面,它伴随着攻击獬冠人的危险。它所形成的破坏性达到破坏等级的极限,使敌意升级到白热化的顶端。

从表面上看,南冠人敌意的言语散落在不同的空间,敌意的行为没有特定的程式,但是,从宏观角度看,这个群体表现的敌意却有不同的层级和独特的体系。

在敌意顶端的越狱,虽然不能代表所有的敌意,但它浓缩了敌意所需要的最基本的要素,也展现了敌意表达的最极端的方式。

六

在丛棘岛的历史上,南冠人的越狱从不曾消失。这警醒獬冠人不能掉以轻心，南冠人的敌意不仅存在，最极端的敌意也一直存在。

在某个连续的 20 年间，66 个人南冠人以越狱的方式在丛棘岛上表达了 60 次最极端的敌意。如果可以用平均数来说明频次，那么应该表达如下："丛棘岛在某个连续的 20 年间，平均每年发生 3 个越狱事件，或者平均每年有 3.3 个南冠人参与越狱，或者平均每次越狱事件有 1.1 个南冠人参与。"

然而，平均值仅仅拉平越狱数值的棱角，而发生于某月某日的越狱才是敌意真实的表达。在 60 例越狱事件中，由 1 个南冠人单独进行的越狱，共 55 例；由两个南冠人结伙的越狱，共 4 例；由 4 个南冠人预谋越狱的有 1 例。

南冠人在越狱的结盟上表现出了极其谨慎的态度，因为他们深知越狱失败带来的风险。在守口如瓶上，结盟的风险大于单干。因此，在丛棘岛上，单个主体的越狱远大于复合主体的越狱，3 人以上的复合主体越狱仅 1 例。这仅有的 1 例结盟越狱事件在预谋阶段就被獬冠人侦破，而其被侦破的原因正是结盟体内部的不攻自破——其中一个南冠人向獬冠人坦白，以求立功。

（一）

在这 60 例越狱事件中，南冠人的年龄分布在 18 岁至 50 岁之间。年龄和人数的具体构成为：18 岁，4 人次（含 1 次同 1 人）；19 岁，2 人；20 岁，3 人；21 岁，4 人；22 岁，11 人；23 岁，7 人；24 岁，3 人；25 岁，4 人；26 岁，5 人；27 岁，4 人；28 岁，1 人；29 岁，1 人；30 岁，2 人；31 岁，4 人；33 岁，3 人；36 岁，1 人；37 岁，1 人；38 岁，1 人；50 岁，2 人。（见图 2）

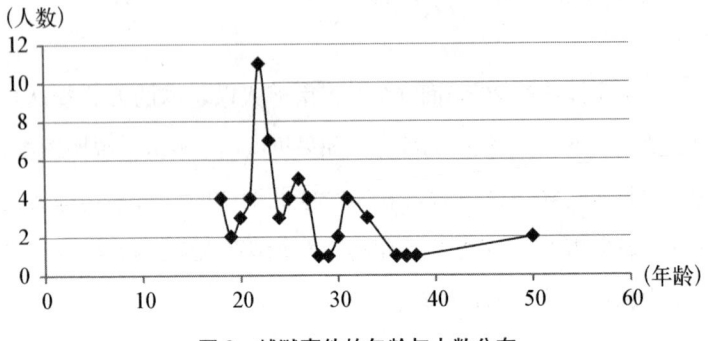

图 2　越狱事件的年龄与人数分布

注：在 60 个越狱事件中，本统计未收集到年龄信息的有 4 人。

从年龄分布上来看，年龄最大的南冠人已年过半百——50 岁的年龄还在寻求翻越攀爬的刺激；年龄最小者仅 18 岁——刚步入成人的序列，就试图以跳越的方式开始奔跑的人生，但越狱的年龄主要集中分布在 20 岁到 35 岁之间。这反映出处于青壮年时期的南冠人有最适合越狱的体质，反过来说，面对越狱的挑战，南冠人也不得不掂量自己的体质——敌意的表达依赖于可行的体质。

（二）

南冠人越狱都发生在哪些月份，虽然无法预判，但不妨以事后的眼光去看看丛棘岛 60 例越狱发生的具体月份：

1 月，2 例；2 月，6 例；3 月，5 例；4 月，9 例；5 月，6 例；6 月，5 例；7 月，4 例；8 月，10 例；9 月，2 例；10 月，8 例；12 月，3 例。（见图 3）

在这 20 年中，只有 11 月份未发生过越狱事件，这对丛棘岛官方而言，真是一个幸运的月份。最麻烦的是 8 月份，其次是 4 月份，排在第三位的是 10 月份，2 月份排在第四位，其他月份的分布比较均匀。

10 月份和 2 月份有两个岛内和岛外都惠及的重大节日。节日期

丛棘岛映像——越轨行为在监禁社会的表现与规制

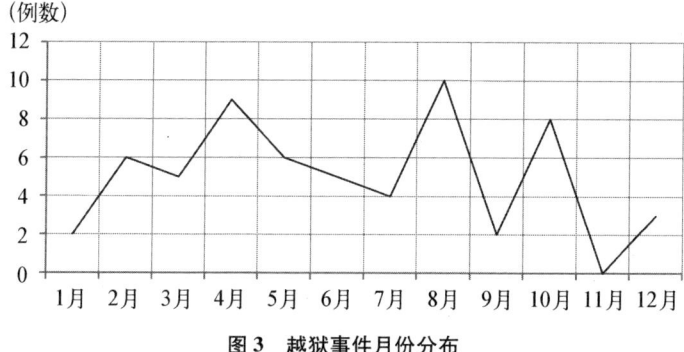

(例数)

图3　越狱事件月份分布

间,丛棘岛官方实行值守制度,留岛的獬冠人构筑起的人防力量最为
薄弱。

丛棘岛是亚热带季风气候,最冷的月份平均气温为0—15℃,最
热的月份平均气温大于25℃。8月份是丛棘岛热浪来袭的高温季,4
月份是万物生长的复苏季。现在无法证明气候与越狱是否有着某种
关联,但是南冠人的越狱确实在这两个月份里频频发生。

(三)

从每周7天循环来看,60例越狱事件从星期一到星期日,每天都
可能发生,但具体的例数不同:星期一,12例;星期二,5例;星期三,8
例;星期四,6例;星期五,7例;星期六,10例;星期日,12例。(见
图4)

从星期二开始,南冠人越狱的敌意开始呈现出上升的趋势;及至
星期日,越狱事件达到峰值。丛棘岛上的日期划分也是以零点为界
线,零点以后即为次日,但从岛上的作息制度来看,星期一零点以后至
八点之前,仍然是由星期日的獬冠人值守。在星期一的12例越狱事

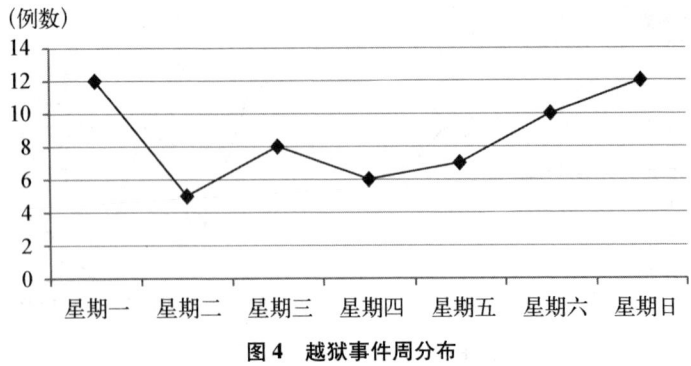

（例数）

图 4　越狱事件周分布

件中,有两例发生于星期日值守期间。因此,丛棘岛越狱事件的高发期应该是从星期五到次周的星期一,而在星期日达到最高点。很显然,南冠人的敌意表达,选择了岛上獬冠人最少的值守期。

（四）

如果把越狱的发生具体到天,那么在一天之内它又是如何分布的呢?现在以零点为起点,每两个小时为一个时段,把一天划分为 12 个时段。在这 12 个时段中,丛棘岛上的 60 例越狱事件是这样分布的:

0:00—2:00,6 例;2:00—4:00,3 例;4:00—6:00,1 例;6:00—8:00,2 例;8:00—10:00,2 例;10:00—12:00,3 例;12:00—14:00,6 例;14:00—16:00,8 例;16:00—18:00,3 例;18:00—20:00,11 例;20:00—22:00,9 例;22:00—24:00,2 例。（见图 5）

这里有必要先了解獬冠人白天上班的时间分布。獬冠人 8:30 之前入岛,17:30 之后开始离岛。如果按上面划分的时段来看,8:00—18:00 是獬冠人正常的白天工作时间。在 10:00—14:00 这两个时段内包含了獬冠人午餐的时间。

　丛棘岛映像——越轨行为在监禁社会的表现与规制

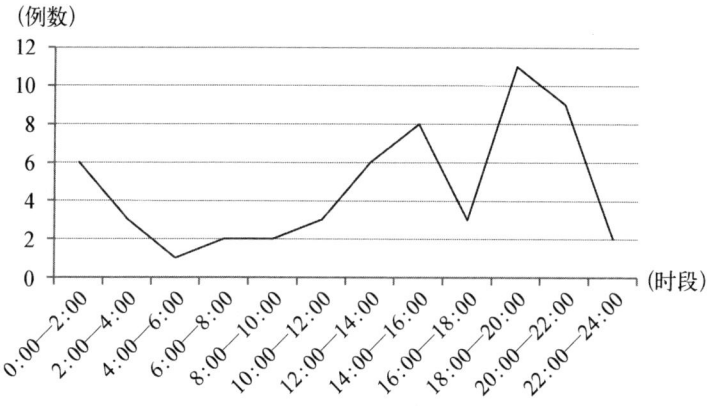

图5 越狱事件时段分布

注：在60个越狱事件中，本统计未收集到时段信息的有4例。

60例越狱事件中，发生在獬冠人正常上班时段(8:00—18:00)的有22例，这22例中有9例发生在午餐期间的10:00—14:00。其他的48例，南冠人选择在獬冠人非白天正常上班时段，即发生于獬冠人留岛值守期间。18:00—22:00这两个时段，共发生20例，是作案的高发期。22:00—4:00这3个时段，共发生11例。

南冠人越狱时选择的时段仍然与獬冠人的值守制度有关，人防力量的薄弱是他们考虑的重点，但在不同的时段，他们还会有所侧重。18:00—22:00这两个时段，他们考虑的是在收封之前启动越狱，以减少物理防线的障碍。时间进入22:00—4:00这三个时段，獬冠人最为疲惫，而此时南冠人看中了丛棘岛人防精力的低谷。

（五）

刑事法律中的罪名体系庞大，定罪量刑的推演纷繁复杂。丛棘岛几乎装下了当时所有的罪名，从中也能感受到丛棘岛的庞大与监管的不易。

南冠人头顶的罪名数量好像也受"能者多劳"规律的支配,"能干"的南冠人一人顶着多个罪名。这情形好像在告诉其他南冠人,罪名是岛上的立足资本,凶狠标榜着能耐。越狱的南冠人中,也存在一人顶着数个罪名的情形,这一如既往地体现出他的"能干"。

虽然目前没有研究证明罪名和越狱之间的关联,但是,这不影响人们去了解越狱的南冠人头上都顶着哪些罪名。

由于在 66 名南冠人中存在着一人数个罪名的情形,因此以下统计的人次大于 66,具体分布如下:

盗窃罪,42 人次;抢劫罪,13 人次;抢夺罪,3 人次;诈骗罪,3 人次;脱逃罪,1 人次;伪造货币罪,1 人次;出售假币罪,1 人次;放火罪,1 人次;故意伤害罪,1 人次;流氓罪,1 人次;强奸罪,2 人次;侵占罪,1 人次;破坏公物罪,1 人次。(见图 6)

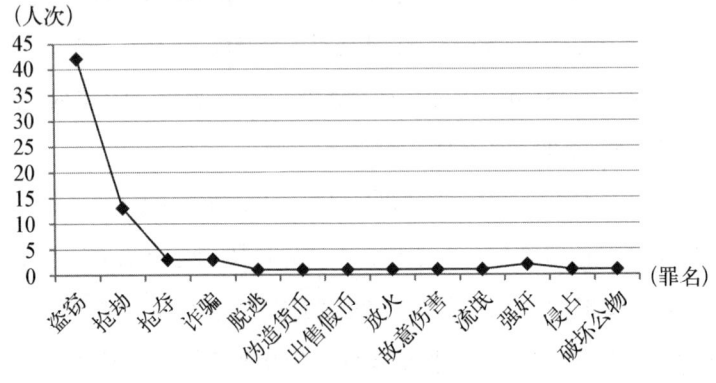

图 6　越狱者的罪名分布

从统计数据可知,这 66 个越狱的南冠人涉及财产侵犯、人身伤害等 13 类罪名。最为明显的是,盗窃罪高居榜首,是排在第二位的抢劫罪的 3 倍有余。难道盗窃所具备的技能,能让南冠人在越狱的谋划与行动中再展身手?

（六）

物理隔绝使监禁社会犹如深宫,因此,进入丛棘岛又被戏称为"进宫"。很显然,第一次入岛是"进宫"的起点。然而,在很多时候"起点"是容易让人忽略的位置。第一次入岛在丛棘岛上也不称为"一进宫"。由于有了第一次入岛的铺垫与衬托,第二次入岛才开始称为"二进宫"。以此类推,第三次入岛称为"三进宫",第四次入岛称为"四进宫"。当然,这不是数学公式的推算,不可以无止境地推演下去——丛棘岛至今未出现"七进宫"的南冠人。

66 个越狱的南冠人中,16 个人在此之前有过"进宫"的经历,有些人还不止 1 次。这 16 个南冠人多次"进宫"的分布结构是这样的:"二进宫",11 人;"三进宫",3 人;"四进宫",2 人。(见图 7)

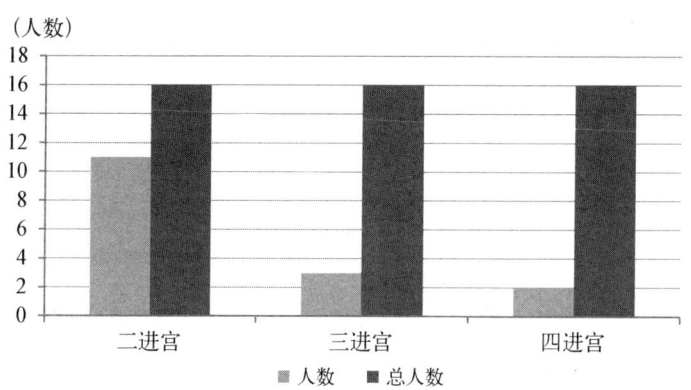

图 7 越狱者"进宫"频次分布

曾经的入岛经历,提升了南冠人岛上生存的能力。这对于越狱来说,是如虎添翼,如果有脱逃史,那将使他更加老道熟练。

在这 16 个多次"进宫"的南冠人中,他们挂在胸前的卡片上写着盗窃罪、脱逃罪、诈骗罪、故意伤害罪和流氓罪 5 类罪名,详细分布如

下：盗窃罪,12 人次;脱逃罪,4 人次;诈骗罪,4 人次;故意伤害罪,1 人次;流氓罪,1 人次。(见图 8)

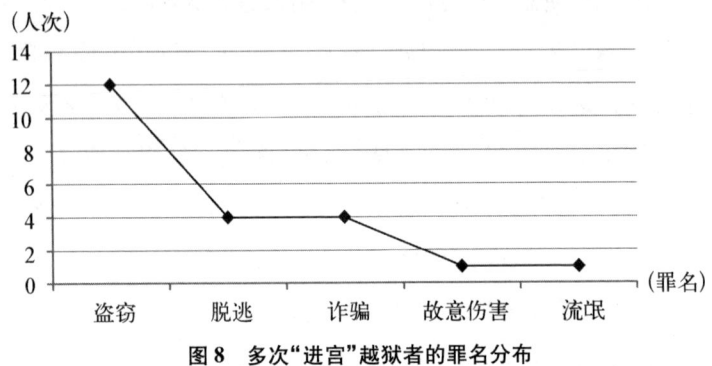

图 8 多次"进宫"越狱者的罪名分布

特别值得注意的是,在这多次"进宫"的南冠人当中,有 4 人次有脱逃史。前一次的脱逃无论是否既遂,都为下次的越狱演练了技能。

在多次"进宫"的罪名中仍然是盗窃罪最多,可见南冠人入岛之后并不必然改邪归正,行窃的本领还被熟练地应用于表达敌意的越狱。

(七)

如果把南冠人活动的区域划分为户外和室内两大空间,60 例越狱事件中,28 例发生在户外,32 例发生在室内,可谓旗鼓相当。据说,若干年后,丛棘岛官方取消了户外劳动,在那之后的越狱事件当然大多是从室内开始的了,但也不能因此而忽视了曾经存在过的户外越狱事件,在离岛探亲、就医和岛外移押时,南冠人依然身处户外。

南冠人越狱的户外空间可以划分得更细致,以相对精确地确定他们逃离的地点:户外劳动区、户外生活区、探亲途中、移押途中和岛外医疗区。室内空间也能划分成更为详细的地点：室内劳动区、室内生活区、室内学习区和室内医疗区。60 例越狱事件的脱逃地点在户外和室内空间是这样分布的：

户外劳动区，20 例；户外生活区，3 例；探亲途中，2 例；移押途中，2 例；岛外医疗区，1 例；室内劳动区，18 例；室内生活区，11 例；室内学习区，2 例；室内医疗区，1 例。（见图 9）

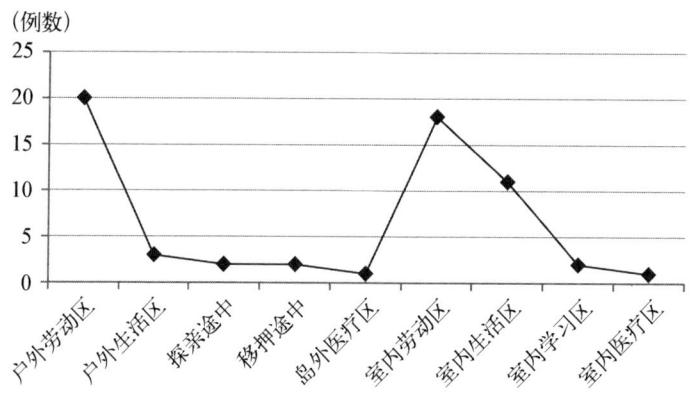

图 9　越狱发生地点分布

虽然室内空间的物防屏障为丛棘岛官方增强了信心，但是如果以为室内有房屋结构可以作为阻隔越狱的依托，那就大错特错了。南冠人从未因此而信心受挫，他们的敌意只寻找机会，不区分屏障的有形或无形。

（八）

南冠人逃离丛棘岛大致有四种途径：翻越物防、跨越人防、直穿大门和无防逃离。

物防是物体的或地理隔绝的防范，包括围墙、铁丝网、车窗和河流等。面对静静的物防,南冠人施展了剪割、攀爬、翻越、跳跃、游泳等可以与运动员较量的技能。

与物防相对的是人防,人防是通过流动的或固定的警力配置所形成的警戒。流动的人防纯粹依靠獬冠人的分布形成警戒,如在岛上定时或不定时的巡逻,在特定区域四周设置的岗哨,南冠人行进队伍中的警力配备,在交通要道和关口设卡等。纯粹的人防没有物理的界线,它的界线是无形的规则和南冠人对规则的敬畏。

跨越人防指的是跨越纯粹的人防,是对由獬冠人临时形成的警戒包围圈的跨越,包括隐匿逃离和强行跨越。

跨越人防主要是针对户外空间而言。在室内空间也有人防,但就越狱而言,即使南冠人跨越了人防,最终还要翻越物防或直穿大门才能逃离丛棘岛。

虽然丛棘岛官方在户外设置了纯粹的人防,南冠人仍然有机会乘獬冠人不备而悄悄离开警戒包围圈,这就是隐匿逃离。在獬冠人的包夹中强行冲出包围圈的情形虽然罕见,但也确实发生过。显然,这种强行跨越脱逃的结果只是徒增徒刑。

固定的人防是依托大门、岗楼等物防载体而形成的警戒,是物防和人防的第一次结合,它最典型的代表是丛棘岛的大门。

丛棘岛的大门既不是纯粹的物防,也不是纯粹的人防。大门本身属于物防,但对进出丛棘岛人员和车辆的检查以及大门的启闭一直由獬冠人控制。因此,丛棘岛的大门同时兼具物防和人防特点,而以人防为主。

在所有的逃离途径中,直穿大门是对南冠人最大的考验——他们要面对物防和人防的双重防范。虽然他们精心谋划了随车出门、劫持人质出门、乔装獬冠人出门和暴力强闯等越狱方案,但经过实践的检验,大都以失败告终。

　　若干年后,在丛棘岛上出现的技防是物防和人防的第二次结合。从技防入岛的那一天开始,它就从物防中分离出来。它自成体系,独当一面,是传统物防在科技发展浪潮中的飞跃。

　　无防逃离是南冠人最没有底线的逃离,也是丛棘岛官方最意想不到的越狱。一个一贯表现良好的南冠人,取得了獬冠人的信任,得到了丛棘岛官方离岛探亲的批准,在离岛探亲的途中,他却消失了。这是一个在没有任何物防和人防的自由空间里去挥霍自由的愚蠢举动,结果当然是对他自由的再次禁锢。也许这是个偶然,但对于丛棘岛官方而言,这是一个必然要吸取的教训。

　　在丛棘岛 60 例越狱事件,36 例中的 39 个南冠人选择翻越物防;16 例中的 17 个人跨越人防脱逃;两例无防逃离中的两个南冠人做出了背弃獬冠人信任的惊人举动;最后剩下的 6 例中,有 9 个人真的敢于直穿大门。(见图 10)

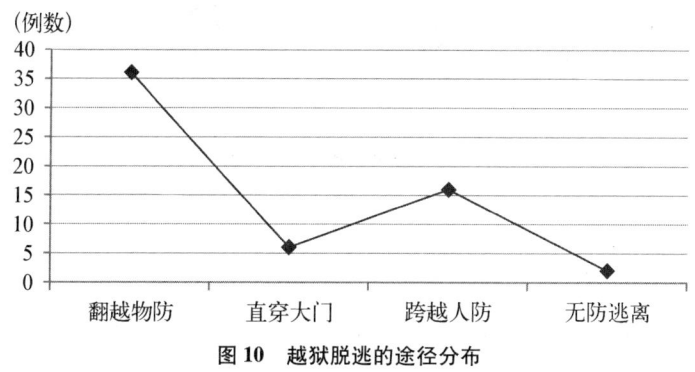

图 10　越狱脱逃的途径分布

　　这说明在越狱前,南冠人对于最后以哪种途径逃离丛棘岛也做了充分的预估,在物防、人防以及物防和人防的结合中,他们更愿意选择不会思考的物防。

（九）

在越狱的意愿上,南冠人和獬冠人的态度正好相反。作为越狱的发起方,逃出丛棘岛是南冠人最终的目标,但獬冠人认为,越狱的发生以及南冠人成功出逃是他们最大的失败。虽然双方的态度针锋相对,但是越狱并没有因此而受到影响,依然间断性地冒出。

在 60 例越狱案件中,既遂的有 44 例,即 44 例中的 47 个南冠人成功脱离獬冠人的监管;未遂的有 16 例,即 16 例中的 20 个南冠人在越出最后警戒包围圈之前,被成功抓捕或死亡。(见图 11)

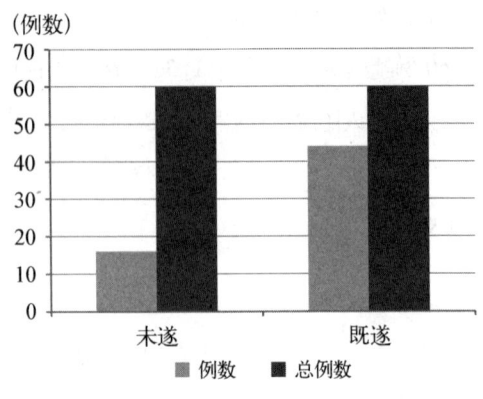

图 11　越狱既未遂状态分布

从既遂或未遂的越狱事件中,南冠人读到的是对越狱的模仿与更新,獬冠人看到的是对越狱的防范与升级。

从南冠人未遂的越狱事件中,发现了一个纯粹而完整的现象:在所有的逃离方式中,翻越物防逃离的方式最多,然而翻越物防中的跳墙却没有成功的案例,都以被电击死亡、溺水死亡或骨折被捕的方式宣告敌意表达的失败。

肉体的消亡带走了还未表达完结的敌意,但并没有让后继者停止

　　　　　丛棘岛映像——越轨行为在监禁社会的表现与规制

逃跑的步伐。这对于南冠人来说,只不过是一场实证,证实了那种致死越狱的不可取。肉体的损伤也并不代表敌意的消减,只不过会在表达上另择时机。当下次机会来临的时候,它的表达会更加顽强和凶猛。

<h1 style="text-align:center">七</h1>

在丛棘岛的 60 例越狱事件中,有一个南冠人的越狱可谓离奇。这发生在某年的 8 月 17 日。

这是一个酷热的高温季节,丛棘岛的土地仿佛被晒焦了。只有夜晚的来临才给岛上的动植物带来短暂而珍贵的喘息时间。

这是一个天气变幻的夜晚,让人忘记了白天的焦阳。

万籁俱寂,除了獬冠人,岛上的生命仿佛都进入了休眠而等待复苏的状态。

一阵轻风从南冠人的居室外吹过,不留动静地继续向东南方向吹去。

一个人从原本固定的窗户铁栅栏中不紧不慢地钻出,沿着围墙爬到工具间。在工具间门口,他摸索了好一阵子,好像在寻找什么物件。显然,他知道这个时间段,工具间上了锁。

很顺利地,他找到了前几天就藏好的开锁工具——铁锥子,他用铁锥子撬开了工具间的挂锁。

没多久,他从工具间走了出来,手里拿着一根铁管。带着铁管,他在预定的路线上继续前进。这条路线在他心中不知道反复推演过多少次。

他已经离开了居室的那一幢楼,来到了医务室外面。医务室所在的楼处在丛棘岛警戒圈的边缘,穿过这座楼,就跳出了警戒圈。现在,他的意图已然十分明显了。

他用铁管撬开了医务室的挂锁——铁管在他的手里发挥了不是铁管应有的作用。他穿过医务室,又撬开沿马路铁窗上的铁栅栏。

他再次从铁窗的铁栅栏翻出,消失在朦胧的夜色之中。

八

两个小时之后,一个被尿憋醒的南冠人在惺忪中感觉到了室友的失踪,这才惊醒了沉睡中的丛棘岛。

一时间,警灯闪烁、警笛呼啸,獬冠人开始全力追捕这个脱逃的南冠人。尽管在 8 个小时之后,番号为 03 - 05 - 216 - 12 的南冠人在树丛中被捕获,但这是一个既遂的越狱事件。

从番号来看,这是一个因盗窃而入岛的南冠人,但是,他的过去远比胸前卡片上的信息来得复杂。

他生长在一个船民家庭,生活条件非常艰苦,也因此没进过学堂。

18 岁时,他进入一家船运公司工作。他的运气好像不太好,两年后,他工作时左腿被驳船上的钢绳缆截断。那一年他刚满 20 岁。

他所受的伤被认定为工伤,船运公司照例给他发工资。

他虽然可以在家休息,但他是一个闲不住的人,还是经常到船上闲逛,并带去一些商品向工友们兜售。他人生的真正转折就是从兜售商品开始。

某天,他在船上兜售香烟时被抓获。原来,他兜售的香烟是赃物。由于他守口如瓶,不提供香烟的来源,28 岁的时候,他被法院以盗窃罪的名义判处有期徒刑 7 年,并被送进丛棘岛。这是他入岛生涯的开始。

他并不认罪服法,所以一直耿耿于怀,心理上产生了报复社会的微妙变化。

若干年之后,他刑满释放,但是离岛之后没多久,他又因惯窃罪和故意伤害罪被判处有期徒刑 13 年,剥夺政治权利 3 年。第二次入岛的时候,他 35 岁。

两年之后,他成功越狱。这一年,他 37 岁。在越狱的年龄段里,37 岁是高龄的越狱者。在逃亡中,他边逃边盗,以盗供逃。最终,他因犯脱逃罪和惯窃罪,数罪并罚,被判处有期徒刑 12 年,剥夺政治权利 2 年。连同越狱前的余刑,法院合并他的刑罚为有期徒刑 20 年,剥夺政治权利 5 年。

第一次越狱的成功,给了他无比的自信,"……伤害者通过他的恶行确立了自信……"①,这让他在脱逃的路上不停奔跑。

虽然没多久他就回到了丛棘岛,但是越狱的刺激,给他带来了别样的满足——獬冠人的追捕,让他一时之间成为焦点。这是越轨带来的精神"福利"。

3 年之后,他再次越狱成功,并因此被加刑 3 年。连同余刑,他的刑罚再次被确定为有期徒刑 20 年,剥夺政治权利 5 年。这一年他 40 岁,如果不算可能获得减刑的时间,他正常离岛的时候已是花甲之年。

九

从在船上兜售香烟被判刑入岛开始,他的内心就埋下了报复社会

① [美]查尔斯·霍顿·库利:《人类本性与社会秩序》,包凡一、王湲译,华夏出版社 2015 年版,第 195 页。

越狱:故意最极端的表达

的种子,这种偏激的心理,酝酿着偏离正常轨道的行为。他为这次越狱在丛棘岛上蛰伏了 10 年,此时,他已经年满 50 岁。

这是他第三次越狱,而且又是一次既遂的脱逃。虽然他在工伤之后安装了假肢,但残缺的肢体并没有减缓他脱逃的步伐。相反,左腿的假肢形成了不可能越狱的假象,让獬冠人放松了警惕。

从 28 岁开始,他就跟丛棘岛结下了难解之缘。在他进出丛棘岛的四个回合中,只有一次是刑满释放的正常离岛,其他三次都是以非常的形式离岛。

严格地说,他只能算"二进宫",第一次入岛时他 28 岁(盗窃罪),第二次入岛时 35 岁(惯窃罪和故意伤害罪),在此之后发生的脱逃以及被捕回岛,都依附于第二次判决。

虽然在统计上把他归类为"二进宫",但这丝毫不影响他"老官司"的身份。从 28 岁到 50 岁,这是人生中最美好的青春年华。然而,他从青年到中年的 22 年都在丛棘岛上度过,此时,他开启的只是另一个漫长的刑期。

十

南冠人 03－05－216－12 的第三次越狱,从丛棘岛官方披露的信息中能看到更详细的情节:

在逃跑之前,他搜集了很多剩饭,晒干后当作干粮。他从劳动车间偷取了一根钢锯条,并把它藏匿在居室内。他乘居室内无人之际,以间断而隐蔽的方式锯断了铁窗上的三根铁栅栏,然后,再把它伪装成完好如初的原始状态。

8 月 17 日,多云转小雨,气温为 27—32℃,风力 2—3 级。

　　丛棘岛映像——越轨行为在监禁社会的表现与规制

凌晨 2 点左右,他趁同居室的南冠人熟睡之际,推开事先锯断的三根铁栅栏,翻出居室。

……

凌晨 4 点多,天已渐亮,他藏身于路旁山坡的树丛中,伺机逃跑。

当天 10 点左右,他被搜捕的獬冠人抓获。

8 月份,是丛棘岛越狱的高发月份。

8 月 17 日是星期一,他的越狱其实是星期日的延续,属于一周中高发的一天。

凌晨 2 点左右是丛棘岛上越狱事件高发的时段。

盗窃罪是 60 个越狱事件中高发的罪名。

他从室内生活区逃离,在逃离地点中也位列第三。

在逃离途径上,他选择了成功率最高的翻越物防。

他属于"二进宫",是越狱中的高发人群。

在越狱因素中,对他最不利的是年龄,他越狱的年龄分别是 37 岁、40 岁和 50 岁,他属于高龄越狱者,但这个劣势被他的"老官司"身份、脱逃经验以及伪装成弱者的假象所弥补。

因此,他越狱因素呈现着有利于既遂的暗示,事实也印证了他成功越狱的结果。

十一

敌意既深埋于南冠人的心底,也飘荡在丛棘岛的上空。

南冠人心怀消极敌意的时候,表现出低眉顺眼的神情,而在表露积极敌意的时候,则奔泻出横眉瞪眼的凶狠。低眉顺眼是常态,这让獬冠人放松了警惕,误以为这种常态便是真态。殊不知,"低眉顺眼"和"横眉瞪眼"都是敌意的表达状态。在如何对待南冠人上,丛棘岛上曾流行过这样一句话:"像父母对待孩子,像医生对待病人,像老师对待学生。"从中可以看出丛棘岛官方对南冠人的温和态度,也可以看出刑事审判与监禁社会的不同秉性。这是一个附带语境的句子,不应该做生硬的解读。不过,人们在遵奉这句话的时候,往往忽视了隐含的前提——"低眉顺眼"。因此,这句话只在南冠人"低眉顺眼"的语境中适用。

南冠人原本就有"横眉瞪眼"和"低眉顺眼"的双面性,只是他们在獬冠人面前表现出"低眉顺眼"的时间长了,有些獬冠人也就轻率地以为他们本是如此。对于南冠人的这两种状态,獬冠人也应该采取"严厉"与"同情"两种不同的策略,正如:

> 公正的父母或老师能够不丧失恩爱地责备孩子或学生的不轨行为。同一原则适用于罪犯和一切应予以敌视的事物。社会对不合格的成员的态度应该是严厉而又富于同情的,就像一位父亲对待一个不听话的孩子。①

所以,在南冠人"横眉瞪眼"的语境下,獬冠人奉行的"三个对待"应该有所更改,这样的表述也许更加准确:"像父母对待叛逆时期的孩子,像医生对待抵触治疗的病人,像老师对待调皮捣蛋的学生。"

---

① [美]查尔斯·霍顿·库利:《人类本性与社会秩序》,包凡一、王湲译,华夏出版社2015年版,第197—198页。

十二

愤怒和愤慨不仅仅是字面上的区别,更在于两者所主导的方向截然相反。愤怒带来的是破坏性的结果,而愤慨产生的是维护秩序的进步力量。愤慨"指向那些有害公益的事情,从而以符合道义的成功的方式满足了愤怒的天性"①,它是对代表破坏性的愤怒的有力回击,"这种愤慨在理智的指导下,是进步的主要推动力"②。

獬冠人和南冠人的反感情绪,表现出的正好是两股相反的力量。库利认为:"人们维护自己的权利,维护他同情人们的权利是件好事,使得任何践踏这种权利的企图都能导致产生正义的、坚定的愤慨。"③獬冠人在维护丛棘岛官方秩序、打击南冠人越狱时表现出的正是这种正义而坚定的愤慨。这是维护丛棘岛规则生命力的主要力量,也是獬冠人最深沉的底色。

南冠人的敌意产生于岛外的审判,但在岛内得到自我强化。越狱是敌意的外化,是南冠人敌意最极端的表达。只要敌意仍然存在,越狱的可能性就不会消失。丛棘岛官方下达的绝不允许越狱发生的命令,正说明了他们对南冠人越狱表现出来的愤慨,以及维护正义的坚定决心。然而,这并不能说明南冠人的敌意因此销声匿迹,南冠人从此不再以越狱的方式隐踪藏行。只有等到南冠人敌意消失的那一天,越狱这个曾经让丛棘岛不得安宁的词语,才会平静地躺在词典里。

尽管南冠人的愤怒支撑着越狱的行为,但是獬冠人的正义也让愤

---

① ② 〔美〕查尔斯·霍顿·库利:《人类本性与社会秩序》,包凡一、王湲译,华夏出版社2015年版,第192页。

③ 同上书,第194页。

慨充满着活力。虽然两股相反的力量在不停地较量,但呈现出的却是愤慨的强大和愤恨的弱小:

愤慨是持久而有力的,因为它带着清醒的理智;而冲动的无理性的愤恨却缺少思想的滋润,不会有持久的力量。①

---

① [美]查尔斯·霍顿·库利:《人类本性与社会秩序》,包凡一、王湲译,华夏出版社2015年版,第196页。

劳动改造：
形塑"劳动意识"中的假象与真态

一

劳动改造在狭义和广义两种不同的语境中具有不同的含义。

狭义的劳动改造是通过"劳动"这种常见而又独特的方式，改变南冠人的认知和行为，并使其达到预期的效果。在认知上，通过劳动改变南冠人错误的价值观，培育其是与非、善与恶的正确的评价标准。在行为上，通过劳动矫正南冠人好逸恶劳的恶习，并让他在劳动中习得谋生技能，使其离岛后能凭此自食其力。这时的"劳动"不同于农民在田间的劳动，它显然青出于蓝胜于蓝，成了改变人的基本状况的一种手段。这场景好似武侠小说中某人意外获得一本武功秘籍，照章练习之后武功精进的情节。

广义的劳动改造从狭义的劳动改造升级而来，是有关于监禁的一种学说、理论以及实践范式。

此处所说的劳动改造是狭义语境中的劳动改造。

广义和狭义的劳动改造共同造就了一个极具特色的称谓——劳改犯。这是那个时代人们对南冠人一个非正式的简称，劳动在改造南冠人中所具的地位可见一斑。

"牢改犯"是"劳改犯"在汉语里的一个谐音。"牢改犯"从字面也解释为通过坐牢这种方式来改变南冠人的认知与行为,但是就劳动改造而言,显然"劳改犯"对南冠人的意指更加贴切和精确。

南冠人在岛上的劳动与农民劳动的不同之处在于丛棘岛官方在南冠人的劳动中融入了农民自由劳动时所没有的"劳动意识"。这不得不让人想起布洛维的"共识性"劳动理论。

二

"共识性"劳动理论①是当代西方劳动理论的一支,它以劳工社会学为视角进行研究,代表人物是麦克·布洛维(Michael Burawoy)。布洛维曾在赞比亚、美国、匈牙利和俄罗斯的多个工厂当过"学术工人",在此基础上先后完成了《制造同意》(*Manufacturing Consent*)、《生产的政治》(*The Politics of Production*)和《辉煌的过去》(*The Radiant Past*)三部代表性著作②,奠定了"共识性"劳动理论的基础。

布洛维的"共识性"劳动理论认为,资本主义劳动过程的特点,在自由资本主义阶段和垄断资本主义阶段是不同的,在自由资本主义阶段是以强制性劳动为主,而在垄断资本主义阶段是以"共识性"劳动为主。

"共识性"劳动理论的渊源可追溯至安东尼奥·葛兰西(Antonio

---

① 由于有不同的译法,这里采用郭伶俐的观点,用"'共识性'劳动理论"进行表述,参见郭伶俐:《当代西方劳动理论批判:兼论马克思劳动理论的当代意义》,中国社会科学出版社 2011 年版,第 75 页。

② 布洛维的这三本代表性著作,目前只有 *Manufacturing Consent* 有中文译本。中文译本又分两个版本:一个版本是台湾的林宗弘等把它译为《制造甘愿》(台湾群学出版有限公司 2005 年版),另一个版本是大陆的李荣荣把它译为《制造同意》(商务印书馆 2008 年版)。

　　　　　　　　丛棘岛映像——越轨行为在监禁社会的表现与规制

Gramsci)的文化霸权理论和路易·阿尔都塞(Louis Althusser)的意识形态理论。文化霸权简言之,就是在暴力手段之外,通过文化领导权上的绝对优势使统治对象顺从于现状。① 在阿尔都塞看来,意识形态是社会形态的一种,与经济形态和政治形态并列。他认为意识形态具有役使性,"在人自觉不自觉的情况下,以个体形塑、召唤为主体,使他屈从、臣服于意识形态,人的一切都无法逃脱意识形态的形塑和浸泡"②。

布洛维依据马克思主义政治经济学原理,认为经济基础与上层建筑不可分离,③生产与政治联系在一起,"任何工作场域都包含经济维度(物品的生产)、政治维度(社会关系的生产)和意识形态维度(对那些关系体验的生产),这三个维度是密不可分的"④。布洛维"共识性"劳动理论中的"共识""认同"是生产与政治不可分离的产物,是在工厂和车间生产出来的,这种共识"既包括工人个体对工厂管理理念和管理手段的认同,也包括工人对资本主义生产关系的认同"⑤。

作为一名学术工人,从工作现场入手分析劳动,是他独特的学术视角。"把工人带回分析的中心,从政治和意识形态方面考察生产过程是如何从主观和客观的结合上形塑工人阶级……"⑥

---

① 参见郭伶俐:《当代西方劳动理论批判:兼论马克思劳动理论的当代意义》,中国社会科学出版社 2011 年版,第 199 页。

② 郭伶俐:《当代西方劳动理论批判:兼论马克思劳动理论的当代意义》,中国社会科学出版社 2011 年版,第 200—201 页。

③ 布洛维认为:"政治和意识形态并不是上层建筑的禁区,而是深深地扎根于经济基础之中……"引自[美]迈克尔·布若威:《制造同意:垄断资本主义劳动过程的变迁》,李荣荣译,商务印书馆 2008 年版,《叛逆的马克思主义者(代译序)》第 12 页。

④ 转引自郭伶俐:《当代西方劳动理论批判:兼论马克思劳动理论的当代意义》,中国社会科学出版社 2011 年版,第 196 页。

⑤ 郭伶俐:《当代西方劳动理论批判:兼论马克思劳动理论的当代意义》,中国社会科学出版社 2011 年版,第 193 页。

⑥ Michael Burawoy, *The Politics of Production: Factory Regimes Under Capitalism and Socialism*, London: Verso, 1985, p.8.

如前所述,"共识性"劳动有别于自由资本主义阶段的强制劳动,它是指通过劳动过程,在生产政治中塑造认同,使工人能自发地参与劳动。在此基础上,他提出了"生产的政治"(politics of production)这一概念。他认为资本主义生产并不只是孤立的、经济领域的生产产品的劳动过程,同时也渗透着政治和意识形态因素。"劳动过程的政治效果和生产的政治规范工具共同构成了一个工厂独特的工厂政体(factory regime),或生产政体(production regime)。"①这是布洛维对劳动过程理论的重要贡献。

三

布洛维认为,资本主义劳动过程并非简单的产品生产过程,其中渗透着政治和意识形态因素。这种在劳动过程中对劳动者渗透的策略,很早以前就出现在丛棘岛官方的劳动监管策略之中。

不过,丛棘岛上不用"渗透"这种颇具政治性或谍战性的词语。在丛棘岛上,与其相当的是一个耳熟能详的习惯性用语——改造。

虽然布洛维的"共识性"劳动理论分析的是资本主义如何赢得剩余价值,与南冠人的劳动没有任何关联元素,但在一方对另一方的意识渗透上,实在有异曲同工之妙。

也许是丛棘岛的偏远使丛棘岛官方的劳动监管策略与布洛维的理论各自在互不交汇的轨道内运行,然而,这并不影响它们共性思维的交汇与碰撞。

---

① 闻翔、周潇:《西方劳动过程理论与中国经验:一个批判性的述评》,《中国社会科学》2007年第3期,第33页。

劳动改造的渗透的方式是通过劳动及劳动的组织管理形塑南冠人的认知与行为，并达到丛棘岛官方预期的改造目标。

布洛维"生产的政体"这一概念讲述的是垄断资产主义对工人阶级的渗透，丛棘岛上劳动改造的对象是监禁中的人。虽然两者都有渗透的策略，但是劳动改造的渗透在内容、方式以及形塑的目标等方面有别于布洛维的宏观含义，因此，此处用"劳动意识"来概括丛棘岛劳动改造的内容，也许更适合丛棘岛的语境。

四

丛棘岛官方对"劳动意识"形塑的强制性，与布洛维的理论在前提上存在差异。

南冠人劳动的强制性，与他的判决书一样从生效的那天起就早已注定。劳动强制性的源头可溯及法槌敲响的那一刻。监禁惩罚的强制性在劳动改造的技术层面也得到了体现。此时，南冠人必须接受獬冠人的监管。不管喜欢还是不喜欢，只要健康状况许可，南冠人都必须参加劳动。这对于游手好闲、好逸恶劳的南冠人来说并不是一件乐于接受的事。

南冠人的劳动内容由丛棘岛官方统一安排。受劳动项目种类的影响，丛棘岛官方无法保证每个南冠人都能与特定的劳动项目相匹配。一个工艺品加工，对于一个水手而言是一项从没尝试过的挑战。如果用"张飞绣花"来形容是过于夸张的说法，那他现在从事的劳动与他的职业训练相去甚远却是不差的事实。所以，在宏观层面，丛棘岛官方引进了一些低门槛的劳动项目，以增强劳动项目的普及性。在微观层面，獬冠人尽可能在流水工序上做到量体裁衣，以提高个体与劳动岗位的匹配度。

南冠人不可自主选择劳动的时间和空间,这是基于强制管理而采取的措施。丛棘岛官方组织的劳动,时间和地点都相对固定,这不依南冠人的喜好而变更。

根据丛棘岛官方的规定,南冠人参加劳动可以获得相应的报酬。这是调动南冠人劳动积极性最直接、最有效的杠杆。

当劳动的强制性遇到自愿接受劳动的南冠人时,强制性就被自愿性吸收了。南冠人中有真心悔过者,也有冥顽不灵者。真心悔过的南冠人全面接受丛棘岛官方的规则,他愿意且需要通过劳动来表达内心的忏悔。这时强制性被自愿性吸收。由外而至的强制遇到由内而出的自愿,强制性往日的强大便立即不见了,而显得渺小甚微。自愿劳动无须借助外在的强制力。因此,对于真心悔过的南冠人而言,他劳动的意境高于强制性之下的劳动。

五

劳动强制性的前提是主观上没有意愿,但这并不影响对南冠人"劳动意识"的形塑。

劳动的强制性并不仅仅发生于丛棘岛,按照马克思的劳动过程理论,强制劳动在自由资本主义时期就已经在工人阶级身上出现。布洛维认为在垄断资本主义时期,强制劳动理论应得到发展。从过去单一的强制劳动到组织的共识性劳动,这正是布洛维眼中强制劳动理论的发展。布洛维认为:

> 在劳动过程中,共识基于组织行动,仿佛为工人呈现了真实

的选择,却又限制了选择的范围。正是在参与选择中产生了共识。①

　　从棘岛官方对南冠人劳动的组织管理,是对南冠人劳动强制性的补充和发展,也是"劳动意识"萌生的缝隙。丛棘岛官方对劳动的组织以及蕴含在劳动中的纪律,都是南冠人在"劳动意识"中所要达成共识的对象。

　　布洛维在论述工人的共识产生时首先把目光聚焦于工厂车间,并把工厂的劳动过程视为"游戏(game)"。"作为游戏的劳动过程"是布洛维在计件工资制的基础上提出来的。

　　马克思认为,计件工资一方面促进了工人个性的发展,另一方面也促进了工人之间的相互竞争。② 布洛维把计件工资制解读为一种游戏,通过对游戏的组织、参与以及游戏规则的制定融入生产。这个游戏的过程,就是认同产生的过程,"正如玩一个游戏会产生对其规则的同意一样"③。

　　与自由社会的劳动一样,南冠人在劳动中同样存在着相互竞争。计件制在丛棘岛的田间或车间转变为指标制。南冠人完成预定的指标是参加劳动的基本要求。如果要获得额外的奖励,就要超额完成预定的指标。从基本指标到超额指标,南冠人之间的相互竞争得以展现。

---

① 转引自郭伶俐:《当代西方劳动理论批判:兼论马克思劳动理论的当代意义》,中国社会科学出版社 2011 年版,第 202 页。

② 参见[德]马克思:《资本论》(第 1 卷),中共中央马克思恩格斯列宁斯大林著作编译局译,人民出版社 2004 年版,第 639 页。

③ 郭伶俐:《当代西方劳动理论批判:兼论马克思劳动理论的当代意义》,中国社会科学出版社 2011 年版,第 206 页。

在田间的流水沟和车间的流水线之外,丛棘岛官方让南冠人参与劳动管理,诸如在工序排布、工艺完善、规程修订等方案的制定中提出可行的建议。

南冠人参与劳动,在劳动中竞争,参与劳动管理,并在协助组织和管理中献计献策,这些是南冠人"劳动意识"形成的方式,也是丛棘岛官方的策略。

六

丛棘岛官方是国家刑罚执行的组织化身,在南冠人的劳动过程掌握着主导权。尽管如此,丛棘岛官方在形塑"劳动意识"时,仍然要采用让南冠人自愿接受的策略,因为:

> 单纯的强制性只能产生"强迫""被迫"的服从行为,它可能带来某种秩序,但这种秩序不是以人们对于规则的认同和接受为基础。①

劳动的强制性形成了南冠人对丛棘岛官方的对立情感,而丛棘岛官方却要在这对立的情感中形塑南冠人的"劳动意识"。这对丛棘岛官方而言并非把握十足,而是面临挑战。

布洛维的"共识性"劳动理论分析了资本主义形塑工人的可能性。他在论述劳动过程对工人意识的形塑时指出,工人的"共识性"有三个基础,即赶工游戏、车间的内部管理制度以及工会组织的调和。

---

① 何勤华主编:《西方法律思想史(第二版)》,复旦大学出版社2011年版,第321页。

　　　　丛棘岛映像——越轨行为在监禁社会的表现与规制

在这三个基础上,通过生产关系的调整,把工人形塑为个体而不是一个阶级,进而缓解了两个阶级之间的矛盾:

> 在发达资本主义国家,生产的政治以其特有的理性方式,把工人塑造成了受操纵的单个个体,这不仅消解了工人的主体性地位,也消解了工人的有意识反抗。①

丛棘岛官方在形塑南冠人"劳动意识"时,已经预估到可能发生的抵抗(事实上也存在着这样的抵抗),所以在劳动制度设计和组织管理上,把南冠人分化为个体,不让其以群体的方式出现,这隐藏了獬冠人和南冠人两个群体的对立关系,让南冠人个体在选择中认可蕴含在劳动中的"劳动意识"。丛棘岛官方在劳动中采用的指标制也是试图把南冠人群体分化为个体的隐形策略。

七

南冠人群体的"劳动意识"与个体的"劳动意识"是两个不能直接画等号的概念。

相对于丛棘岛官方而言,倘若南冠人群体接受了"劳动意识",那么就实现了形塑的目标,反之,则是形塑目标的落空。

然而,在南冠人群体内部,总有一些南冠人持着与群体倾向不一致的态度。在部分人接受"劳动意识"时,总有人持反对的态度。这个反对的态度分为两种,即直接反对和间接反对。直接的反对是不留

---

① 郭伶俐:《当代西方劳动理论批判:兼论马克思劳动理论的当代意义》,中国社会科学出版社 2011 年版,第 225 页。

余地的拒绝,间接的反对即委婉的不合作,有时还表现出迎合的假象。

布洛维"共识性"劳动理论推崇的是工人的认同,其反面是工人的不满和抗争。如果说用"不满"和"抗争"来描述相似的场景显得过于激烈,不适合丛棘岛上劳动的语境,那么用"迎合"来描述南冠人对劳动的不认同应该不为过。

迎合是南冠人接受"劳动意识"的假象,也是南冠人对待"劳动意识"的一种真实状态。

从目标与手段关系上看,"迎合"是手段,而不是目标。南冠人在劳动中表现的"迎合",是为了实现其特定的目标。"迎合"只是实现目标的必经过程,也是一个不"迎合"则无法实现目标的过程。

认同源自内心,它是建立在自愿基础上的成长。自愿参加劳动的南冠人,不存在手段上的"迎合"。因为,他们在劳动中忏悔,在劳动中达成的"劳动意识"本身就是终极目标。

南冠人在劳动中表现出来的"迎合",是与"劳动意识"相分离的状况,是认可丛棘岛"劳动意识"的一种假象。它的自愿是对于假象的自愿,而不是对"劳动意识"本身的发自内心的自愿。

南冠人迎合"劳动意识"的实质是迎合丛棘岛官方的规则。

早日离开丛棘岛是所有南冠人共同的愿望,但这又不是朝夕可成的新起点——他们囿于刑罚明确而又严肃的刑期之中。

丛棘岛官方的减刑、假释等刑期变更制度,让南冠人早日离岛的愿望变得可行而实在。尽管如此,丛棘岛官方在刑期变更上设置了诸多条件,南冠人只有满足这些条件,刑期变更才可能提上议程。毫无疑问,丛棘岛的劳动体系早已与计分考核体系相衔接。"劳动意识"与南冠人的刑期变更相关联。

在早日离开丛棘岛这个问题上,南冠人一直处于枷锁和矛盾之

丛棘岛映像——越轨行为在监禁社会的表现与规制

中:他既想早日离岛,但又受到刑期变更制度的约束;既不想参加劳动,又不得不接受劳动的规则。南冠人对"劳动意识"的迎合就是在这样的矛盾中形成。

对于不认同"劳动意识"的南冠人而言,迎合是一个无奈的选择,但又是一个明智的选择。从履行丛棘岛官方规则来看,南冠人参加劳动,遵守劳动规则,符合丛棘岛官方形塑"劳动意识"的初衷。然而,他参加劳动只是一个手段,一切只为功利性的目标。功利性的目标并没有与丛棘岛官方形塑目标保持协同的节奏。

南冠人在"劳动意识"形塑过程中表现出来的迎合,是对计分考核体系等丛棘岛官方规则的臣服。因此,他看似迎合"劳动意识",实质却是迎合丛棘岛官方的规则。

八

南冠人对"劳动意识"的态度呈认同、迎合和反对的动态变化过程。

丛棘岛官方对南冠人"劳动意识"的形塑,从一开始就充满着艰难与曲折。南冠人对"劳动意识"的形塑持着各不相同的认知和态度,有真实的认同者,也有虚张的迎合者,还有明确拒绝的反对者。在对"劳动意识"的态度上,没有既不认同、也不迎合的中立者。

克林森在批判布洛维的工人认同观点时认为:"抗争与认同并非绝对对立,二者之间相互渗透、不可分割,抗争之中包含着认同的充分,在工人认同的状况下同样存在着抗争。"[1]南冠人之间也存在着前

---

[1] 郭伶俐:《当代西方劳动理论批判:兼论马克思劳动理论的当代意义》,中国社会科学出版社 2011 年版,第 234 页。

后不一的变化情形：原本持认同的态度，由于外在因素的介入，转变为迎合；或者原本是迎合的态度，由于相反的外在因素的介入，转变为认同。

南冠人对"劳动意识"在认同、迎合和反对之间的变化是一个动态的过程，这次从此端走向彼端的变化，并不能宣告这就是他的最终状态，峰回路转才是符合他们常态的描述。

所以，在丛棘岛田间的流水沟旁，看似相同的劳动身影后面，折射出的却是对"劳动意识"认同或迎合的迥异态度。在丛棘岛车间的流水线上，在整齐划一的操作手法里面，潜藏着对"劳动意识"强烈与淡弱的不同情感。

九

对南冠人"劳动意识"的形塑，不能忽视外部环境的作用。

资本主义工厂中"生产的政体"无法保证所有的工人都能达成共识，布洛维的"共识性"劳动理论也无法"吸纳"所有的工人，抗争一直存在。这超出了"共识性"劳动理论的预期。

丛棘岛上的劳动也无法避免相似的情形。丛棘岛的"劳动意识"中所包含的对劳动的认知、操作的规程、劳动的组织、劳动的纪律、劳动的道德观念和市场观念等，并不能不折不扣地在所有的南冠人中得到实现。丛棘岛官方在劳动生产过程中试图对南冠人进行形塑时，总会遇到他们以违反操作规程、违反劳动纪律或消极怠工，有时甚至是以犯罪的极端表现对形塑做出不满的回应。这与丛棘岛官方形塑"劳动意识"的初衷背道而驰。

工人的抗争与南冠人的抵抗，正在向布洛维的"共识性"劳动理论提出异议。

布洛维的"共识性"劳动理论是当代西方劳动理论的一支流派，但其理论自身的缺陷一直遭到学者们的批评。

布洛维"共识性"劳动理论的缺陷，是对外部环境因素的作用估计不足。他虽然没有完全否定外部因素的作用，但他认为"像学校、家庭、国家等外部因素的影响作用只有在劳动过程的转变中才能呈现出来"①。英国著名社会理论家和社会学家安东尼·吉登斯（Anthony Giddens）对此提出了批评，认为应当重视外部环境的形塑作用。

工人的抗争与南冠人的抵抗，这种在劳动场域发生的困境，从布洛维的"共识性"劳动理论来看，根源正在于其理论本身的缺陷。

布洛维在《生产的政治》中接受了学者们的批评，修正了自己的观点，认为在自己理论中"忘记了外部力量对生产政治的潜移默化作用"②。

对南冠人的"劳动意识"形塑，不能仅仅局限于"劳动意识"本身，同样不能忽视外部环境的作用。丛棘岛官方似乎已经意识到了这个问题，后来的策略表明他们正在外部环境方面做积极的尝试。

---

① 郭伶俐：《当代西方劳动理论批判：兼论马克思劳动理论的当代意义》，中国社会科学出版社 2011 年版，第 233 页。

② 同上书，第 231 页。

"大田畔"：劳动中的对比及其表现状况

一

　　丛棘岛地势西高东低,西部山脉连绵,高峰耸立;东部地势平缓,沃土百里。山脚的梯田蜿蜒壮观,随着地势一路延伸,到了平原上就变成沟渠纵横的水田。这里属于亚热带季风气候,适合水稻、地瓜等农作物的生长。码头作为与外界沟通的唯一关口——也修建在丛棘岛的东部湾。

　　东部既能让农作物茂盛,也适合人的生存,且交通便利。因此,这里成为南冠人的居住地是自然和人文选择的结果。

　　根据丛棘岛官方的规定,南冠人都必须参加劳动,可以不参加劳动的只有例外。不参加劳动的南冠人只有两种情形——要么生理偏离了劳动的基本要求,要么精神恍惚超出了对劳动的基本认识。

　　从南冠人的劳动史中可以发现,劳动曾有过不同的称谓:城旦舂(男犯筑城,女犯舂米)、鬼薪白粲(男犯为祭祀砍柴,女犯为祭祀择米)、军役、劳动……有些劳动的称谓(如城旦舂、鬼薪白粲、劳动)居然升格为徒刑的名称,可见劳动在刑罚中的重要地位。

　　在不同的年代,南冠人劳动的内容和强度不一样。远古时期的劳动,比资本主义之后的劳动来得严苛,堪称奴役,野蛮残忍,同时还关

　　　　　丛棘岛映像——越轨行为在监禁社会的表现与规制

联着精神上的羞辱。

封建社会时期,南冠人的劳动虽然繁重,但已经开始逐步规范,感化的思想得以萌芽。

西方文艺复兴运动之后,新兴的人权思想改变了丛棘岛上劳动发展的走向,在劳动制度、劳动时间、劳动条件、劳动报酬、劳动组织和劳动技能培训等方面体现出了从未有过的文明与进步。英国人约翰·霍华德可谓功不可没,他带有相框的头像应该挂在丛棘岛"岛史展馆"的墙上。

从历史唯物主义观来看,丛棘岛上的劳动内容由其所处历史时期的条件所决定。南冠人曾经在地球上刻画出伟大的工程,在北半球盖起了阿房宫,在南半球修建了大洋路。20世纪末,南冠人田地里的劳动曾被称为"大田畔"。"大田畔"的主要劳动内容是田间劳作:翻土、种植、施肥、灌溉、除草、灭虫直至收获。这是以劳动地点来命名那个时代劳动的田野做法。

"大田畔"在丛棘岛上是非正式的称呼,在丛棘岛官方的史志中查不到有关的记载。

时间进入20世纪后,社会分工得到进一步发展,劳动分工在某些领域已经十分精细。传统的农业劳动虽然没有现代流水线上的精细流程,但在集体劳动时,原始的、粗略的岗位分类也已早早地被丛棘岛官方所应用。

根据劳动的内容,南冠人的劳动分为直接生产的劳动和非直接生产的劳动。直接生产的劳动是指南冠人直接参加劳动的生产,是劳动的主要形式。非直接生产的劳动是指为直接生产劳动提供服务支持或通过智力、体力等方式丰富南冠人文化活动,保障南冠人日常生活的劳动(详见《特劳犯:带刺的"拐杖"》)。非直接劳动岗位在不同时期会有所变化,但基本类别却相对稳定。

这是丛棘岛官方站在丛棘岛劳动发展的制高点,对庞大的劳动体量做了系统分析后的规划和分类。因此,从宏观上看,它维持了丛棘岛劳动的秩序,实现了劳动生产的预期产量与总体发展目标。从微观上看,在南冠人群体中,并不是每个人都与宏观趋势保持一致。南冠人对"劳动意识"所持的不同态度,在劳动上也有相应的表现。这是集体劳动模式固有的弊端。在历史上,它也曾经历过严格的考验。

集体劳动模式弊端所埋下的伏笔,给南冠人的劳动消极状况留下了空间。

二

南冠人在劳动中的状况是他们对各类因素权衡的结果。

南冠人在劳动中呈现出积极状况或消极状况。它并非凭空出现,与像光晕一样环绕左右的外界因素密切相关。这些是影响南冠人劳动状况的外界因素:

其一,丛棘岛官方的规则。南冠人在岛上的消费款由两个部分构成,一部分是丛棘岛官方给予的劳动报酬,另一部分是其家属从岛外寄来的钱款。这两部分构成在不同的时期,有过不同的组合。从构成组合的变迁来看,南冠人的消费支付主要有以下三种模式:

一是南冠人只能使用劳动报酬,不能使用岛外寄来款。这种情形只在某个特定的时期存在,可以称之为"纯劳动报酬支付"模式。

二是南冠人既可以使用劳动报酬,也可以使用岛外寄来款。可称这种情形为"混合支付"模式。

三是南冠人只能按规定的比例使用劳动报酬和岛外寄来款。这

丛棘岛映像——越轨行为在监禁社会的表现与规制

时前者的比例通常大于后者,可以称之为"按比例支付"模式。

当丛棘岛官方规定南冠人在岛上的消费只能适用"纯劳动报酬支付"模式时,南冠人的劳动积极性得到有效刺激,劳动状况最积极。

当南冠人在岛上的消费适用"按比例支付"模式时,南冠人的劳动积极性得到一定的刺激,劳动的积极性有所减弱。

当南冠人在岛上的消费适用"混合支付"模式时,劳动积极性则得不到有效的刺激,劳动状况最为疲软。

其二,南冠人自身的经济条件。这个因素是第一个因素的延续。南冠人消费款项中的岛外钱款暗含了一个前提,即南冠人有可供支配的个人钱款。此时,他不需对劳动报酬寄予过多的希望,劳动的积极性受到阻碍。这是一个机会性的因素,只是给南冠人创设了机会,但能否兑现取决于南冠人自身。如果自身经济条件难以支持,那么"混合支付"和"按比例支付"便成为空中楼阁。因为不管适用哪个支付模式,对他而言只有"纯劳动报酬支付"一种模式。此时,他不得不在"纯劳动报酬支付"模式下劳动。

其三,岛内的劳动环境。劳动环境分为物理环境和人文环境。相对于人文环境,物理环境对全体南冠人都一视同仁,不因个人喜好而改变,除非他对客观世界的认识与众不同。因此,它对南冠人劳动状况的影响是共进共退的关系,没有可资对比的差异性。

人文环境包括岗位分配是否合理,产量指标分配是否公平,付出与收入是否成正比例,能否体现按劳分配的原则等。这是南冠人劳动状况差异化的关键所在。

其四,丛棘岛官方通过各种形式的教育传授的主流劳动价值观。

其五,尚未列入分析的其他突发因素。

三

南冠人的劳动状况有四种表现形式,即劳动的积极状况、劳动的消极状况、劳动从积极状况到消极状况的负向变化和劳动从消极状况到积极状况的正向变化。这是一个粗略的划分,实际情形远比这个划分复杂和多变。劳动状况及其变化可以用抛物线进行展示:

(一)

横轴 X 代表时间,纵轴 Y 代表状况,最高点 S 表示最积极的状况,起点 A 和终点 A′表示最消极的状况。O 点表示入岛点,O′点表示离岛点。从 A 到 S 表示劳动从消极状况到积极状况的正向变化,从 S 到 A′表示劳动从积极状况到消极状况的负向变化。(见图 12)

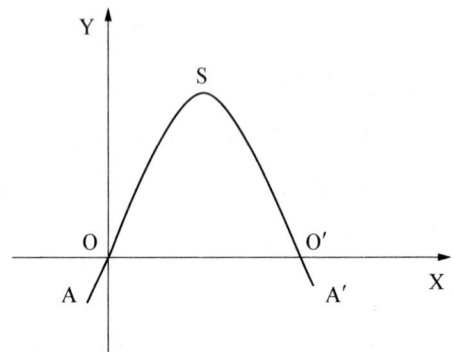

图 12 从积极状况到消极状况的变化示意图

(二)

横轴 X 代表时间,纵轴 Y 代表状况,最低点 S 表示最消极的状况,起点 A 和终点 A′表示最积极的状况。O 点表示入岛点,O′点表示离岛点。从 A 到 S 表示劳动从积极状况到消极状况的负向变化,从 S 到 A′表示劳动从消极状况到积极状况的正向变化。(见图 13)

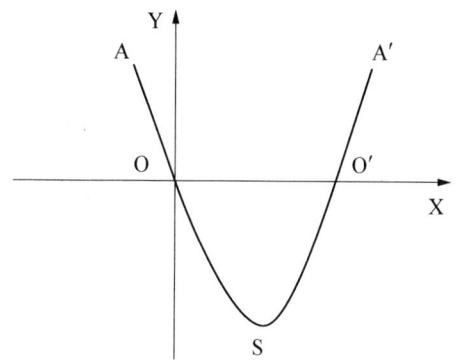

图 13 从积极状况到消极状况的变化示意图

　　南冠人原有的劳动状况与外界因素交互形成了四种基本状况。第一种状况是纯粹的积极状况,在这种状况里,外界因素不起作用(不需外界因素刺激,也能保持积极状况)。入岛前后,他一直保持积极的状况。第二种状况是纯粹的消极状况,外界因素也同样不起作用(虽然有外界因素刺激,但无效)。入岛前后,他一直保持消极的状况。第一种和第二种状况正好相反,它们处于劳动状况的两极。第三种状况是"积极—消极—积极"的变化状况。他在入岛之前是积极状况,在入岛后的第一个阶段,受外界因素的负向作用,他由积极状况转变为消极状况;在入岛后的第二个阶段,受外界因素的正向作用,他由消极状况转变为积极状况。第四种状况是"消极—积极—消极"的变化状况。他在入岛之前是消极状况,在入岛后的第一个阶段,受外界因素的正向作用,他由消极状况转变为积极状况;在入岛后的第二个阶段,受外界因素的负向作用,他由积极状况转变为消极状况。(见表 1)

表1 四种基本状况及其变化

种 类	入岛前	外界因素作用	入岛后第一阶段	外界因素作用	入岛后第二阶段
第一种	积极	不起作用	积极	不起作用	积极
第二种	消极	不起作用	消极	不起作用	消极
第三种	积极	起作用	消极	起作用	积极
第四种	消极	起作用	积极	起作用	消极

在丛棘岛上,南冠人对劳动持不同的态度,有的人天生厌恶劳动,处于劳动消极状况的桎梏里,一辈子在抛物线的起点龟缩不前;有的人天生勤劳,插着劳动积极状况的翅膀,一生向着抛物线的最高点不断进取。这两种人是理想的模型,外界因素几乎不起作用,因此,也无须外界因素的助力。上述表格中的第一种和第二种就属于这种理想的状况。

在广袤的社会里,理想的类型永远只是极少数,绝大部分人都在第三种和第四种劳动状况中反复徘徊。南冠人也是如此。

南冠人因为外界因素的变化呈现出不同的劳动状况,在丛棘岛上已经司空见惯。在他们展现的所有状态中,有两种状态应该引起丛棘岛官方的重视,即第三种状态的第一阶段和第四种状态的第二阶段。这都是从积极到消极的负向变化,是潜藏在劳动中的危险状况,掣肘着丛棘岛上的劳动生产。

四

南冠人的劳动消极状况及其变化呈现两种轨迹:积极—消极—积极,消极—积极—消极。这两种轨迹中都涵盖了"积极—消极"的变化。这里以南冠人的实例对丛棘岛上的劳动消极状况及其变化进行分析。

南冠人 03 – 03 – 068 – 01 入岛前曾经是一个勤劳肯干的农民,农田的劳动对他来说驾轻就熟。他生养了四个孩子,家庭生活的压力使他改变了继续在农田里起早贪黑的劳动轨迹。

为了获得更高的收入,他到城里当了一名货车司机。对财富的渴望让他对自己的工作充满了激情,但他获取财富的非法途径,改变了他的人生。

一天夜里,他在路边发现了一堆包装完好的奶粉。这对他来说是一个天降的惊喜。他把这些奶粉装上车后飞驰而去。带着捡到便宜的欣喜,他开始四处兜售这些不达标的奶粉。这种欣喜使他丧失了最基本的理智,他心里明白这是"问题奶粉",但为了自己的孩子而伤害他人孩子的行为,注定让他从欣喜万分逆转至悲哀满腹。最终他带着"销售不符合卫生标准的食品罪"的罪名,被送进丛棘岛。

丛棘岛官方对南冠人的劳动状况在考核上进行了细化,即把抽象的劳动状况转化为易于考核的劳动等级。南冠人的劳动等级从高到低分为四级:一级最高,表明他正处于劳动的积极状况;二级次之;三级逊于二级;四级最低,表明他正处于劳动的消极状况。

丛棘岛官方核定劳动等级的主要标准是南冠人的劳动态度、行为表现、劳动技能、劳动绩效等因素。这些因素是劳动状况的量化元素。

劳动等级的评定周期为三个月,即每个季度核定一次。劳动等级与计分考核、分级处遇及劳动报酬挂钩。劳动等级越高,则考核分越高、处遇越好、劳动报酬越多;反之,劳动等级越低,则考核分越低、处遇越差、劳动报酬越少。

入岛之初,南冠人 03 – 03 – 068 – 01 表现出了一个地道而肯干的农民本色,与其相随的愧疚与自责使他对原本就熟悉的田间劳作十分卖力。不仅如此,他时常还有额外的表现——在当日指定的劳动指标完成后,他还能超额劳动,不停地翻地或收割。他也因此得到獬冠人的肯定与表扬,劳动等级持续保持最高,并且成为獬冠人批评消极南冠人时经常列举的正面事例。

但是好景不长,随着他对岛内环境的熟悉,特别是目睹了劳动岗位的差异以及劳动报酬差距的不明显,他对自己熟悉田间劳作表现出了少有的厌恶。他在入岛之初的劳动积极性逐渐冷却,而表现在外的则是他对劳动指标的敷衍,并夹杂着消极的言语。

獬冠人注意到了他行为与思想的变化,与他进行了褒奖式和告诫式的谈话。在褒奖式的谈话中,獬冠人肯定了他入岛以来的努力,希望他能保持原有的干劲,继续保持最高的劳动等级。褒奖式谈话过后,他的劳动状况并没有起色。一段时间之后,獬冠人又与他进行了告诫式的谈话。在告诫式谈话中,獬冠人对他当前的劳动状况做了全面的利弊分析,劳动状况的衰退将导致劳动等级降低,这也会影响到他的计分考核、处遇等级和劳动报酬。獬冠人的两次谈话,可谓恩威并重,但是收效甚微,他依然我行我素。

五

南冠人劳动消极状况产生于歧视性对比。

"歧视性对比"是制度经济学鼻祖凡勃伦在他的代表作《有闲阶级论——关于制度的经济研究》中提出的观点,它的前提是劳动生产的分化。他在《有闲阶级论——关于制度的经济研究》中这样论述道:

丛棘岛映像——越轨行为在监禁社会的表现与规制

在业务上日益多样化和专门化,由此形成的分界线就逐渐把生产业务与非生产业务分了开来。①

当然,凡勃伦的"生产业务"和"非生产业务"是就整个社会而言,所以他是在宏观层面所做的区分,如供应生活需要的物质资料劳动属于生产业务,而战争、政治、宗教崇奉和公开娱乐则属于非生产业务。

在丛棘岛上,关于直接劳动岗位和非直接劳动岗位的区分没有这般宏大,但这丝毫不影响对南冠人劳动消极状况的分析。

在南冠人看来,直接劳动岗位与非直接劳动岗位存在明显的区别。与直接参加劳动相比,南冠人认为非直接劳动岗位具有很大的优越性。他们如此判断最少有这样两个坚实的理由:

一是劳心优于劳力,即非直接劳动岗位劳动强度小,而直接劳动岗位劳动强度大。

二是形式活泼优于形式刻板,非直接劳动岗位表现出相对多样和相对自由的形式,而直接劳动岗位则相对刻板与枯燥。

总之,非直接劳动岗位舒适度大,而直接劳动岗位舒适度小。这是他们追捧非直接劳动岗位永不枯竭的动力。

凡勃伦的论述更为深刻,他说生产和非生产之间的区别,是业务上的一种歧视性区别。列入非生产一类的业务是可敬的、光荣的、高贵的,而生产的业务,尤其是含有奴性或屈服意味的那些业务,是不值得尊敬的、低贱的、不体面的。②

---

① [美]凡勃伦:《有闲阶级论——关于制度的经济研究》,蔡受百译,商务印书馆2013年版,第5页。
② 参见[美]凡勃伦:《有闲阶级论——关于制度的经济研究》,蔡受百译,商务印书馆2013年版,第14页。

在同一块田畔,直接劳动与协调、组织的劳动存在区别;在同一片山地,不同的分工对体力存在不同的要求。对于相对轻松的岗位和相对体面的劳动,南冠人争而取之。南冠人在精神上的扩张,表明"恶劳"在丛棘岛上是一种普遍存在的倾向。凡勃伦毫无保留地揭露了人们的"恶劳":

> 生产工作则相对地被认为是可鄙的,丑恶的;在惯常的理解下,拿起生产工具从事操作,是有损于壮健男儿的体面的。于是劳动变成了惹人厌恶的业务。①

南冠人 03 - 03 - 068 - 01 劳动状况从积极到消极的负向变化,看似漫不经心,实则没有超出歧视性对比的心理规律。

从当时的外界因素可以得出以下基本判断:

第一,南冠人在岛上的消费是"混合支付"模式,劳动报酬是消费钱款的一部分。

第二,个人可以部分或全部使用岛外钱款进行消费,个人自身经济起作用。

第三,对劳动报酬的依赖程度降低,劳动报酬在南冠人的眼里失去重要地位。

第四,在劳动的自我定位上,南冠人对舒适度的追求高于物质追求。

在权衡利弊时,有的南冠人对上述因素进行全面评估,有的则只看重其中个别因素。每个人自身情况的差异,使他们在自我定位时对

---

① [美]凡勃伦:《有闲阶级论——关于制度的经济研究》,蔡受百译,商务印书馆 2013 年版,第 17 页。

权衡因素的把握呈现出多样化的特点。

对于自身经济基础坚实,可以全部使用岛外钱款进行消费的南冠人而言,劳动报酬在他眼里仅仅是微利,他并不指望带着劳动报酬出岛,劳动是保持身体机能健全的方式。此时,劳动报酬的最大化不是他们考虑的重点。在许可的条件下,他们开始力争带着优越感色彩的非直接劳动岗位,岗位的舒适度对他们而言更加重要。

没有了经济压力,精神需求便释放出了原始的张力。南冠人精神需求的释放明确表示出了对直接劳动的排斥。在凡勃伦看来,人们之所以不喜欢参加劳动,是因为人们习惯于把劳动同懦弱或对主子的服从联结在一起,因此:

> 劳动是屈居下级的标志,是一个有地位、有身份的男子所不屑为的。在这样的传统观念的影响下,人们感到劳动是要降低品格的,这种观念相沿至今,并没有消失。正相反,随着社会文化的演进,这一观念已成为古已有之、无可怀疑的成规,已经得到了公理的支持。[1]

自身经济基础坚实的南冠人,试图在岛内过上有地位的生活,寻找与众不同的感觉。如果丛棘岛官方允许自由着装,他们肯定会在服装和装饰上下一番功夫,以显示出他属于"有闲阶级"的高贵与荣耀。这不仅将强化他们远离劳动的观念,也会让歧视性对比在南冠人中不断发酵。

南冠人 03 - 03 - 068 - 01 在劳动的自我定位时,并没有全面综合

---

[1] [美]凡勃伦:《有闲阶级论——关于制度的经济研究》,蔡受百译,商务印书馆2013年版,第31页。

各种因素,因为他既得不到岛外的经济支持,也不看重超产带来的超额劳动报酬。他认为完成獬冠人核定的指标,得到应得的报酬,在岛上就可以淡定生活,但是他特别在乎劳动岗位的舒适度,特别不能容忍非直接劳动岗位者在他面前晃悠。他认为那些人是南冠人的"上层人士",他希望有朝一日自己也能跻身"上层人士"的行列。

他对自己的现状很不满,他觉得自己的劳动能力很强,獬冠人应该重用他,让他参与田间劳动的管理,但现实击碎了他的一厢情愿,獬冠人并没有如他所愿。他还是两脚插在泥土里,机械地完成着指标。因此,他觉得自己属于"下层入土"行列。

这让他感到愤愤不平。这种愤愤不平刚萌芽时,被他压制在心里。渐渐地,愤愤不平不断壮大,他自己压制不住内心的不满,便以消极劳动的方式进行释放。

再到后来,愤愤不平的种子已经从春天的萌芽变成夏天的枝繁叶茂。当行为的释放已不足以驱尽内心的烦闷时,他开辟了一条新的途径来表达对现实的不满——他开始私下评论丛棘岛上的劳动与生活,牢骚怪话在这种情境下不断涌出。

六

从表面上看,南冠人歧视性对比的是岗位的不同与分工的差异,但其实质却是对财富和社会尊敬的渴望。

不管是自身经济基础坚实,还是在岛内获得了较多的劳动报酬,具有相当经济实力的南冠人是令人羡慕的对象。在"混合支付"模式和"按比例支付"模式下,情形尤其如此。

这时,他不仅有令人羡慕的消费来源,而且可以不用为了报酬的

丛棘岛映像——越轨行为在监禁社会的表现与规制

最大化而在劳动上加倍努力,经济实力成了博得尊敬的基础:

> 如果要在社会上获得声望和相当地位,就必须取得财产、累积财产,财产成了财产所有者享有社会地位和声望的标志,财产享有也成为博得荣誉和社会尊敬,甚至满足自尊心的必要手段。①

这种羡慕中除了对物质的占有欲望,还包含着对荣誉和尊敬的推崇。进入带有优越感色彩的非直接劳动岗位,意味着劳动强度的大幅降低,这是在丛棘岛特定环境下寻找轻松状况的现实途径。因此,也就成了一种令人心仪的向往。对此,凡勃伦在《有闲阶级论——关于制度的经济研究》里这样写道:

> 在一切文化阶段,一个普通的、正常的人,如果能够有一个"相当过得去的环境",能够免于"躬亲贱役",就会感到安慰,感到一种自尊心。不论在他的生活的物质环境方面,或日常生活的内容方面,如果被迫脱离了他那个过得去的习惯标准,这时不管他的同辈们对他的遭遇作何感想,同情也罢,蔑视也罢,他总会感到这是有损体面的。②

南冠人 03-03-068-01 消极劳动状况的产生,其实质是渴望获得社会尊敬的心理在作祟。如今他已经没有了当年为家庭生计而起

---

① 郭伶俐:《当代西方劳动理论批判:兼论马克思劳动理论的当代意义》,中国社会科学出版社 2011 年版,第 55 页。

② 参见[美]凡勃伦:《有闲阶级论——关于制度的经济研究》,蔡受百译,商务印书馆 2013 年版,第 31 页。

早贪黑的任劳任怨。在歧视性对比中，他希望自己能免于"躬亲贱役"，在非直接劳动岗位的转悠中舒展自己雄风。免于"躬亲贱役"是跻身"上层人士"行列的标志，是获得尊敬和体面的标志；"躬亲贱役"则意味着仍然匍匐在"下层入土"的行列。

他做梦也想加入"上层人士"的行列，但梦醒时分，他仍然走在脚没黄泥的"下层入土"行列。此时，他对社会地位渴望的内心倾向，超越了勤劳美德的引导力量。

七

凡勃伦在学术语境中使用"歧视性对比"这一概念，并分析人与人之间的价值对比。这种对比的目的是按照人们在审美观念上或道德观念上的相对价值来分等、分级，从而确定心理上的自得程度。"歧视性对比"是人们对价值的一种评价方式，[1]因此，不要轻易将其纳入世俗的贬斥范畴。

并不是所有不想参加直接劳动的人都是凡勃伦研究的对象，他排除了懒汉或无力而为者，只有有能力为而故意不为者，才够得上"歧视性对比"的主体资格：

> 凡勃伦视野中的有闲阶级，不是指得那些懒惰或清静无为者，而是指得非生产性地消耗时间以证明自己有闲尊荣的那部分群体。[2]

① 参见[美]凡勃伦：《有闲阶级论——关于制度的经济研究》，蔡受百译，商务印书馆 2013 年版，第 29 页。

② 郭伶俐：《当代西方劳动理论批判：兼论马克思劳动理论的当代意义》，中国社会科学出版社 2011 年版，第 55 页。

从棘岛上没有显而易见的"有闲阶级",但在南冠人群体中,以"有闲阶级"的标准来衡量自己和他人、评判尊容与体面的现象却一直以潜藏的方式在暗中较量。尽管如此,潜藏得再深的动机,也将在"歧视性对比"的照耀下一丝不挂。

在南冠人劳动状况的变化中,外界因素起作用或者不起作用,在多大程度上起作用,是他们综合权衡各个因素的结果,但目的只有一个,即自我利益最大化。

从劳动价值观的教育、劳动指标的分配、劳动等级的核定、计分考核到劳动报酬的核算,丛棘岛官方手握绝对优势权,但即使在严格的监督和严密的监视下,南冠人对劳动的自我定位并没有完全实现丛棘岛官方的意图。因此,在没有严格监视的自由社会,在"歧视性对比"下产生的愤愤不平,必然能轻易地突破纪律与道德的约束,致使懈怠"不懈",牢骚"太牢"。

八

劳动状况的变化是对个人内心倾向最好的诠释。

南冠人 03－03－068－01 出岛前一年的某天,獬冠人在周记里突然发现了他思想上的巨大转变。他在周记里承认了自己思想的滑坡是很大的错误,希望能得到獬冠人的原谅,并表示自己要在劳动上好好表现,积极向丛棘岛官方靠拢。

从那时候起,他的劳动状况的确发生了很大的变化,这在獬冠人的指标统计中得到了印证。南冠人 03－03－068－01 这次劳动状况的变化属于上文提及的第三种状况的第二个阶段,即从消极状况到积极状况的正向转变。

从外界因素来看,丛棘岛官方规则发生了变化。由于"歧视性对比"在南冠人中间蔓延,丛棘岛官方觉得应出台有力的措施来遏制这个不良的势头。因此,南冠人消费的"混合支付"模式被"纯劳动报酬支付"模式取代。这是一个通过经济杠杆来调节劳动状况的举措。

根据丛棘岛官方的规则变化,可以得出以下基本判断:

第一,南冠人的劳动报酬是他在岛上消费的唯一支撑。

第二,不可以使用岛外钱款进行消费,自身经济状况不起作用。

第三,对劳动报酬的依赖程度上升,劳动报酬在南冠人的眼里至关重要。

第四,物质追求高于对舒适度的企盼。

丛棘岛官方规则仿佛一只看不见的手,在调节着南冠人的劳动状况。看似不可扭转的趋势,也在看不见的杠杆指挥下成功逆转。当然这只看不见的手,只能影响南冠人的内心倾向,却也无法左右每个人心中的天平。

"纯劳动报酬支付"模式的实施,中断了岛外经济的支持,使南冠人的贫富差距在一夜之间消除,让劳动报酬的重要性再次凸显。南冠人对劳动有了新的定位,即报酬第一,舒适度第二。因此,他们对劳动等级的竞争与劳动生产的场面一样热火朝天。

此时,尽管劳动对南冠人有非同寻常的意义,但这并不表示所有的南冠人对任何劳动岗位都乐于接受。在允许的范围内,他们还是想寻找一个最适合自己的岗位,这里的适合包括对劳动报酬在内的各项指标的权衡。

对劳动等级和岗位的追逐,实质上是对笨重而又低廉劳动的抛弃。因此,在新的一轮竞争中,"歧视性对比"的现象并未在南冠人之间销声匿迹。

南冠人思想或行为的变化都值得引起獬冠人的注意,于是,獬冠人和南冠人03－03－068－01之间的谈话又开始了,但这是一次冠冕堂皇而又有所保留的交谈,南冠人03－03－068－01只是重复了他周记里的内容,因此,这是一次书面内容口语化的谈话。

不过,在此次谈话中,南冠人03－03－068－01表现出了对丛棘岛官方少有的恭维。最后他还不忘强调,他劳动状况的变化是丛棘岛官方主流劳动价值观教育的结果。

然而,獬冠人早已知晓真正的原因,但獬冠人没有捅破他自尊的防线,对他在劳动上所发生的变化给予了鼓励和肯定。

此前不久,他女儿生了一场大病,虽然现已康复,但家里已是债台高筑。因此,他最想做的是尽可能多地赚取劳动报酬,在离岛的时候带着这些也许并不算多的节余,以弥补他对家庭的巨大亏欠。

曾经的他对劳动报酬的微小差距表现了多么强烈的不屑一顾,如今却不再计较收入与付出之间的反差。看来,愧疚与自责对自律的人的确能产生纠正的力量。

他劳动状况的改变与他的愧疚只是一个简单的关联,并不是一个需要复杂的推断才能得出的结论。獬冠人在他的往来信件中早已得知他女儿患病的情况。因此,獬冠人在与他留有余地的交谈中,既给他留下了自尊,也赢得了他的诚服。

特劳犯：带刺的"拐杖"

一

特劳犯，它不是一个罪名，但却是窥视南冠人群体结构的题眼。

特劳犯的由来得从劳动岗位的区分说起。南冠人的劳动被分为直接生产的劳动和非直接生产的劳动。它们相对应的岗位分别被称为"直接生产的劳动岗位"和"非直接生产的劳动岗位"。非直接生产的劳动岗位又被称为"特定劳动岗位"，为直接生产的劳动提供服务支持或通过智力、体力等方式丰富南冠人文化活动，保障南冠人日常生活。非直接生产劳动岗位门类齐全，有监组长岗位、生产大组长岗位、生产技术岗位、教学宣传岗位、炊场岗位、护理岗位、勤杂岗位、值星岗位……

如果劳动项目发生了变化，直接生产劳动岗位的具体名称可能会随之变化，但是，特定劳动岗位则不会随着劳动项目的变化而改变。它是丛棘岛官方从南冠人的劳动和生活中提炼出来的具有协助管理性质的岗位，因而具有相当的稳定性。

在特定劳动岗位从事劳动的南冠人又被称为"特定劳动岗位罪犯"，简称"特劳犯"。特劳犯虽然不是罪名，但称谓本身带着标识他们身份的"犯"字，因此，不论特劳犯的岗位有多么不同于直接生产的劳动岗位,他们是罪犯的身份属性并未发生改变。

特劳犯是根据劳动岗位对南冠人进行划分的结果,这虽然是劳动生产领域中的分类,但却关系到监禁社会的结构,可见劳动在监禁中的地位,也可见劳动在社会中的重要。

二

从棘岛上是否需要设置特定的劳动岗位,是否需要特劳犯,这在从棘岛官方内部曾有过激烈的争论。

赞成方认为,特定劳动岗位有助于强化从棘岛官方的监管末端,实现以"以他制他"的策略,同时是对南冠人人力资源的有效开发,降低运营成本。

反对方认为,特劳犯有危及岛内秩序和獬冠人安全的风险。反对方的视角聚焦在岛内秩序和安全防范,并非源于执法与管理的实际。换言之,如果秩序和安全处在可控的范围内,反对方也会赞同使用特劳犯。因此,反对方的反对是不彻底的反对。口舌之争无益于判断事态的发展,只会让低效与冗长在唾沫横飞的口水中沉闷发酵。

三

从棘岛官方监管末端缝隙是特劳犯产生的外在需要。

在政府管理的层级结构中,村庄是非常值得研究的组织。它不在政府的行政管理体系中,但却不可忽视这个组织的力量。从政令推行到政权稳固都有它可见或不可见的身影。

在一个名不见经传的团体中,一个看似微不足道的组织细胞,有时也能决定团体目标能否实现以及实现的程度。在许多组织或管理体系中,最小单元的细胞组织与决策中枢在指令的发出与执行上表现出遥远的间接关系。行政管理的力量一般不会直接到达最基层的村级组织或最小单元的组织细胞。在村庄或最小单元细胞组织中,行政管理需要末端自治。

在丛棘岛的行政管理体系中,管区是最末端的行政组织。监组犹如管区内的最小单元组织细胞,但它不是一级行政组织。

丛棘岛的执法与管理有别于自由社会的行政管理,强制性是丛棘岛官方监管南冠人的主基调。尽管如此,南冠人生活中的冗长与琐屑,劳动中的组织与协调,仍然需要末端"自治"活跃其中。

丛棘岛官方曾经提出丢掉特劳犯这个"拐杖"的口号,意在证明没有特劳犯,獬冠人也一样可维持监管。

然而,獬冠人与南冠人之间的悬殊比例让獬冠人在事无巨细的管理中感到力不从心。一个獬冠人对应十几个或二十几个南冠人(有可能会更多),他所应付的仍然是比例高悬的事务。这已经完全超出一个正常人所具备的能力:

> 矫正官员认为他的执法资源,包括其他警戒和惩罚威胁,不足以让他去机械地遵守所有的监狱规定。[①]

不容忽视的是,獬冠人还要应对丛棘岛官方对于他们的要求,由此产生了诸多针对獬冠人的行政事务。

獬冠人明白,要实现对南冠人的有序监管,最为有效的途径还得

---

① Bargaining in Correctional Institutions: Restructuring the Relation Between the Inmate and the Prison Authority, *Yale Law Journal*, Vol.81, No.4, 1972, pp.726 – 757.

依靠南冠人中的精干者。协助獬冠人的劳动岗位由此产生,獬冠人对自己手中的权力做出了适当的让渡。

那么,如果比例达到理想的状态,獬冠人是否可以在事无巨细中游刃有余呢?

獬冠人的监管触须当然可以延伸至岛上的每一个物理空间,但是它无法每时每刻保持从容与自如。假设獬冠人能保持时刻的清醒与精力的充沛,他们的监管触须也无法直达南冠人的内心空间:

> 看守能够了解被监视者的一举一动,但无法推知犯人心理活动的具体内容。[①]

南冠人的一个行为,在獬冠人看来也许平淡无奇,但在其他南冠人那里却有不同的解读。獬冠人的力量无法直接触及南冠人所有的场域。特劳犯正好能弥补獬冠人与南冠人之间关联的短板。

特劳犯来自南冠人,与南冠人朝夕相伴,比獬冠人更了解南冠人的习性,更熟知他们之间的相互关系。因此,特劳犯在协助獬冠人时能提供符合南冠人实际而又切实有效的方案。特劳犯的出现衔接了獬冠人意欲伸达的触须。

理论上,从棘岛上的事务全部应由獬冠人直接管理,但这仅仅是一个停留在理论中的观点。獬冠人无法直接触及南冠人内部,因此,只增加獬冠人的数量并不能让问题迎刃而解,反而增加从棘岛的运行成本。

在庞杂事务面前显示出的力量微薄与监管触须的有限性,使从棘

---

① 郭明:《监狱的隐喻:来自铁窗内的人生故事》,学林出版社 2010 年版,第 178 页。

岛官方萌生了设置特定劳动岗位的念头，以弥合监管末端的缝隙。"以他治他"的策略是弥合监管末端缝隙的最佳选择。

在丛棘岛上的两极社会里，獬冠人群体和南冠人群体互为环境。当人们把目光聚焦于獬冠人群体时，南冠人群体是他们的环境，相反，当人们关注南冠人群体时，獬冠人群体则成为他们的环境。每个社会有它自己的边界，因此，在社会与社会之间存在阻隔。帕森斯在社会的边界与阻隔方面有过这样的论述：

> 一个社会乃是一个社会的互动的网。在这一网络的边界，存在它和它的环境之间的一定层次的互动的离断。[1]

丛棘岛官方在监禁社会设置的特劳犯，实现了两个社会之间的跨越，突破了社会界线之间的"互动的离断"，把执法与管理的触须延伸进了监禁社会。

四

南冠人渴望获得丛棘岛官方的认可，这是特劳犯产生的内在驱动力。

如果不算意外的收获，南冠人实现利益最大化无非两条途径：一条是强取，另一条是靠拢。

强取行为是獬冠人打击的对象，而且强取所获得的利益可能极其有限，因此，这并非长久之计。

---

[1] 转引自[英]迈克尔·曼：《社会权力的来源》(第一卷)，刘北成、李少军译，上海人民出版社 2007 年版，第 17 页。

靠拢则不同,它得到丛棘岛官方的认可,这确保了它的正当性,也使他所获得的利益正当化。进一步而言,向獬冠人靠拢给他带来的利益可能更加广泛,这包括有形的利益(如食物)和无形的利益(如司法奖励)。

从可能性角度来看,每个南冠人都可以向獬冠人靠拢,但并不是每个南冠人都有靠拢的意愿。当然,靠拢、中立、对立的不同态度,也符合正态分布的走势。

南冠人的靠拢表现出了多样的方式,然而,在各类靠拢中,最具代表性的靠拢便是获得特定劳动岗位,使自己成为特劳犯。

特劳犯在有限物质资源的获取、有限司法奖励的竞争、有限优越感的赢得上具有"近水楼台先得月"的优势。物质资源对应身体所需,优越感对应精神所需,司法奖励对应自由价值,这虽然不能代表丛棘岛上所有的资源,但说这些利益是南冠人的主要向往也绝非夸张之词。

丛棘岛官方弥合监管末端缝隙与南冠人的靠拢是一个各取所需的局面,特劳犯顺势而生。

五

特劳犯是依附于丛棘岛官方监管权力的南冠人,依附性是特定劳动岗位最鲜明的属性。

在丛棘岛的两极社会体系中,獬冠人处于监管地位,南冠人则处于被监管地位。这是由"刑罚—监禁"的先天性所决定。

在丛棘岛上,獬冠人手中的权力,表明了他们无可置疑的监管地位:

他(矫正官)可以提供学习、工作、培训项目;他有权批准休假、工作释放、学校释放、周末释放;他有权力分配和转移;最重要的,他可以推荐假释,他可以取消"良好表现"积分,他的命令延及"不定期判决"。所有的这些情形都要求罪犯合作,一一附着于机械的监管规范,以避免麻烦。①

在力量对比上,獬冠人合法拥有武器和戒具,而南冠人若持有武器或戒具则属于非法行为。

在决定权上,獬冠人是执法者和管理者,拥有各项事务的决定权;南冠人是被执法者和被管理者,包括特劳犯在内的南冠人必须服从和执行獬冠人的决定。

在信息权限上,獬冠人和特劳犯一直保持着距离,他们容许特劳犯知晓的信息被限制在最小的范围。

所有的执法和管理元素表明,特劳犯所扮演的协助管理的角色,始终游离在丛棘岛官方监管末端与南冠人群体的衔接处,他们不可能进入獬冠人的管理中枢。

六

特劳犯虽然依附于獬冠人,但从丛棘岛官方监管末端缝隙产生时起,就带着独立的个性。特劳犯的独立性建立在其依附性上,因此不可能是真正的独立,充其量算是相对的独立。

在监禁社会,特劳犯的相对独立性表现在他们独特的逻辑、语言

---

① Bargaining in Correctional Institutions: Restructuring the Relation Between the Inmate and the Prison Authority, *Yale Law Journal*, Vol.81, No.4, 1972, pp.726 – 757.

和行为方式,以及他们对个人魅力与威望的追求上。

特劳犯深受监禁社会特有的逻辑和语言方式的影响。虽然他们只是在丛棘岛官方监管末端协助獬冠人处理一定的事务,但是,在不违背指令主旨的前提下,他们更善于使用自己的逻辑和语言。这些独特的语言有些是入岛前的习惯性延伸,有些则形成于岛内的监禁社会。他们不喜欢文绉绉的表达,更喜欢直接明了、说一不二的风格,有时甚至产生武力解决问题的逻辑倾向。他们习惯于运用自己的语言和逻辑方式,南冠人之间也认可这样的交流方式,这更易于让南冠人接受来自獬冠人的指令。

倘若特劳犯凭借相对独立性,能以平和的方式修改丛棘岛官方的指令,使官方指令在与南冠人交锋中化为现实,那么丛棘岛官方也不会排斥这样达成的平衡点。这个平衡点是丛棘岛官方策略实施的实然状态。

丛棘岛官方对特劳犯的行为有严格的要求,但他们仍然受到监禁社会亚文化的影响。他们通过掺和个人意见,执行獬冠人指派的任务;也喜欢权衡任务执行所带来的利弊,而在执行的时间、执行程度和执行范围等环节上有所取舍。面对南冠人的无理诉求,特劳犯们之间往往保持一致的意见以形成钳制之势,这正是獬冠人所希望看到的形势。特劳犯们之间偶尔也会有纷争,但在獬冠人的干预下,要么修复关系,要么调整岗位。獬冠人认为,特劳犯群体的稳定性必须得到延续。

特劳犯个人魅力与威望的形成得益于个人自身的条件,更为重要的是他在南冠人群体中表现出的公正性,以及对南冠人权益的维护。特劳犯在任务执行中体现出来的个人魅力与威望,维护了监禁社会的有序状态,然而,也夹杂着个人的私利。

相对独立性使特劳犯有了徘徊于依附与越轨之间的可能。特劳犯的越轨行为正是萌芽和生长于这个空间。当相对独立性被私利裹挟的时候，越轨行为便跃然而出。牢头狱霸是越轨行为在特劳犯身上最典型的负面表现，也因此使特劳犯的存在饱受诟病和争议。

<h1 style="text-align:center">七</h1>

特劳犯的越轨行为以不打破与獬冠人的共生共存关系为界线，这是由依附性所决定的。因此，它表现出非暴力的特征。

在丛棘岛的两极社会里，獬冠人与南冠人表现出既对立又共生的二元关系。对立关系是獬冠人与南冠人双方关系僵化的状态。这有"刑罚—监禁"的先天因素，也有"监禁—秩序"的后天因素。先天因素是基调，无法改变。后天因素具有偶发性，比如南冠人聚众骚乱、暴乱，脱逃或拒捕，正在行凶等破坏监管秩序的行为使双方关系骤然紧张。他们从策划（起意）时就已经表明与丛棘岛官方决裂的立场，不再顾及对丛棘岛官方的依附。对立关系表明獬冠人与南冠人不同的身份和界线。

共生关系是獬冠人与南冠人平和相处的状态，也是最常见的状态，介于对立状态和自由状态之间。这与对立关系截然相反，獬冠人与南冠人在监管与生活上表现出了互相依存的另一个状态：

> 罪犯"领导"、监狱社会和矫正机构官员之间的关系是共生和相互依存的。①

---

① Bargaining in Correctional Institutions: Restructuring the Relation Between the Inmate and the Prison Authority, *Yale Law Journal*, Vol.81, No.4, 1972, pp.726-757.

在共生关系中,特劳犯向丛棘岛官方靠拢,依附于官方的权威;丛棘岛官方借助特劳犯强化监管末端,以实现监管权力的无穷延伸。这个共生关系是丛棘岛官方和南冠人对立与共生的过程,并在形成之后仍然呈现这个形态。

相对于对立状态,特劳犯更喜欢在共生共存的状态中寻求私利。他们明白,暴力性将使自己陷入与官方决裂的被动境地。此时,他们的目的只是实现私利,而不是因此失去现有的利益。

于是,他们选择在丛棘岛官方规定的不明确之处入手。丛棘岛官方的规则提炼于监禁社会,和其他规则一样,它具有抽象性和滞后性。特劳犯的非暴力越轨行为表现在对规则的不忠实演绎。

在规则不尽明确之处的演绎,有忠实于原意的表达,也有偏离原意或放任的表达。在某个时期,丛棘岛官方开发了一个广播节目,意在缓解岛上生活的枯燥。这个节目在傍晚这个特定的时间里统一播出。它是一档综合性节目,包含认罪悔罪、服刑感想、经典名歌欣赏等栏目。

因为这是一个新开发的矫正项目,丛棘岛官方没有针对这个广播节目而制定专门的规则,因此南冠人在收听广播过程中的秩序与行为考核,只能援引已有的规定。与以往不同的是,这个项目没有效果评估的规定。

没有效果的评估,只有符合秩序的要求,这对南冠人而言简直是个福利。他们习惯于在规则中穿梭而不突破规则,他们把与节目无关的事务安排在节目播出的时间,唯一不符合要求的是不能满足节目的初衷与效果。

特劳犯有协助节目收听的义务,但此时,他们并没有积极组织收听以回应项目设计的原意。他们不起正面的组织作用,也和其他人一样涣散,而仅保持最低的秩序要求。

特劳犯的非暴力越轨行为还存在于生活事务的自主空间。

南冠人虽然处在全景敞式的监控之下,但是生活本身并不需要獬冠人在所有的事务上都实现绝对明确的管理。

从监禁惩罚的视角出发,南冠人的一举一动要绝对听从指令,只有得到许可,才可以实行某个行为。它的优点是降低了獬冠人在生活事务管理上的难度,缺点是容易形成南冠人的监禁人格。

从回归社会的视角出发,南冠人的生活在规则的框架内可以有一定的自主权,并非事事听命于獬冠人的指令。它的优点是有利于消除南冠人的监禁人格,缺点是增加了獬冠人管理监禁社会的难度。

獬冠人的管理与南冠人的自主此时形成了一对矛盾,它的实质是监禁惩罚与回归社会的冲突。丛棘岛官方给南冠人预留的生活自主空间,是监禁惩罚与回归社会二者妥协的产物,意在既维持监禁社会应有的秩序,也减缓监禁人格的形成。

然而,这却不能保证特劳犯在生活自主的空间里不逾越规则。

八

丛棘岛官方在是否使用特劳犯上激烈的争论,最终以严格选用和监督管理的方式确定下来。这不是赞成方或反对方单方取得的胜利,这恰恰是双方共同观点的融合——赞成方以严格选用和监督管理的方式,打消反对方的担忧。

(一)

丛棘岛官方从可用和禁用两个不同的视角制定了特劳犯的选用标准。可用标准是南冠人成为特劳犯应该具备的基本条件:

1. 思想稳定,表现积极。

2. 遵守丛棘岛官方制定的行为规范。

3. 无拉帮结伙、欺压其他南冠人的现象。

4. 计分考评等级在 C 级以上。

对于积极靠拢丛棘岛官方的南冠人而言,可用标准不算很高的要求。

可用标准是正向的标准,但这还不足以回应反对方的担忧。因此,丛棘岛官方从反向出发,排除了以下情形的南冠人:

1. 顽固、危险和身患较严重疾病的南冠人。

2. 涉及邪教犯罪的南冠人。

3. 涉黑、涉恶、涉毒犯罪团伙(集团)的首要分子或主要成员。

4. 原判无期徒刑、死刑缓期二年执行尚未减为有期徒刑的南冠人。

5. 被撤销特定劳动岗位或受到行政处罚、严管结束未满一年的南冠人。

6. 被确定为"四假"(假姓名、假身份、假经历、假地址)的南冠人。

尽管上述标准对特劳犯人选从正向和反向做了筛选,但是筛选出的人数远远大于特定劳动岗位的数量。因此,南冠人的文化程度、性格、言行举止、逻辑思维、入岛前的职业、成长背景、组织协调能力等因素进入獬冠人的眼帘。

(二)

选用特劳犯时的严格把关是一种静态的审核,是基于他们的过去而做的分析与判断。特劳犯的行为在日后执行指令中才动态地表现出来。因此,资格、资历上所反映出的静态合格,并不必然表示他在动态中也一定稳妥。职务犯罪的高官们在静态考察时都表现出了无人赶超的优越性,却在履职后的动态表现中把自己送进了丛棘岛。

从静态审核到动态监督,丛棘岛官方对特劳犯的管理可谓有始有终。在标识上,特劳犯在从事特定岗位劳动时均应佩戴丛棘岛官方统一配发的袖标,穿着标识服。在岗位管控上,所有特劳犯都应编入新的"三联号",并在从事特定岗位劳动时,确保自己始终处于獬冠人的有效管控范围内。

此外,丛棘岛官方对特劳犯还有禁止性规定,这再次意味着丛棘岛官方对他们可能产生的越轨行为已有防微杜渐之心。依据丛棘岛官方的规定,严禁特劳犯出现下列行为:

1. 掌握各类钥匙或单独使用房间。

2. 擅自进入獬冠人工作区域。

3. 代替獬冠人核定劳动指标或安排劳动内容。

4. 代替獬冠人对其他南冠人进行计分考核。

5. 参与搜身、清监、检查其他南冠人私人物品和信件。

6. 接触涉法文书、整理抄写獬冠人的执法资料。

7. 替獬冠人干私活。

(三)

在丛棘岛官方严格选用和监督管理的有效措施之下,特劳犯在动态中的表现有力地支持了赞成方——他们几乎未发生过危及人身安全的事件,涉密资料也牢牢地掌握在獬冠人手中。当然,特劳犯在动态中的表现也无法完全排除獬冠人反对方的担忧。因此,丛棘岛官方在特劳犯的使用中制定了撤销制度。

丛棘岛映像——越轨行为在监禁社会的表现与规制

依据丛棘岛官方规定,特劳犯如果具有下列情形之一,他的特定劳动岗位将被撤销:

1. 发生了丛棘岛官方严禁的行为。

2. 有严重违纪行为,受到丛棘岛官方严管或行政处罚。

3. 不能胜任现有岗位。

4. 履行特定岗位职责时发生重大失误。

5. 经考核评定为不合格。

九

"特劳犯"的前身是"四犯"。顾名思义,"四犯"是四类特定劳动岗位的罪犯。也许若干年以后,它的名称还会发生变化,但它的内涵应该不会偏离它的属性。

丛棘岛官方设置的特定劳动岗位,强化了监管末端,延伸了监管的神经末梢。假设丛棘岛官方没有设置特定劳动岗位,没有架起监禁社会正式的结构层级,那么非正式的结构层级也会以弱肉强食方式自然产生。与其让非正式的结构层级蔓延,不如以官方的正式形式肯定它的存在。

特劳犯是监禁社会结构的题目,通过特劳犯可以看到监禁社会比较正式的结构层级。当然,南冠人在岛上人人平等,特劳犯是南冠人,他们与其他南冠人仍然处于平等地位,特劳并没有特权。然而,当特劳犯在特定岗位进行劳动时,监禁社会的结构层级便依稀可见。他们协助丛棘岛官方管理南冠人的生活、劳动、学习、医疗、文娱等事务,这把他们推到了一个核心的位置。Donald Clemmer 在《监狱社会》中做了这样的表述:

> 罪犯社会中的领导被定义为一个能影响和指导他人意见和行为的人，通过行为或声誉显示行动的方式。他是一个处于融洽关系核心位置的人。①

Donald Clemmer 认为，监禁社会中的"领导者"②处于融洽关系核心位置。无可否认的是，特定劳动岗位有别于直接劳动岗位，它所具有的组织或协调功能，把特劳犯推到了核心的位置。他获得来自獬冠人的部分授权，因此，他对其他南冠人具有一定的影响力。

相对独立性是特劳犯越轨行为的根源，也由此产生了饱受争议的负面影响。负面影响中最令人关注的是牢头狱霸。丛棘岛官方后来对特劳犯的严格选用与监督管理，有效地遏制了特劳犯的相对独立性，并把他们的动态表现纳入了可控范围，这也让曾经在丛棘岛上出现过的牢头狱霸归于沉寂。布劳对此信心满满，他在《社会生活中的交换与权力》中表现出了强势而有效的态度：

> 有效的操作必然会使反抗在那里被保持在最低限度上，特别是会使成员们在履行他们的日常义务时不会表现出反抗，而是心甘情愿地完成它们并服从上级的指示。③

---

① Donald Clemmer, The prison community, the United States of America Library of congress, 1966, p.135.
② 此处的"领导者"是一个中性概念，是从社会学的角度剖析监禁社会的组织结构与分工而谈及的概念。
③ ［美］彼得·M.布劳:《社会生活中的交换与权力》，李国武译，商务印书馆 2012 年版，第 298 页。

监组长:"拐杖"在生活中的挂力与阻力

一

监组长是协助獬冠人管理监组的特劳犯,监组长岗位是特定劳动岗位中引人注目的一个分支。

从时间的纵向来看,在特劳犯出现之前就已经有了监组长,监组长与监组几乎同步产生。也许可以反过来说,岛上早已有了监组长,而那时却无特劳犯。如果未来的某一天丛棘岛官方要逐个取消特定劳动岗位,那么,监组长岗位也一定是最后一个。

在所有的特定劳动岗位中,监组长岗位的综合性最强。监组长岗位是其他特定劳动岗位的源头。当劳动分工更加精细时,丛棘岛官方从监组长岗位中逐步分离出了若干特定劳动岗位,而未分离的特定劳动仍留归监组长。

监组长劳动的主要内容是协助獬冠人管理监组内南冠人的生活、学习和劳动,维护监组秩序。这也明确地写进了丛棘岛官方为特定劳动制定的岗位职责中。

监组长特定劳动岗位的重要性,让丛棘岛官方为监组长的选用制定了严格的标准,达不到以下基本条件则无法进入初步筛选的名单:

(一)入岛 6 个月以上。

（二）具有一定的组织、协调能力。

（三）能起积极表率作用,并积极协助獬冠人维护监组秩序。

（四）不得是累犯或诈骗犯。

二

监组长岗位弥合了丛棘岛官方监管末端与监组之间的缝隙,监组长开始活跃在獬冠人与南冠人之间。

监组长协助管理的权限仅限于本监组,他的劳动具有明确的对应性。比如,A 组的监组长不对应 B 组的日常事务。因此,若非紧急情况,A 组的监组长也不协助主管 B 组的獬冠人。

监组内繁杂而琐屑的事务对监组长的综合能力提出了考验。他协助獬冠人维持监组的整体秩序,推进监组内生活、教育、劳动事务的有序开展。他传达并落实獬冠人的事务性指令。如果得到獬冠人的允许,他的建议也可以在监组的管理中得到实施。当然,如果獬冠人不放心监组长的忠实度,他在监组的管理上完全可以亲力亲为。这样说只是想表明獬冠人管理监组长的游刃有余,并不是说獬冠人可以事无巨细。

值守制度最重要的是"守",而不是"攻"。所以,夕阳西下时,留下来值守的獬冠人并不在主业上进攻,而是回归到秩序的守护(详见《值守:通往白天的黑夜之路》)。然而,西下的夕阳并不能阻挡或减缓监组正常运转的脚步。按照值守制度,主管一个监组的獬冠人离岛了,这个监组将由值守的獬冠人接管。这同时留下了监管末端的缝隙。这时,监组长维护组内秩序的作用比白天更加明显。

人们对于饮水有必然的需求,但对水资源却并不必然地珍惜。在丛棘岛上的冬天,饮用热水被南冠人挪作洗脚或洗衣服等糟蹋行为屡见不鲜。丛棘岛官方虽然明令禁止,但收效甚微。如果没有规定,南冠人随时都有可能以饮用的名义获取热水。这表明饮用热水需要不间断地管理。獬冠人显然不可能在开水间里办公,值守的獬冠人更不可能只守着开水桶,而监组长正好可弥补这样的空缺。他熟知监组内每个成员的情况,也知道他们糟蹋热水的巧妙借口,他对于饮用热水的动态管理,和其他事务一样可以不间断地进行。

当新的一轮太阳照在丛棘岛上,监组长已经将昨夜监组内的基本情况进行了梳理,准备以书面或口头的方式向獬冠人报告。这是一个事务性的报告,也是弥合监管末端缝隙的基本流程。当然,监组长在其他时间也可以向主管他的獬冠人报告监组内的情况,这是他的职责所在。

从法律上看,协助管理的核心要素是獬冠人对部分事务性事项管理权的让渡。让渡的方式有许可或授权。因此,经獬冠人许可或授权,监组长对部分事务性事项有一定的自主权和建议权。如果监组长的建议切实可行,那么经过獬冠人的许可,这个建议便将以獬冠人的名义发布,正式在监组内实施。比如,南冠人铺位的调整和生产流水线的排布等。獬冠人允许特劳犯自主权和建议权存在最为恰当的依据是"以他治他"的策略。当然,丛棘岛官方一直严禁獬冠人借"以他治他"的名义放任和懈怠。

<h1 style="text-align:center">三</h1>

"交换"形成了社会联结,也产生了支配权力。

丛棘岛官方禁止货币在南冠人之间流通,连接经济生活的纽带随着禁令的出现同时消失。南冠人的经济生活退回到了原始的状态——物物交换在獬冠人的监视之下悄悄进行。虽然丛棘岛官方禁止獬冠人之间的物物交换,但它还是成了监禁社会经济生活的主要表现形式,与此同理的还有物劳交换,即物品和劳动交换。

交换是一个古老的话题,在岛外社会,人们对社会交换有过深入的研究,这对于分析监禁社会的交换行为大有裨益。

在西方人类学家对初民社会的研究中,交换作为一种社会整合的要素受到关注。① 20 世纪五六十年代,美国社会学家霍曼斯提出了现代社会学意义上的交换理论。社会交换理论最主要的思想来源包括三个方面,即古典政治经济学、人类学和行为心理学。社会交换理论吸收了古典政治经济学中关于成本、报酬、利润等概念,并且认为经济学对商品交换的分析不仅适用于经济领域,也适用于社会领域。在现代社会交换理论中,布劳的社会交换与权力研究最有利于剖析监禁社会中的交换行为。

丛棘岛官方禁止南冠人之间的交换行为,这是由惩罚与矫正的宏观设计所决定,但南冠人仍然试图从相互交换中实现各取所需,可见交换的重要性,也可见需求的漫无边际。

社会交换的前提是社会吸引,相互吸引促使人们去建立交往,并且在互动的过程中,彼此提供的报酬维持着他们的相互吸引和持续交往:

---

① 在初民社会的交换研究中,比较重要的研究有英国人类学家詹姆斯·弗雷泽对澳大利亚土著居民姑表联姻的研究,马林诺夫斯基对特罗布里恩德群岛"库拉圈"交换制度的研究,马歇尔·摩斯对交换产生道德的研究以及法国人类学家列维·史特劳斯的交换对等原则的研究。

　　　　　　丛棘岛映像——越轨行为在监禁社会的表现与规制

社会吸引过程导致社会交换过程。[1]

在此基础上,布劳认为社会交换是指当别人做出报答性反应就发生,而当别人不再做出报答性反应就停止的行为。南冠人之间的交换就是如此直截了当,绝不含糊其词。一个南冠人 A 帮 B 完成了劳动指标,B 会以食物作为回报。如果 B 没有兑现承诺,A 也会停止为 B 提供帮助。交换行为就此停止。这是发生在南冠人之间最简单的交换模式。社会交换包含着回报的企求,有回报的施与在交换伙伴之间产生了社会联结,并让交换继续下去。

如果社会交换没有相应的回报施与,交换就容易中止。若要交换继续下去,就需要另辟蹊径,用其他东西来弥补没有回报的不足。这时的交换变成了不对等交换。当交换不对等的时候,地位分化开始形成。它是弥补不对等交换最常见的筹码。地位分化产生了支配权力,这是不对等交换的结果——单方面的服务引起了使交换趋于均衡的权力分化。[2]

布劳对不对等交换的可能结果进行了细致的分析。假设甲需要乙提供某种东西,但甲却没有相应的回报。几次之后,甲就得不到乙的帮助。这时,甲有四种替代性选择:[3]

首先,甲可以强迫他人给他以帮助。

第二,甲可以从另外一个来源获得他所需要的帮助。

第三,甲可以去寻找没有这种帮助也能过下去的方法。

---

① ［美］彼得·M.布劳:《社会生活中的交换与权力》,李国武译,商务印书馆 2012 年版,第 61 页。

② 同上书,第 71 页。

③ 参见［美］彼得·M.布劳:《社会生活中的交换与权力》,李国武译,商务印书馆 2012 年版,第 61—62 页。

第四,甲服从乙,按照乙的意愿行事,以此报答乙。

如果监组长拥有其他南冠人所没有的资源,那么布劳可供替代的前两个选择就已经被阻断。如果一个南冠人又不愿意勉强度日,那他也不会选择第三种方案。此时,如果这个南冠人选择了第四种方案,由于他无法给予监组长对等的报答,他便只能服从,按照监组长的意愿行事。这样,监组长便拥有了对南冠人的某些支配权力。布劳认为,交换与权力之间的这种原理,既可以发生在亲密的社会关系中,也存在于疏远的社会关系中:

> 如果一个人支配着他人所需的服务,并且他又不需要别人所支配的任何服务,那么他就能通过根据这些人的服从情况使他们的需要得到满足,从而获得对他们的权力。这一原理既可以被应用于最亲密的关系,也可以被应用于最疏远的社会关系。①

四

地位分化进一步巩固了社会交换链中的支配权力。

依附性是特劳犯手中权力演化的起点。协助管理的角色让他们拥有了可资交换的资源。倘若没有权力的起点,监组长在社会中交换中便失去了先天优势。布劳认为权力的分化出现在对稀缺物品的竞争过程中:

---

① [美]彼得·M.布劳:《社会生活中的交换与权力》,李国武译,商务印书馆2012年版,第62页。

丛棘岛映像——越轨行为在监禁社会的表现与规制

在共同体中,最初的竞争是为了稀缺性的生活资料。起初,集体的所有成员与其他所有人竞争,但是,当成员们在最初的竞争中取得不同的成功从而出现地位差别时,竞争的目标就变了,并且交换关系与竞争关系分化开来。在竞争早期阶段获得成功的人后来则会为支配地位展开竞争,在共同体中,则是为进入较高的社会阶级展开竞争;没有获得成功的人则不可能与他们竞争支配地位,而是变成了他们的交换伙伴,他们接受工具性利益以交换从属和地位支持。在共同体的阶级结构中,不同阶级或阶层成员之间的交换关系补充和支持着他们为社会地位而展开的相应的竞争性争斗。在阶级等级体系中,对一个人属于既定阶层的公开认可巩固着他的社会地位。①

南冠人的生活资料由丛棘岛官方统一分配,不能从市场交易中自由获得。监组长从获得协助管理监组时开始,就已经取得了交换中的有利条件。他在各类资源配置过程中所处的优势位置,让他在交换中占据了主动,这让他成功地进入较高的阶段,而在交换中处于被支配地位的南冠人则变成了他们的交换伙伴。

当南冠人兑现了交换时的对等回报,监组长手中的原始权力便难以发挥对他人的支配作用。当交换的另一方难以给予对等的回报时,监组长便在社会交换中获得了支配权。

他们在交换中获得的支配权力,巩固了他们从獬冠人手中让渡的权力,也分化着他们在监禁社会中的"地位"。这是丛棘岛上特劳犯们手中权力演化的连锁反应。

---

① [美]彼得·M.布劳:《社会生活中的交换与权力》,李国武译,商务印书馆2012年版,第222页。

丛棘岛上的社会交换源自最基本的生理需求,由此形成的地位和权力分化比强制产生权力具有更强的生命力:

> 尽管建立在强迫基础上的权力更加绝对,但与源自满足需要的权力相比,它在范围上也更加有限。[①]

五

监组长他手中的权力既能指向维护监组秩序的正向,也能指向为自己谋取私利的负向。

地位和权力的分化是人的活力的体现。迈克尔·曼在《社会权力的来源》一书中对此有过这样的论述:

> 人类是在无休止地、有目的地并且是有理性地为增进他们对生活中美好事物的享用而斗争,为此,他们有能力选择和追求适当手段。或者,至少他们这样做足以提供体现人类生活特征的活力(dynamism),并赋予其他类别所缺少的历史。这些人类特征是本书所描述的全部东西的来源。它们是权力的来源。[②]

如果监组长运用手中权力实行的行为足够理性、方法温和,那么权力体现出来的是良善的活力,越轨行为就无从谈起。然而,值得注

---

① [美]彼得·M.布劳:《社会生活中的交换与权力》,李国武译,商务印书馆2012年版,第63页。

② [英]迈克尔·曼:《社会权力的来源》(第一卷),刘北成、李少军译,上海人民出版社2007年版,第5页。

丛棘岛映像——越轨行为在监禁社会的表现与规制

意的是,监组长对权力的认知缺乏足够的理性。他们一旦获得权力——哪怕是些许微末的权力,他们就不会自觉地、主动地让权力躺下睡觉,而只在必要的时候苏醒。他们通常以此为基点,向四周延展。

监组长不是迈克尔·曼所讨论的理想模型的人,在交换中得到巩固的权力,往往反过来作用于交换,监组长的越轨行为陷入负向循环之中。

南冠人 03-01-287-01 个子高瘦,须发皆白,其实年龄尚未及花甲。入岛以来,他一直比较平静,但某一天,一个新来的南冠人打破了他的平静。这个一同居住的室友脚奇臭无比,着实让他难以忍受。

南冠人的床位是"四固定"之一,未经獬冠人许可,他们不可以随意调换。南冠人 03-01-287-01 想调整铺位,远离脚臭,但难以忍受脚臭实在不是一个恰当的理由。獬冠人不可能答应这样的请求,最有可能的是让脚臭的南冠人管好自己的臭脚。

尽管獬冠人吩咐过脚臭的南冠人,但是他的脚臭依然如故。摆在南冠人 03-01-287-01 面前的只有两条路:要么勉强睡下,要么寻求帮助。显然,他已经不愿再勉强下去,于是他开始寻求帮助。

最有可能给予他帮助的是监组长,其他南冠人不具备相应的条件。因此,可以先排除布劳四个替代性选择中的第二个方案。他只能请求监组长给予帮助,如果是强迫,那必然适得其反。这样,第一个替代性方案也行不通。他已明确不愿再勉强自己与臭脚者共处一室,因此,也排除了勉强度日的第三个方案。现在,只剩下第四个方案了。

如果他寻求监组长帮助,并给予对等报答,那也不属于第四个方案中的情形。问题在于,他在丛棘岛上属于"三无"(无会见、无汇款、无通信)对象,无法给予监组长对等的报答。

不过,监组长似乎很大方,乐意接受他提出的请求,答应给予帮助。当然,调整铺位的机会并不是很多,但只要等待总会有转机。

没多久,监组内的一个南冠人刑满离岛了,他的离去给监组长带来了契机——床位空出是调整铺位最佳的理由。借铺位调整之机,监组长向獬冠人提出监组铺位的新分布,他把南冠人 03‐01‐287‐01 调整到这个空出的铺位。獬冠人当然会审核监组长的分布方案,因为调整方案无关痛痒,铺位的调整就在獬冠人的允许下完成了。

若不是南冠人 03‐01‐287‐01 第二次入岛,人们也就无法知道他当初对监组长的承诺。在不对等交换中,他向监组长承诺,虽然他没有物品作为帮忙调整铺位的回报,但他做了江湖义气式的承诺:"日后你有任何要求,我万死不辞!"

监组长倒也无须他"万死",他的要求南冠人 03‐01‐287‐01 一定能办好! 番号 03‐01‐287‐01 告诉人们,这个南冠人是因窝藏罪入岛。监组长正是看中了他窝藏的能力才把淫秽制品交由他保管,可谓知人善任。这个监组长因组织卖淫罪入岛。他曾在肉欲的丛林中挥霍青春,这在他的精神世界里打下了深深的烙印。身在监禁社会,他难以忘记淫靡的过去。于是,他试图在虚幻的世界里找到淫靡的享受,但是,他现在是监组长,不想因为违禁品而失去獬冠人的信任。他一直在寻找一个万全之策,南冠人 03‐01‐287‐01 的承诺与窝藏经历,让他兴奋至极。这是一个进退自如的万全之策:在风平浪静时,监组长取回淫秽制品自我麻醉,而后及时交由南冠人 03‐01‐287‐01 藏匿;在藏匿期间,如果淫秽制品被獬冠人查抄,则违反规则的责任全由南冠人 03‐01‐287‐01 包揽。

南冠人 03‐01‐287‐01 第二次入岛仍然是因为窝藏赃物,他似乎已经习惯了窝藏旧业。这也成了他在丛棘岛上炫耀的资本。他在炫耀中谈及曾在岛上藏匿淫秽制品的过往。不过,此时那个监组长已经刑满离开了丛棘岛。

　　迈克尔·曼认为在社会中处于监督和协调地位的人具有巨大的优势。尽管劳动分工涉及各种职能的专门化，但还是"在上者"监督和指导全体。那些处于监督和协调地位的人享有对他人的巨大组织优势。互动和通信网络实际上是以他们的作用为中心，这在每家现代公司都有的组织图中很容易看到。这种图表允许"在上者"控制整个组织，并且阻止"在下者"分享这种控制。①

　　丛棘岛官方是监禁社会的"在上者"，他们监督和指导全体南冠人的日常行为。监组长们的伎俩难逃獬冠人的法眼，獬冠人不会轻易地让监组长分享这种控制。当监组长试图用自己的优势支配他人时，丛棘岛官方也正在加强对他们手中权力的有效控制。丛棘岛官方对监组长的控制虽然漫长而复杂，但终究具有实效：

　　　　社会控制是从人与人之间相互作用而产生的复杂力量，这种复杂力量的形成需要经历一段时间，它具有实用性。②

①　参见［英］迈克尔·曼：《社会权力的来源》（第一卷），刘北成、李少军译，上海人民出版社2007年版，第9页。
②　Donald Clemmer, The prison community, the United States of America Library of congress, 1966, p.149.

生产大组长：
"拐杖"在劳动中表现出的拉力与阻力

一

生产大组长是劳动生产类特劳犯的领队。

丛棘岛官方在劳动生产中设置了若干特定劳动岗位，以协助劳动生产的日常管理。这包括生产大组长岗位、生产小组长岗位、产品数量统计岗位、质量检验岗位、设备维护岗位等。因此，在劳动生产中产生了这些特劳犯：生产大组长、生产小组长、产品数量统计员、质量检验员、设备维护员……

在劳动生产类特劳犯中，生产大组长独占鳌头，这可以从"大"字窥到端倪。生产大组长是这类特劳犯的领队，他将带领这个团队共同协助獬冠人开展劳动生产的日常事务。

在劳动现场，生产的排布通常以监组为单位，一个监组即是一个生产小组。因此，生产小组长一般由监组长兼任，不再另设，但这并不能说明生产大组长比监组长大，因为两者不具可比性。生产大组长和监组长是"条"与"块"的关系。从覆盖面来看，监组长的权限及于监组，而生产大组长的权限达于劳动区。从劳动内容来看，监组长的劳动涉及监组的全面，而生产大组长仅限于协助组织劳动生产。

二

生产大组长产生于獬冠人疲于应对庞大劳动体系的末端。

在某个特定的年度,丛棘岛官方分配给管区的劳动生产总指标是固定的,也是明确的。理论上,管区可以根据总指标按天数平均分配生产。这是一种不紧不慢的理想的劳动状态,但在丛棘岛上并不可行。

丛棘岛上的劳动产量受各类因素的掣肘,而且有些情形毫无征兆。

入岛和离岛是南冠人总数发生变化的主要原因。新入岛的南冠人不可能立即掌握生产技术,而南冠人的离岛却可能使流水线上一道娴熟的工序戛然而止。这给产量的稳定带来严重的挑战。獬冠人对离岛这种可预期的人数减少,采取了预备替补的措施,但人员的不停变化让固定的流水线无法变得稳定。

疾病让流水线上的工序陷入空缺的断流状态。生病的南冠人不参加劳动。不能带病参加生产,这是丛棘岛官方对南冠人的人文关怀,也是他们得到人权保障的表现。

不论是预谋的违规,还是即兴的违反,对特定某一天劳动生产流水线而言,这都是突发的状况。这些突发于劳动现场的违规行为,不在獬冠人可预见的范围内。

南冠人的违规行为必然要受到獬冠人的惩处,他们被带离劳动区。他们的行为使自己被划入纪律空间。处理的结果使他们可能面临调离岗位、严管、禁闭、调离管区的状态。他们不可预见的行为让獬冠人可预见的流水线产量出现短缺。

受市场影响,上游企业每天对产量的需求不同,丛棘岛官方又不能因为南冠人在流水线的不稳定而不考虑市场规律。

南冠人是否在流水线的不确定,上游企业对产量需求的不确定,使产出与需求双方一直处于变化之中。这让獬冠人疲于应付,但又不能不对此做出及时回应。

南冠人在劳动区的编排打破了獬冠人与监组的一一对应关系。在同一个劳动区,獬冠人根据生产需要重新编排南冠人,这种编排仍然以监组为基础,但跨越监组之间界线存在可能,即毗邻监组中的南冠人有可能编排到同一条流水线上。

由于南冠人在劳动区的组合发生了变化,丛棘岛官方在劳动现场的警力配置也突破了"獬冠人与监组一一对应"的固定模式,呈现出多头共管的情形。

在劳动现场,丛棘岛官方安排了三股力量:管理生产的獬冠人、维持秩序的獬冠人和主管监组的獬冠人。

在一个管区中,专职管理劳动生产的獬冠人往往就一个——专门负责劳动生产的副管区长,而其他管理劳动生产的獬冠人通常都是身兼多种职责。专职和兼职的獬冠人共同组成管理生产的官方力量,劳动指标的分解、流水线的排布、产量的输出、质量的控制、设备的维护、安全的预防与处置等都是他们的职责。毫不夸张地说,从生产的设计到产品的产出,他们推动着整个劳动生产体系的运行。他们每天必须亲临劳动现场,关注生产状况,及时纠正偏差。他们与上游企业联络,协商合同中的未尽事宜。

一般情况下,在劳动现场维持秩序的獬冠人不过问劳动生产事务。根据丛棘岛官方的规定,他们的人数不得低于现场南冠人总数的一定比例。他们的主要职责是维持秩序,对于发生在劳动现场的打架、争吵等行为,他们要及时地制止与控制,防止事态变得更加严重。不过,对于违规行为的处理,他们也不过问——纪律空间的事务已经离开了劳动现场。

主管监组的獬冠人仍然是劳动生产日常管理的主导力量,他们中很多人本身就兼管生产或参与维持现场秩序。如果不是生产出现了状况,如果不是轮值到劳动现场,他们可以不必时时出现在劳动现场。因为除了劳动生产,他们还有很多其他职责。但是,当他主管监组中的南冠人在产品产量、质量上出了问题,或是在劳动现场违反了丛棘岛官方规则,那他就必须及时出现,因为他对主管的监组负全责。

其实,在前两股力量中,有相当部分的力量是从主管监组的獬冠人中抽离而成。换言之,主管监组的獬冠人是前两股力量的最后依托。

丛棘岛官方在劳动生产上安排的这三股力量,各有侧重,各有短板,难以应对持续不断而又变化不定的劳动生产体系。

劳动生产中的特定劳动岗位产生于獬冠人如何应对劳动生产的构想。生产大组长积极靠拢的态度、不间断关注流水线的精力、专注于劳动生产的周密考虑,弥合了獬冠人劳动生产管理末端的缝隙。这让獬冠人在劳动生产的及时回应中更加从容和淡定。

三

生产大组长是协助獬冠人开展劳动生产的调度员。

生产大组长只协助劳动生产事务,除此之外的事务他无权染指。因此,生产大组长的职责围绕劳动生产而展开。如果有一天,丛棘岛不再劳动生产,那么生产大组长也会就此消失。

生产大组长的总体目标是协助獬冠人完成丛棘岛官方下达的劳动指标。通过分解总体目标,人们可以清晰地看到每个南冠人的明细指标。南冠人完成核定的指标是他们劳动的基本要求,也是丛棘岛官方实现总体目标的基础。因此,獬冠人必须将指标细化到监组或流水线。在农耕劳动时期,劳动指标下达到各监组。虽然远隔重洋,瓦特蒸汽机引发的工业革命浪潮拍打着丛棘岛的崖岸。南冠人的劳动由农耕时期转入工业时代,流水线在丛棘岛上逐条铺开。在工业化时代,劳动指标以流水线为基本单位。不管在哪个时期,獬冠人在细化指标时,通常会让生产大组长参与其中。

流水线上的半成品加工与市场有着紧密的联系,市场变化对上游企业的影响不可避免地波及丛棘岛流水线的稳定。

每一次劳动项目的调整,最先触及的是流水线的重新排布,紧接着是生产工艺的重新培训。这一系列的变化令丛棘岛官方大伤脑筋。从原有劳动项目的停止到新项目的熟练,劳动指标的实现在这里不停地盘旋。

虽然丛棘岛官方在劳动生产中设置了质量检验、产品统计、工具管理、设备维护以及安全检查等特定劳动岗位,但从整体与局部来看,这些都是局部性的岗位,而生产大组长则处在整体性的位置。

在宏观上,生产大组长协助獬冠人应对庞大的劳动生产体系;在具体业务上,生产大组长协助管理流水线排布、质量控制、设备维护、劳动安全、产量输出等系列事务。从这个意义上说,生产大组长宛若调度员。

四

獬冠人以宏观的视角注视劳动区的生产,南冠人则从微观的角度关心流水线上的操作工序。

南冠人关心流水线上的操作工序,其实是关心自己的劳动任务。这是对切身利益的关心,毕竟他们都要在劳动中度过或长或短的时间。

在同一型号的产品生产中,流水线与流水线之间并无区别,但是流水线上的不同工序在劳动上却存在差异。工序的差异必然带来操作上的难易有别。对简易工序的追求是南冠人普遍的心理。

除了关心操作上的难易,南冠人还关心劳动中的人文环境。他们关心自己岗位的周围都有哪些人,他的上游和下游分别是谁,对面(在单调的劳动中,抬头总看见不顺眼的人,只会让劳动更加乏味)和后面又是谁。他当然想和自己关系好的人成为劳动中的邻居,而离自己不喜欢的人尽可能远。

有的南冠人只想待在一个固定的位置,即使劳动项目发生变更,流水线重新排布,若可以不动,他更愿意待在原地。入岛以来,他从没变换过劳动中的位置,也许这意味着他要把牢底坐穿,也许这是他在考验自己的定力。

有的南冠人只想远离獬冠人的执勤岗,因为他看到獬冠人就紧张。也许他另有案底,映入眼帘的獬冠人使隐匿的案情总是时不时地在他内心翻腾。也许他还没认清自己的罪责,反而把自己入岛归结于国家的干预,进而对獬冠人产生了嫌恶之心。

有的南冠人只想自己的位置离通道更近,这样他能在第一时间拿到所需的物品:或者是劳动生产的原料,或者是酷暑时节从棘岛官方临时供给的棒冰,或者是发药时他能排在队伍的前端。

有的南冠人喜欢或站立或走动的工序,因为坐牢坐得太久了,他对"坐"产生了厌烦。

....

个人需求的不同使南冠人对流水线上劳动分配有着各不相同的定位,而且纷繁复杂。

不论南冠人的内心企盼如何,他们首先必须服从既定的劳动分配方案,但只要有选择的可能,他们就会开动脑筋,开始对不尽满意的现状进行微调。生产大组长是南冠人试图进行微调的最佳选择。

五

生产大组长在协助獬冠人应对庞大劳动体系的同时获得了獬冠人的信任,也因此获得了管理劳动生产的部分权限。

生产大组长在协助劳动管理中获得的授权既能用于劳动生产,也能违反规则用以谋取私利。生产大组长谋取私利可分为两个类型:一是在与厂方师傅的接触中开通地下航线,二是在劳动岗位调整中寻求私利。

生产大组长所处的岗位使他有了与外界联络的机会,这在特定劳动岗位中并不多见。

丛棘岛官方引进的劳动项目在生产技术上有特定的要求,因此,上游企业往往会指派工作人员入岛指导生产工艺。这些被上游企业指派入岛的工作人员,在丛棘岛上又被称为"厂方师傅"。厂方师傅是上游企业在生产工艺上的代表,为上游企业的利益而与丛棘岛官方拉锯。

虽然丛棘岛官方与上游企业签订了合作合同,但在实际中,合同无法涵盖所有的细节。针对产品的工艺与质量、当日交货数量、交货时间,厂方师傅与管区之间始终处于讨价还价的不稳定状态。

丛棘岛映像——越轨行为在监禁社会的表现与规制

在总体趋势上，生产大组长与獬冠人保持一致的方向，共同应对厂方师傅在劳动生产中提出的种种要求，但在零星的时候，生产大组长也会避开獬冠人与厂方师傅进行私下交易。厂方师傅为生产大组长携带违禁品入岛，生产大组长或直接给予酬劳，或在劳动生产中给予方便以作为回报。生产大组长与獬冠人在生产中保持着总体相同的方向，却也在欲望的怂恿中走向荆棘遍布的岔路。

在丛棘岛上，劳动岗位的分配主要依据南冠人的年龄、身体状况、劳动能力以及文化程度等因素，但这是非常粗略的标准，因此留下了很大的更改空间。

当遇到流水线排布或局部调整时，獬冠人会向生产大组长、质量检验员以及产品统计员征集相关信息。虽然方案的最后决定权掌握在獬冠人手中，但是，生产大组长这个团队提供的信息影响到了獬冠人的判断。这些信息对獬冠人的决定形成暗示：

我们能够做出的任何一个选择都是以某种方式对普遍生活中产生的诸多暗示的综合……①

如此看来，生产大组长没有权限分配流水线上的岗位，但他却有机会影响獬冠人，进而实现自己的意图。

南冠人 03－05－130－1 入岛以来，一直在流水线的第三道工序绕线圈。这是一条生产电器配件的流水线。他小的时候摇过纺车，他觉得现在的线圈是微缩版的纺车。他对纺车并没有好感，因为小时摇纺车是大人交给他的任务。他看着摇动的纺车就头晕，但他又不能不

---

① ［美］查尔斯·霍顿·库利：《人类本性与社会秩序》，包凡一、王湲译，华夏出版社2015年版，第10页。

摇。与其说他摇的是纺车,不如说他摇的是生计。绕线圈让他想起了曾经不愉快的经历,因此他想换一个岗位。

入岛之初,丛棘岛的官方规则压制了他调换岗位的念头。慢慢地,他发现生产大组长有能力改变他的现状。后来的事实证明,他的发现让他找到了正确的路。

没多久,南冠人03-05-130-1进入后道工序,开始了"点松香"的劳动。点松香是流水线的后道工序,将产品中铜丝接头与松香和胶水的混合物固定。

这次为南冠人03-05-130-1调换岗位,生产大组长并没有费太大的劲。和以往一样,南冠人的零星变动是调整流水线人员的最好时机。后道工序的一个南冠人因为违反纪律被关禁闭,这波及生产流水线的稳定。獬冠人不得不及时填补后道工序的空缺。

当獬冠人向生产大组长征集意见时,他反馈的信息中暗藏着带有个人倾向的信息。獬冠人最后同意了他的调整方案,南冠人03-05-130-1终于如愿以偿地离开了绕线圈工序。

对于生产大组而言,他对自己的调整方案并不是有十足的把握,毕竟他只有建议权,而没有决定权。他不敢过分地掺杂自己的意图,以免引起獬冠人的猜忌。从生产大组长采用的隐秘手法可以看出,他在流水线上的调整所暗藏的倾向是一个"顺水推舟"式的人情。某一条流水线出现岗位空缺,南冠人甲或乙都符合技能要求,也符合官方规则,生产大组长建议甲或乙都顺理成章。由于乙有强烈的调整岗位需求,并与生产大组长达成约定。此时,生产大组长更乐于建议调整乙,而不是对此无所谓的甲。

生产大组长在"顺水推舟"式的人情中获得的回报,有可能是生活物品,有可能是为他做点私活,也有可能是在某件事上达成了妥协。

　　　　　　　　丛棘岛映像——越轨行为在监禁社会的表现与规制

在岗位调换之前，南冠人 03－05－130－1 与生产大组长之间有过一次长谈。南冠人 03－05－130－1 承诺在事成之后一定会给予回报，但是生产大组长拒绝了他的方案。生产大组长不在乎那些自己并不缺少的生活物品，他缺少的是精神世界里的良好感觉。于是他让南冠人帮他洗衣服，以此作为回报。南冠人 03－05－130－1 最终答应了生产大组长的条件，因为这对于他来说并非难事，更何况他喜欢后道工序那个松香的味道。

生产大组长在协助獬冠人的过程中感受到了被协助的优越，因此，他想让别人帮他洗衣服，在精神世界里寻求慰藉。令人唏嘘的是，南冠人 03－05－130－1 因洗钱罪入岛，现在替生产大组长洗衣服，他仿佛与"洗"有不解之缘。

生产大组长谋取私利的两个类型中都涉及社会交换，他从獬冠人手中获得的部分授权是一种无形的资源，他们既可能独善其身，也可能寻租：

> 与声望和权威结构不同，权力结构主要不是建立在有关必须要赋予各个阶层成员的特权或权力的社会共识基础上，而是建立在资源分配的基础上——人们可以用这些资源迫使别人服从。①

---

① ［美］彼得·M.布劳：《社会生活中的交换与权力》，李国武译，商务印书馆 2012 年版，第 207 页。

杂役犯：
"拐杖"在杂役中表现出的拉力与阻力

一

丛棘岛上的杂役即勤杂劳动。这些勤杂劳动比较琐碎，如果单独成类将使特劳犯的体系变得一样繁杂，所以丛棘岛官方将在勤杂岗位上从事劳动的南冠人划归一类，统称为杂役犯。

杂役犯的劳动包括维护丛棘岛上的环境卫生、养护绿化、货物装卸、搬运和物品分发等勤杂事务。这是特定劳动岗位中最接近直接劳动的岗位。

杂役犯必须体格强健，手脚勤快，这是装卸和搬运等勤杂劳动岗位的基本要求。

杂役犯所承担的勤杂事务虽然繁杂，但是他们协助獬冠人的专一属性从未发生改变——杂役犯衔接了丛棘岛官方在勤杂事务管理上的缝隙。这里以搬运和分发劳动为例展开叙说。

二

杂役犯的搬运是物品的短距离转移，发生在机械设备运输不可及的路途。从中也可以看出,杂役犯的搬运是长途运输的末端。

进入丛棘岛后,岛外运输的物品最远只能送到管区或劳动区之前。在农业社会,岛外运输靠人力送至管区或劳动区门口。汽车问世之后,岛外物品则由汽车运送至管区或劳动区门口。丛棘岛官方有规定,岛外人员不得进入管区或劳动区。从门口到管区或劳动区,这段末端该由谁来衔接?

獬冠人是丛棘岛的监管者,让他们去搬运物品当然也可以,不过这好像让士兵去种地一样主次不分。

那么,在丛棘岛上便只剩下南冠人来完成物品在这最后一段距离的运输了。物品在管区或劳动区之前的运输,先是由人力运输,后来是机械传送,但是最后一段距离的运输一直是靠南冠人人力搬运的。

杂役犯的搬运衔接了物品在物理空间内的流转。

三

对特定的物品,杂役不仅负责搬运,还负责分发。这是一种彻底的搬运,直接分发到南冠人手中。

不是所有的物品都有资格享受"彻底搬运"的待遇,通常是食品、易融化物品。由于这些物品对时间有特殊的要求,丛棘岛官方决定让杂役犯在搬运之后直接分发。一方面,南冠人一天三餐的饭和菜,若由值守的獬冠人直接分发,这使其难以兼顾值守的职责;另一方面,在短暂的时间内应对百余人饭菜的分发,也着实让人感到有心无力。

如果仅仅是把 10 个面包分给 10 个人这么微小的分发量和简单对应关系,那也无须由杂役犯来分发物品。丛棘岛物品分发的难度在于人数过多和食品分量的未精确定格。

丛棘岛官方核算南冠人的伙食标准,是以每个人的标准核算出总经费,但加工、烹饪不是以个人为单位进行,因此,在分发时不可能做到财务账目中的绝对均匀。

尽管如此,杂役犯在搬运饭菜之后立即着手饭菜的分发,还是体现出了高效与优势。杂役犯一天三餐掌勺分发,操作精熟,而獬冠人的值守有轮换的周期,因此,同一个獬冠人并不是每天都掌管着分发的勺子。

杂役犯是南冠人中的一员,他们朝夕相处,熟悉每个人的饮食习性、饮食量以及最新变化。獬冠人难以关注这些细微的变化,然而这些细节直接影响分发饭菜的速度,但这对于杂役犯而言,是不需要特意去搜集就能获得的信息。他们最贴近于每天变化着的食欲与胃感,而熟能生巧使他们可以在最短的时间内把饭菜分发给每一名南冠人。

四

在所有的勤杂劳动中,杂役犯最喜欢的是搬运后的分发环节。这是拥有某一个物品的欣喜,也考验他们分发的手法与内心的公正。

丛棘岛的夏天闷热无比,丛棘岛官方采用古老的方法来降温——冰块降温法。丛棘岛官方在岛外购买冰块,厂家将冰块送进丛棘岛。这些大长条的冰块止步于管区门口。炎炎夏日里,冰块的融化速度可以按秒计。把大长条的冰块化整为零,而又要保证大小均匀,这样的手工操作着实超出了人力所能及的范围。獬冠人把这个任务交给了杂役犯。

杂役犯果然没有辜负獬冠人的期望,他们纯熟的手法透露出他们对冰块的珍惜,虽然没有办法绝对均匀地分配冰块,但南冠人的目光告诉他们尽可能地平均分配才是最理想的方案。

<h1 style="text-align:center">五</h1>

在所有的物品中,食品最受南冠人欢迎,也因此成为杂役犯分发与交换的重要筹码。

在丛棘岛上,南冠人可以支配的物资主要是食品和生活用品。这是丛棘岛官方允许在南冠人群体中存在的物品。劳动区中的工具、原材料等物品,南冠人可以临时性地支配,但通常没有占用的欲望。

南冠人的大部分生活必需品由官方统一配发,这掩盖了南冠人的个性化需求。南冠人自主购买的商品,暴露了他们最真实的需要。

在自主购买的商品中,南冠人还应满足两个条件:一方面他所购买的商品应在丛棘岛官方提供的商品目录内;另一方面,他必须有相应的购买额度,不能超额度购买商品。这个额度由处遇等级决定,不同的处遇等级对应不同的消费额度。

从一份调查资料中可以看出南冠人对食品的偏爱。这个调查随机抽取了5名不同处遇等级的南冠人,他们在闷热8月份的所有消费中,食品排在第一位,其次是生活卫生用品,第三是衣物,第四是杂志,最后是通信消费。

从中可以看出,食品是南冠人自主消费的重头戏,他们对食品的偏爱反映出他们对食品需求的迫切,也暴露了他们最真实的需要。

南冠人物质资源的有限,不是社会总体物质匮乏的延续,相反,在社会物质匮乏时期,丛棘岛官方仍然保障南冠人的配备不低于正常标准。丛棘岛官方的统一配给主要是保障南冠人的基本生活所需,不可能为他们提供豪华或奢侈的标准。因此,南冠人物质资源的有限是刑罚制裁性的体现。从处遇等级的升降来看,南冠人的处遇等级包含着矫正上的规训和善导,管理上的肯定和否定。这是丛棘岛官方矫治策略的体现。

对食品具有分发权的杂役犯,在监禁社会的交换中获得了主动性。

按入岛途径的合法与否划分,南冠人获得食品的途径可以分为合法途径和非法途径。合法途径是丛棘岛官方许可的途径,可以分为丛棘岛官方统一配发和南冠人自主购买。非法途径是丛棘岛官方严禁的对象,以地下航线为典型代表。

按食品在岛上分配或流转的次数划分,可以分为直接获得和间接获得。在岛上初次分配给南冠人的食品是直接获得的食品,两次以上的分配或流转而至的食品是间接获得的食品。

直接获得的食品大都是合法的食品,这是丛棘岛官方的主要分配模式。当然,也有从非法途径获得的初次分配的食品,如从地下航线中初次获得。

间接获得的食品,基本上都是不合法的食品。因为,丛棘岛官方禁止物品的私自流转与交换。当然,南冠人出于真诚、不图回报的馈赠行为,不会被认定为私自流转与交换——互助与友爱从未在丛棘岛的黑夜里停止闪烁。一个物品在南冠人中间流转的轨迹,也展示出了一幅关系亲疏的网络。

不论是合法途径,还是非法途径,拥有食品或对食品有分发权的南冠人扼住了流通网络的咽喉,也扼住了其他南冠人的咽喉。

不论是直接获得,还是间接获得,拥有食品或对食品有分发权的南冠人,在交换中占据了优势,对这些有限资源的综合运用可以实现物资之外的企求。

六

在分量未定格的食品分发中,存在杂役犯谋取私利的空间。

在饭菜搬送到南冠人面前时,它们仍然是混合在一起的大锅饭和大锅菜。杂役犯在分发时,虽然不敢明目张胆地有失偏颇,但粗放式的分发很容易被植入人为的因素。

杂役犯谋取私利既可能表现在质量的选择上,也可能表现在数量的留存上。在质量上,他可选择同款食品中的优良品,虽然同款食品中的差异细微。他既可以为自己选择,也可以为他人选择。在数量上,他获得对少量剩余食品(如分发之后剩余的饭或菜)的再分配权。他可以为自己添补,也可以为他人留存。

鸡腿时常出现在南冠人的菜单中。鸡腿的分发标准是每人一个,而忽略鸡腿在分量上存在的天然差异,也不计较烹饪之时人为带来的色泽差异。对于分量较大而色泽诱人的鸡腿,据为己有是欲望的正常表现。杂役犯从獬冠人手中获得的分发权在谋取私利时可以转化为优先选择权。

罗尔斯在《正义论》中讨论的程序正义,也许可以为丛棘岛官方确保分发的公正提供借鉴:

> 一些人要分一个蛋糕,假定公平的划分是人人平等的一份,什么样的程序将给出这一结果呢?我们把技术问题放在一边,明显的办法就是让一人来划分蛋糕并得到最后的一份,其他人都被

允许在他之前拿。他将平等地划分这蛋糕,因为这样他才能确保自己得到可能有的最大一份。①

然而,"蛋糕分配"是程序正义的理想模型,在现实中它却面临着巨大的考验。在自由社会,有人因为试图规避分蛋糕的规则而身陷囹圄。在丛棘岛上,南冠人似乎并未吸取失败的教训。

杂役犯对少量剩余物品的再分配,最终有多种去向:有可能分给自己,有可能分发给消费能力低的人,也有可能分发给某些正有所需的人。

杂役犯在分发中为他人使用了选择权和再分配权,受益的南冠人必定要有所回报。这时的分发暗藏着某种确定或不确定的交易。确定的交易是在此之前谈好的回报。不确定的交易表明回报尚不明确,杂役犯何时想要何种回报尚未确定。这为杂役犯日后支配他人埋下了伏笔。

七

在食品分发中的越轨行为与时间密切相关。

食品属于最基本的生理需求,越轨与否属于意志范畴。此时的越轨是欲望与意志的博弈。

在物质资源不能满足要求的初期,意志可以克服欲望与现实的差距,但南冠人在丛棘岛上的时间大都不是短期,而是长期。他们在丛棘岛上度过的时间有一两年,有三五年,有 10 年或 20 年,甚至更长。

---

① [美]约翰·罗尔斯:《正义论》,何怀宏等译,中国社会科学出版社 1988 年版,第85—86 页。

丛棘岛映像——越轨行为在监禁社会的表现与规制

时间消磨了意志,欲望漫过意志而变得疯狂。欲望的原始动力像源源不断的泉水,怂恿身陷囹圄的杂役犯突破公平的法则,时时试图利用从獬冠人手中获得的权力捕捉更为广泛的交换利益。

南冠人欲求而不可得的状态,放大了物质资源的价值。在自由社会根本不入眼的细微物品,在岛内却成为竞争和追逐的对象。

杂役犯正是在这样的环境中取得了主动权:

> 那些需要别人提供服务的人,应当为别人提供某种他极其想要的服务,这种诱使足以达成交换。①

后来,丛棘岛官方改进了分量未定格食品的分发,尽可能地让分量明确。比如,在饭菜被送出炊场之前就将它们装在专门的盒子里,预先定格定量。这等于是以提前分配的方式收回杂役犯手中的权力。

尽管丛棘岛官方在这些方面已经搜肠刮肚,但定格定量的分配方法并不能在所有的物品分发中进行推广。

---

① 参见［美］彼得·M.布劳:《社会生活中的交换与权力》,李国武译,商务印书馆2012年版,第192页。相同的论述还可参见该书第214页。

放票：重返自由时的行为考量

一

放票是与新收相对应的词语，意味着监禁生活的结束，南冠人即将离开丛棘岛。

丛棘岛上的放票，绝不是现代火车购票系统里的放票，但这两者都有出行、启程和出发的意味。

丛棘岛上的放票与"绑票""撕票"有语境上的关联，内嵌了刑事法律的元素。

放票的正式用语是"刑满释放"。放票文书的制作有特定的要求，因此，它经过反复的核对和确认。当放票日来临，獬冠人在广播中通知南冠人离岛时，欣喜淹没了他在岛上所有的忧愁与不快。这是一个令仍需在岛上生活的南冠人羡慕的时刻。

二

放票文书明确了放票的日期，但没有明确执行放票的具体时间。

严格地说，放票日当天从 00:00:00 到 23:59:59 都是合法的释放时间。放票日当天 00:00:00 是最早的放票时间，23:59:59 是最晚的

　　　　　　　　丛棘岛映像——越轨行为在监禁社会的表现与规制

放票时间。

但从实务操作来看,如果在凌晨和夜晚值守期放票,由于值守力量薄弱,容易给其他南冠人带来非分之想,引起值守紧张;放票可以安排在下午,但若无特殊因由,确实没有必要让南冠人在分针与秒针的转动中等待即将到来的自由。

放票时段的安排考验着丛棘岛官方的智慧。刻板与呆滞将使合理的步伐在通往自由的临界点上徘徊不前。丛棘岛官方的实践表明,上午是最好的放票时段。这个新生的时段赶走了其他时段所有的不足,成了合法而又合理的最佳选择。对獬冠人而言,如果他主管的监组有南冠人放票,那么,这是他当天应该完成的第一项事务。

即将到来的离岛时刻,让南冠人全身上下洋溢着自由的气息。然而,写在南冠人脸上的自由欣喜,有时并不那么纯粹,而是暗藏着旋涡与陷阱。

三

放票是南冠人激动万分的时刻,但此时獬冠人却不能掉以轻心。

放票的南冠人是最好的"信使"。即将离岛的自由也没放飞他越轨的思绪,相反,他似乎想在离岛时再次表演对规则的违反。他传递语言、携带物品或文字到岛外的自由社会,奔着各自不同的利益。

丛棘岛官方严禁放票的南冠人充当"信使",因为这些"信使"离岛之后的行为或是给岛内的南冠人带来了不安,或是帮助他在岛外继续作恶。他们以"信使"的身份接近岛内南冠人的亲属,编造理由伺机诈骗。他们接近岛内南冠人的同案犯,协助他们逃避刑事制裁或继续着违反法律规则的行为。

放票时,獬冠人仔细地检查了南冠人 03 - 06 - 217 - 05 携带的物品,但一切都很正常,没有任何破绽。这不像南冠人 03 - 06 - 217 - 05 的行事风格,他因诈骗入岛,在岛上的表现一贯阴柔。

獬冠人坚信,他充当"信使"的可能性极大。因此,他对南冠人 03 - 06 - 217 - 05 进行了第二次检查。獬冠人拆开了他携带的所有物品。

獬冠人的大胆假设,在小心求证中得到了印证。在拆开的圆珠笔管里,獬冠人找到了秘密。卷在笔管内壁的白纸上写着密密麻麻的符号。这些符号由长短不一的横竖两笔构成。看来,南冠人 03 - 06 - 217 - 05 在充当"信使"之前做了充分的准备。他已经考虑到了失败的应对之策。他用符号代替通行的文字就是为应对失败而做的设计——即使被查抄,獬冠人也无法破译。

只要有足够的时间,獬冠人就有办法读懂这些符号,但对于即将离岛的南冠人来说,他们不想在此过多地耽搁。于是,獬冠人以收走纸条结束这一次的物品检查。

监禁生活好像并没有给这些南冠人带来新的面貌,不见阳光的隐秘与邪恶,像沉疴痼疾一样难以祛除,监禁社会也因它而遭到忌讳。人们仿佛可以从霍桑的《红字》里看到这一特性的冷淡笔墨:

> 像一切附着于罪恶的东西一样,它(监狱)似乎从来不曾有过青春的时代。①

四

放票是检验南冠人矫治效果的开始。

---

① [美]霍桑:《红字》,侍桁译,上海译文出版社 2002 年版,第 1 页。

丛棘岛映像——越轨行为在监禁社会的表现与规制

离岛之后，曾经的南冠人不再接受岛上严密的网格化管理，他以自由之身重返自由社会。对于很多南冠人而言，他将牢记监禁的苦楚，不再违反规则。然而，仍然有一定比例的南冠人重返自由社会之后，不惜再次以身试法。他们持着各异的理由，违反着相同的规则。

放票日是监禁与自由的临界线。因此，检验南冠人矫治效果的起点可追溯至放票日。在监禁与自由的临界线上，南冠人（此时，也可以称他为自由人）表现出了鱼回大海的急躁。

南冠人 05 - 01 - 261 - 06 是一个消瘦的矮个，目光清冷。以往的表现充分表明丛棘岛官方规则在他身上得到了完美的回应。他与獬冠人会面时，懂得礼让，并且展示出过于矫作的笑脸与没有根由的热情。

然而，他在放票日的表现颠覆了他在獬冠人脑中的形象。根据丛棘岛官方的惯例，南冠人在放票之前仍需穿着丛棘岛官方配发的衣服，直到獬冠人准备放票时，南冠人才能换便装。

南冠人 05 - 01 - 261 - 06 的表现违反了这个惯例，他在放票日起床时立即换上便装。他认为，这一天他已经是自由之身，但在獬冠人看来，尚未到放票的具体时间，他就不应该着便装。当獬冠人指出他着装的问题并要求更换着装时，他一反常态表现出了在岛上从未有过的激烈对抗——拒绝服从指令。

南冠人 05 - 01 - 261 - 06 的底气来自即将到来的自由，从这一天开始丛棘岛官方和獬冠人无法对他采取严厉的措施。

他的怨气来自他在岛上所受到的"委屈"。他原本是个小混混，在自由社会过着"无拘无束"的生活，因生活过于不着边际，最终以寻衅滋事罪入岛。他无法忍受监禁社会网格化的管理，但他不得不面对现实。面对即将到来的自由,他要向南冠人和獬冠人表明他的放荡不羁,那才是真实的自己。小混混"善变"的特质在他身上体现得淋漓尽致。

五

只有对行为的"正当性"有了充分的认识,南冠人在重返自由之后,才能在对待规则的不同态度中做出正确的选择。

生物性表达的杂乱无章与社会规则的井井有条是一对天生的矛盾。生物性表达的绵密与超前,让滞后的社会规则显得脆弱而又笨拙,时时处于被违反和打破的状态。对社会规则的执行约束了行为,维持了秩序。生物性表达与社会规则的冲突展示了人类社会行为杂乱与秩序井然的交织状态。

南冠人在岛上的越轨行为真实而又完整地展示了行为对规则的违反。人们制定规则试图弥补人性的缺陷,但南冠人对规则的违反再次表明邪性的狡诈与顽强。

在丛棘岛上,南冠人对丛棘岛官方规则表现出了漠然、迎合、违反和认同的不同态度。对规则的漠然表明他在生物性层面的无所欲求,此时的秩序是对他人行为的调整。对规则的迎合表明他对规则的自我妥协,但这不是长久的秩序,强制力或所求利益的消失将使暂时的秩序再次失去平衡。违反规则是对规则的挑衅,公开或隐秘的违反都是对秩序的破坏。只有对规则的认同才能产生真正的秩序,但这对行为合理性的认识提出了要求:

对行动的合理性的最根本的要求是:每一项行为或对行为

的抑制都应当是根据某种行动的理由证明其是合理的。①

这是一个实践理性的过程，只有对"正当性"有了合理的认识，才能形成真正的秩序。

六

放票之后，南冠人看似可以在现实的世界里任意挥洒自由，但却都在规则的王国里颠簸前行。

从新收到放票，南冠人经历了从自由到监禁，再从监禁到自由的循环。这是一个真实的历程，不是实验室里的模拟情景。在全景敞式的监控之下，丛棘岛官方关注过他们的平淡，称赞过他们的良善，也揭示过他们的邪恶。人性在不同的时间里有不同的维度，在不同的空间里有可变的走向。这是行为与规则博弈的结果。

从"自由—监禁—自由"的循环中不难看出，历经考验人性的熔炉，重返自由时，他们对规则与秩序的认识仍然难以摆脱生物性的控制。因此，试图通过监禁来根治邪性并不完全有效：

> 生物构造"用链子"拴住我们，所以，我们能够游移的范围有限。我们可以按照自己的喜好规划人生，但是能不能繁荣兴旺，则取决于这样的人生是否合乎人类先天的性情。②

---

① ［英］尼尔·麦考密克、［捷］奥塔·魏因贝格尔：《制度法论》，周叶谦译，中国政法大学出版社1994年版，第241页。

② ［美］弗朗斯·德瓦尔：《猿形毕露：从猩猩看人类的权力、暴力、爱与性》，陈信宏译，生活·读书·新知三联书店2015年版，第242页。

一个社会既有良善,也有邪恶;一个人也装着善恶有别的两个不同世界。从一个社会到一个人,良善与邪恶一直普遍存在,无人幸免:

认为善良是超脱普遍人性的东西是荒唐的,善良只是普通的人性更丰富的表现。而另一方面,人性中所有的恶、非正义的一面,是因为缺乏同情。①

因此,对身陷监禁社会的南冠人,自由社会的人们不必忌讳——尊崇他人的良善,也是肯定自己的优点;厌恶他人的邪行,便应警醒自身的缺点。

放票是南冠人重返自由的起点,但在规则的王国里,他只是从监禁社会的规则进入自由社会的规则。规则永无界线,这是社会性对生物性持久的拉锯:

人是生而自由的,但却无往不在枷锁之中。②

---

① [美]查尔斯·霍顿·库利:《人类本性与社会秩序》,包凡一、王湲译,华夏出版社2015年版,第100页。
② [法]卢梭:《社会契约论》,何兆武译,商务印书馆1963年版,第4页。

尾声：

"约束性条件"的左边和右边是两个且异且同的世界

自由是一个续满的水杯，涵盖人性的正义，也掩盖人性的邪恶。

监禁像一把无情的刻尺，衡量人性的善良，更度量人性的狰狞。

从自由社会到监禁社会，人性仿佛从目力观察进入显微镜下，变得那么细微而又清晰。

隐藏是邪恶的天性，因为在阳光之下它没有太多的生存空间。邪恶的隐秘使它逃离了大众的视野；邪恶所遭到的贬斥使人们忽视了对它的检视，这又成全了它的繁殖与扩张。

在监禁敌视主义之下，规则本身成了越轨行为最好的掩体。这不是监禁社会才有的行为表现，自由社会的人们也惯于采用这样的方式以实现自己真实的意图。当他们表演失败时，为此付出最沉重的代价便是从自由到监禁的人生逆转。然而，他们并没有因此消停或自废"武功"，违反规则的一贯表现在监禁社会里不停地延续。

邪恶借助掩体，让人放松了警惕；轻信表面秩序，是人们天生的缺陷。这让人们在隐藏的邪恶面前迷失方向：

许多曾对他人犯下恶行的人，通常是意志坚强、有最佳意识形态与道德的遵从者。人们被警告要小心路上的坏人,但这些坏人往往平庸一如邻人。①

　　自由是行为的天性,约束是社会的共性。千万种不受约束的行为,最终都要受到社会规则的约束,尽管它仍然心有不甘。

　　"约束性条件"在不同的情境中松紧有别,但个体在这不同的情境中却有着相似的行为表现。与自由社会一样,监禁社会的越轨行为表现在他们试图表达的所有维度中:空间、时间、自由、权力、食欲、性欲、自尊、暴力、健康、情感、物资、意识……丛棘岛是自由社会的一面镜子,人们在自由社会中的行为表达,在丛棘岛上得到更加密集和连续的展现;南冠人是自由人的影子,集中展示了自由人零星分布的越轨行为。

　　对于自由与约束,监禁与自由状态中的人并没有本质的差异:"人们欣喜于自由的享受,厌恶于监禁的桎梏。殊不知,这潜藏着对自我约束的逃离,对恣意妄为的崇拜。"

---

① ［美］菲利普·津巴多:《路西法效应:好人是如何变成恶魔的》,孙佩妏、陈雅馨译,生活·读书·新知三联书店 2015 年版,第 19 页。

　　　　　　　丛棘岛映像——越轨行为在监禁社会的表现与规制

参考文献

［古希腊］亚里士多德：《政治学》，吴寿彭译，商务印书馆 1965 年版。

［法］卢梭：《社会契约论》，何兆武译，商务印书馆 1963 年版。

［美］约翰·罗尔斯：《正义论》，何怀宏等译，中国社会科学出版社 1988
  年版。

应奇、刘训练编：《第三种自由》，东方出版社 2006 年版。

［英］休谟：《人性论》，关文运译，商务印书馆 2010 年版。

［美］查尔斯·霍顿·库利：《人类本性与社会秩序》，包凡一、王湲译，华夏出
  版社 2015 年版。

［美］弗朗西斯·福山：《大断裂：人类本性与社会秩序的重建》，唐磊译，广西
  师范大学出版社 2015 年版。

［美］亚伯拉罕·马斯洛：《动机与人格》，许金声等译，中国人民大学出版社
  2012 年版。

［美］马斯洛：《马斯洛人本哲学》，成明编译，九州出版社 2003 年版。

［美］欧文·戈夫曼：《日常生活中的自我呈现》，冯钢译，北京大学出版社
  2008 年版。

［美］弗朗斯·德瓦尔：《猿形毕露：从猩猩看人类的权力、暴力、爱与性》，陈
  信宏译，生活·读书·新知三联书店 2015 年版。

［美］杰克·D·道格拉斯、弗兰西斯·C·瓦克斯勒：《越轨社会学概论》，张
  宁、朱欣民译，河北人民出版社 1987 年版。

［美］亚历克斯·梯尔：《越轨社会学》（第 10 版），王海霞等译，中国人民大
  学出版社 2011 年版。

［美］艾伯特·K·科恩：《越轨与控制》，张文宏、李文译，云南人民出版社

1988 年版。

皮艺军主编:《越轨社会学概论》,中国政法大学出版社 2004 年版。

皮艺军:《越轨》,北京大学出版社 2013 年版。

[英] 哈特:《法律的概念》,许家馨、李冠宜译,法律出版社 2011 年版。

[德] 鲁道夫·冯·耶林:《为权利而斗争》,刘权译,法律出版社 2019 年版。

[意] 贝卡利亚:《论犯罪与刑罚》,黄风译,中国大百科全书出版社 1993 年版。

[法] 米歇尔·福柯:《规训与惩罚》,刘北成、杨远婴译,生活·读书·新知三联书店 2003 年版。

[法] 米歇尔·福柯:《惩罚的社会》,陈雪杰译,上海人民出版社 2016 年版。

[美] 布莱恩·雷诺:《福柯十讲》,韩泰伦编译,大众文艺出版社 2004 年版

[美] 詹姆斯·米勒:《福柯的生死爱欲》,高毅译,上海人民出版社 2005 年版。

[法] 吉尔·德勒兹:《德勒兹论福柯》,杨凯麟译,江苏教育出版社 2006 年版。

[澳] 丹纳赫、斯奇拉托、韦伯:《理解福柯》,刘瑾译,百花文艺出版社 2002 年版。

[美] 菲利普·津巴多:《路西法效应:好人是如何变成恶魔的》,孙佩妏、陈雅馨译,生活·读书·新知三联书店 2015 年版。

芮佳瑞:《监狱学论》,商务印书馆中华民国二十三年五月初版。

张甘妹:《刑事政策》,三民书局 1979 年版。

[奥] 西格蒙德·弗洛伊德:《性学三论与爱情心理学》,彭倩、张露译,台海出版社 2016 版。

[美] 保罗·福塞尔:《格调:社会等级与生活品味》,梁丽真、乐涛、石涛译,北京联合出版公司 2017 年版。

[法] 埃米尔·涂尔干:《社会分工论》,渠东译,生活·读书·新知三联书店 2000 年版。

[法] 爱弥尔·涂尔干、马塞尔·莫斯:《原始分类》,汲喆译,商务印书馆 2012 年版。

[美] 凡勃伦:《有闲阶级论——关于制度的经济研究》,蔡受百译,商务印书馆 2013 年版。

丛棘岛映像——越轨行为在监禁社会的表现与规制

〔法〕柏格森：《时间与自由意志》，吴土栋译，商务印书馆2016年版。

〔美〕彼得·M.布劳：《社会生活中的交换与权力》，李国武译，商务印书馆2012年版。

〔英〕迈克尔·曼：《社会权力的来源》（第一卷），刘北成、李少军译，上海人民出版社2007年版。

〔法〕古斯塔夫·勒庞：《乌合之众：大众心理研究》，冯克利译，中央编译出版社2014年版。

〔美〕乔治·H.米德：《心灵、自我与社会》，赵月瑟译，上海译文出版社2018年版。

〔美〕卡伦·霍妮：《我们内心的冲突》，杨柳桦樱译，台海出版社2016年版。

〔奥〕阿尔弗雷德·阿德勒：《自卑与超越》，张露译，台海出版社2016年版。

〔法〕罗兰·巴尔特：《符号学原理》，李幼蒸译，中国人民大学出版社2008年版。

〔美〕曼瑟尔·奥尔森：《集体行动的逻辑》，陈郁等译，格致出版社、上海人民出版社2014年版。

〔美〕迈克尔·布若威：《制造同意：垄断资本主义劳动过程的变迁》，李荣荣译，商务印书馆2008年版。

〔美〕赫尔曼·阿吉斯：《绩效管理》，刘昕、曹仰锋译，中国人民大学出版社2008年版。

〔英〕西莉亚·布朗奇菲尔德：《刑罚的故事》，郭建安译，法律出版社2006年版。

〔美〕阿维·施泰因贝格：《监狱里的图书馆》，陈体仁译，上海三联书店2014年版。

〔英〕约翰·基甸·米林根：《西方决斗史》，荀峥译，中央编译出版社2012年版。

〔美〕孔飞力：《叫魂：1768年中国妖术大恐慌》，陈谦、刘昶译，生活·读书·新知三联书店2012年版。

〔美〕黄仁宇：《万历十五年》（增订本），中华书局2007年版。

何勤华主编：《西方法律思想史（第二版）》，复旦大学出版社2011年版。

郭伶俐：《当代西方劳动理论批判：兼论马克思劳动理论的当代意义》，中国社会科学出版社2011年版。

孙笑侠编译：《西方法谚精选：法、权利和司法》，法律出版社 2005 年版。

郭明：《监狱的隐喻：来自铁窗内的人生故事》，学林出版社 2010 年版。

[塞尔维亚] 米洛拉德·帕维奇：《哈扎尔辞典：一部十万个词语的辞典小说》，南山、戴骢、石枕川译，上海译文出版社 2013 年版。

韩少功：《马桥词典》，作家出版社 2011 年版。

Donald Clemmer, The prison community, the United States of America Library of congress, 1966.

Bargaining in Correctional Institutions: Restructuring the Relation Between the Inmate and the Prison Authority, *Yale Law Journal*, Vol.81, No.4, 1972.

Michael Burawoy, *The Politics of Production: Factory Regimes Under Capitalism and Socialism*, London: Verso, 1985.

后 记

　　写这本书与我十几年前的一段经历有关。那时我在北京一家酒店上班。有一天,我高中同桌突然联系我,聊天中我谈到了我在酒店行业做人力资源。原本以为,这就是一次与多年失联同学的交流,没想到,这是一个骗局的开始。年底,我又接到了同桌的电话,他说他在云南开了一个火锅店,管理上理不顺,请我过去帮帮忙。当时我刚参加完硕士研究生入学考试,酒店的工作也辞了,正准备回福建老家过年。经不住同桌的苦劝(如果不去,以后就不是同桌了),我从北京坐了42个小时的绿皮火车来到昆明。到站后,说好的接站没有了。同桌说这几天生意好,走不开,让我自己乘车到红河州。既然到昆明了,对于同桌的爽约,我还是抱着包容的态度。

　　在红河汽车站,同桌出现了,表现出了阔别多年后相见的热情与兴奋。于是,我暗自下定决心,这次要给同桌出些经营上的好点子,但是接下来插曲不断。说好安排我住酒店,但同桌说,想和我多聊聊,晚上和他同住。我说时间还早,我们先去火锅店看看吧。同桌说,我大老远来,要为我接风,休息好了明天再去不迟。于是,我和他的几个朋友在路边小店吃了一顿接风饭。那天晚上,我们聊到很晚,但当我谈到火锅店时,他总是躲躲闪闪。此时,我心中有一丝丝的疑惑。

　　第二天上午,在去火锅店的路上,同桌告诉我,先带我去见个人。

我还以为是火锅店的合伙人。在小巷子里七拐八弯之后，我终于见到了那个神秘的人。他很直接，一见面就开始给我"洗脑"。此时，我恍然大悟，我已坠入传销窝点……

在纷繁复杂的社会关系中，人们经常被层出不穷的"套路"所困扰，越轨者为了达到目的，不择手段。传销骗局对我触动很大，当时我就想如果有一双火眼金睛，就能分清云山雾罩的言语的虚实，辨析眼花缭乱行为的真假。所以，写"越轨"这个主题多少受到传销骗局的刺激。

每个人的认知都有边界，边界之外是盲区。人们只在自己熟悉的领域里保持着敏锐，而在盲区里难免跌跌撞撞。因此，越轨行为在人们认知边界之外的盲区里大行其道。

硕士研究生毕业后，在择业与就业的大潮中我参加了公务员招录考试，竟然来到了监禁社会。如果回到书中，我在丛棘岛上是"獬冠人"，当时我带一个监组，管理着好几十号"南冠人"。这给了我详细了解监禁社会和越轨行为的机会。

在丛棘岛上，"南冠人"是刑事法律的越轨者，他们有过最严重的越轨行为。入岛之后，他们仍然不停地有轻重不同、种类繁多的越轨行为。在严格的监视之下，他们一般不直接违反规则，而是以规则为掩体，在遵守规则的表面下隐藏私利，这是越轨行为的"升级版"（2.0版）。我称其为"公开的隐秘"手法。我同桌以管理火锅店为名邀我去云南，也使用了这一手法。如果我当时从事IT行业，他一定会说他是开网吧的；如果我是教师，他一定会说他是办培训机构的……这种手法具有非常大的迷惑性，也轻易地让我坠入了骗局。

在监管改造的一线，我了解、观察和记录了不少越轨行为的实例，在此基础上形成了"动力—规则—越轨—规制"的行文思路。

上班时，我从自由社会进入监禁社会；下班时，我从监禁社会返回自由社会。穿梭在自由社会与监禁社会之间，我越发觉得监禁社会是自由社会的一片镜子，映照着自由社会的林林总总，包括越轨行为。这是书名《丛棘岛映像——越轨行为在监禁社会的表现与规制》的由来。

在策划时，我想把这个主题写成文学与学术融合的读本。我知道，这很有难度，正如艾柯所言：创意写作和科研著述之间真正的区别——是因为一篇理论文章的作者通常想要阐述某一特定的观点，或就某特殊问题提出解答，而小说家总想在作品中再现生活，包括生活中种种矛盾和无常。① 尽管如此，我还是想试一试。在学术研究方面，我把对越轨行为的分析寓于"一个岛、两个群体"这个模型之中。这一点，我深受欧文·戈夫曼的影响。他把人们的活动比作剧场上的演出，从戏剧的角度研究社会互动，并写成了我们日后读到的《日常生活中的自我呈现》。在行文表达方面，我尽可能采用流畅的表达方式。

我的初衷是以监禁社会中的越轨行为为原型，分析越轨行为表现模式，增进人们对越轨行为的认知，缩小越轨盲区。

这本书的写作从动笔到出版，历时三年有余。在写作过程中，部分内容受邀发表在《今日提篮桥》(内刊)上，也在公众号"丛棘岛"上推出部分篇章。初稿形成后，我惴惴不安地请亲朋好友批评，向方家请教，他们不辞辛劳地看稿，令我感动。在此感谢中国政法大学皮艺军教授，华东政法大学邱格屏教授，浙江警官职业学院郭明教授，上海市监狱管理局老领导麦林华副书记、刘怀宝副局长，上海市司法局王

---

① [意]安贝托·艾柯：《一位年轻小说家的自白：艾柯现代文学演讲集》，李灵译，广西师范大学出版社 2014 年版，第 8 页。

琼处长、上海市监狱学会专家库成员陈士涵所长、郑天明处长，上海市提篮桥监狱周敏监狱长、杨俊懿政委、石志坚主任，《青海监狱》邱平祥副主编，好友孙若冲、包嘉乐，还有很多人，恕我不一一列举。感谢他们对拙作提出了很多具体而宝贵的建议，完善了对丛棘岛这个虚拟世界的建构！

书稿到了上海社会科学院出版社后，陈如江老师、周河老师、包纯睿老师为书稿的打磨和审校付出了诸多努力，在此一并表示感谢！

感谢上海市监狱学会卢德利秘书长、周美祥副秘书长在我写作过程中提供的帮助，使我的写作能基本持续不断！

感谢我的妻子，她对我写作的支持和对家庭事务的担待，解除了我的后顾之忧！

本书对"越轨行为""公开的隐秘"等内容的探讨只涉及这个主题的皮毛。如果你对这个主题有兴趣、有感想，哪怕只是零星的想法，请发给我：congjidao@outlook.com，我们一同来扫除认知外的越轨盲区。

叶春弟

2021 年 1 月于上海

图书在版编目（CIP）数据

丛棘岛映像：越轨行为在监禁社会的表现与规制 /
叶春弟著 .— 上海：上海社会科学院出版社，2021
ISBN 978 - 7 - 5520 - 3543 - 8

Ⅰ.①丛…　Ⅱ.①叶…　Ⅲ.①法学—文集　Ⅳ.
①D90 - 53

中国版本图书馆 CIP 数据核字（2021）第 064864 号

丛棘岛映像
——越轨行为在监禁社会的表现与规制

著　　者：叶春弟
责任编辑：包纯睿
封面设计：周清华
出版发行：上海社会科学院出版社
　　　　　上海顺昌路 622 号　邮编 200025
　　　　　电话总机 021 - 63315947　销售热线 021 - 53063735
　　　　　http://www.sassp.cn　E-mail:sassp@sassp.cn
排　　版：南京展望文化发展有限公司
印　　刷：上海天地海设计印刷有限公司
开　　本：890 毫米×1240 毫米　1/32
印　　张：10.625
插　　页：1
字　　数：245 千字
版　　次：2021 年 6 月第 1 版　　2021 年 6 月第 1 次印刷

ISBN 978 - 7 - 5520 - 3543 - 8/D · 618　　　　　定价：78.00 元